HISTOIRE

DE

L'ART EN FRANCE

PAR

M. FRANÇOIS BOURNAND

PROFESSEUR D'ESTHÉTIQUE
ET D'HISTOIRE DE L'ART A L'ASSOCIATION POLYTECHNIQUE ET A L'ÉCOLE PROFESSIONNELLE,
MEMBRE HONORAIRE DE LA SOCIÉTÉ DES LITHOGRAPHES FRANÇAIS,
ANCIEN RÉDACTEUR EN CHEF DU « DESSIN », LAURÉAT DE LA SOCIÉTÉ NATIONALE D'ENCOURAGEMENT AU BIEN,
ANCIEN ÉLÈVE DE L'ÉCOLE DES HAUTES ÉTUDES

ILLUSTRATIONS PAR

MM. SERENDAT DE BELZIM, Jules SYLVESTRE, L. Ov. SCRIBE, H. UMBRICHT,
Léopold GAUBUSSEAU, VAUCANU, Jeanne FAVIER, etc.

PARIS

GEDALGE JEUNE, LIBRAIRE-ÉDITEUR

75, RUE DES SAINTS-PÈRES, 75

1891

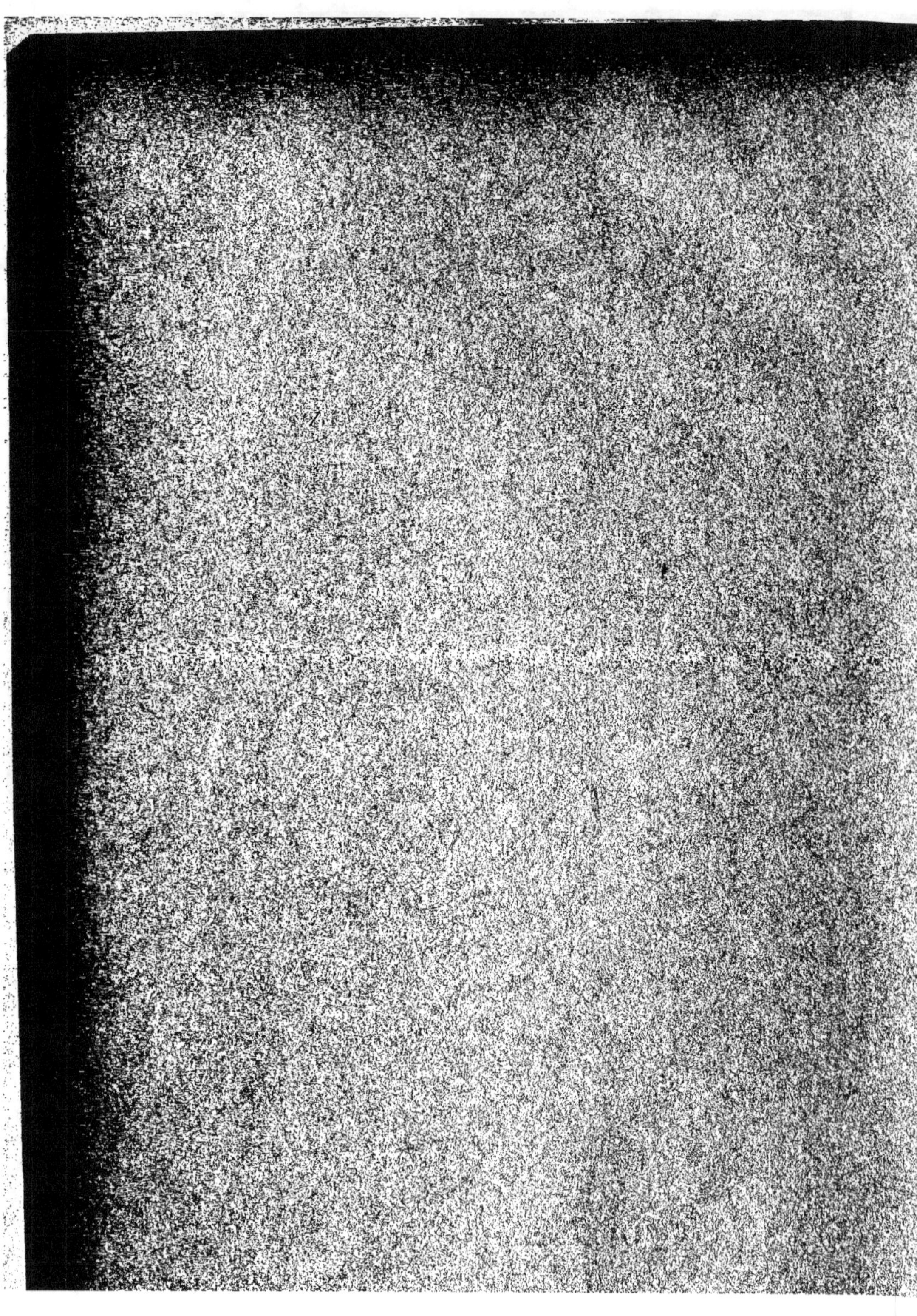

HISTOIRE

DE

L'ART EN FRANCE

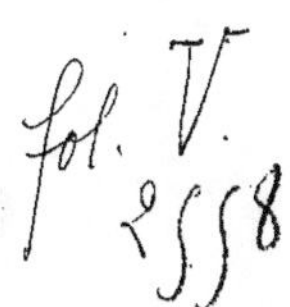

OUVRAGES DU MÊME AUTEUR

Précis de l'histoire de l'Art (médaille d'argent) (Ouvrage pour l'Enseignement secondaire des jeunes filles), Delalain frères, éditeurs. . . . . 1 vol.

Histoire des Beaux-Arts et des Arts appliqués à l'industrie. Ouvrage adopté par la Ville de Paris (médaille d'argent). E. Bernard et Cie, éditeurs (Planches d'après les dessins de l'auteur) . . . . 1 vol.

Histoire des Arts et des grands artistes de la Renaissance italienne. Ouvrage adopté par la Ville de Paris (E. Bernard et Cie, éditeurs) . . . . 1 vol.

Paris-Salon 1880 (épuisé) . .   —   .   —   . . . . 1 vol.

Paris-Salon 1887 . . . .   —   —   . . . . 2 vol.

Paris-Salon 1888 . . . .   —   —   . . . . 2 vol.

L'Exposition des Beaux-Arts de Châteauroux. A. Majesté, à Châteauroux (épuisé). 1 vol.

La Terreur à Paris. A. Savine, éditeur. . . . . 1 vol.

Les Sœurs des hôpitaux. A. Savine, éditeur. . . . . 1 vol.

Le Clergé sous la 3e République. A. Savine, éditeur, 3e édition. . . . . 1 vol.

Le Dessin. E. Bernard et Cie, éditeurs. . . . . 2 vol.

Le Blanc et Noir. E. Bernard et Cie, éditeurs. . . . . 2 vol.

Catalogues illustrés des Expositions internationales de Blanc et Noir. E. Bernard et Cie, éditeurs (épuisés) . . . . 2 vol.

Exhibition of the Laureats of France, St-Stephens'Hall. Westminster (Londres). 1 vol.

Le Régiment des Sapeurs-Pompiers de Paris. E. Genonceaux, éditeur. Ouvrage honoré d'une souscription du Conseil municipal de Paris (Illustrations de Charles Morel) . . . . 1 vol.

HISTOIRE

DE

L'ART EN FRANCE

PAR

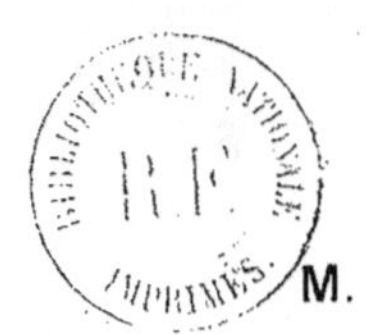

M. FRANÇOIS BOURNAND

PROFESSEUR D'ESTHÉTIQUE
ET D'HISTOIRE DE L'ART A L'ASSOCIATION POLYTECHNIQUE ET A L'ÉCOLE PROFESSIONNELLE,
MEMBRE HONORAIRE DE LA SOCIÉTÉ DES LITHOGRAPHES FRANÇAIS,
ANCIEN RÉDACTEUR EN CHEF DU « DESSIN », LAURÉAT DE LA SOCIÉTÉ NATIONALE D'ENCOURAGEMENT AU BIEN,
ANCIEN ÉLÈVE DE L'ÉCOLE DES HAUTES ÉTUDES

ILLUSTRATIONS PAR

MM. SERENDAT DE BELZIM, Jules SYLVESTRE, L. Ov. SCRIBE, H. UMBRICHT,
Léopold GAUBUSSEAU, VAUCANU, Jeanne FAVIER, ETC.

PARIS

GEDALGE JEUNE, LIBRAIRE-ÉDITEUR

75, RUE DES SAINTS-PÈRES, 75

—

1891

INTRODUCTION

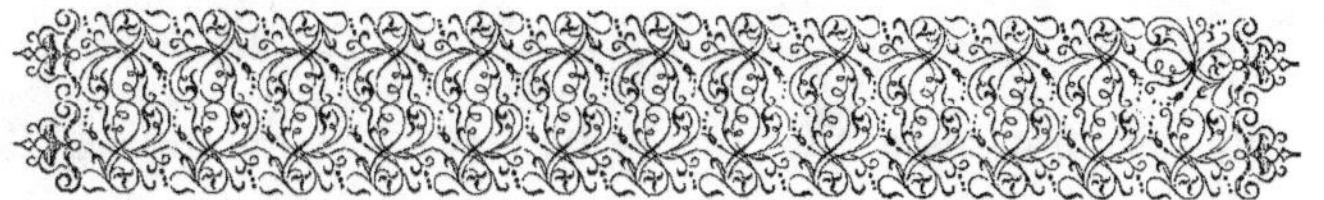

INTRODUCTION

En France, l'étude de l'histoire des Arts ne s'est guère développée que depuis quelques années.

Autrefois, on sortait du collège sans avoir seulement quelques notions élémentaires sur l'histoire des Arts et à l'heure actuelle beaucoup ignorent encore l'histoire de l'Art national. Tout le monde parle de l'art étranger, de l'art italien de la Renaissance sans réfléchir que l'art français a eu une plus longue durée, que la France est couverte de chefs-d'œuvre dus à nos artistes nationaux, qu'une splendide architecture, l'architecture dite gothique, est notre architecture française par excellence.

Pendant longtemps on a attribué à des artistes étrangers des chefs-d'œuvre d'art qui sont les œuvres d'artistes français.

Il n'y a nul besoin d'aller à l'étranger pour apprendre l'étude des Arts : notre sol est couvert de monuments splendides, nos musées renferment une quantité prodigieuse de peintures et de sculptures françaises, plus que suffisantes pour notre orgueil national. Nous essayerons, dans ces quelques pages, d'en donner une idée, et si nous pouvons réussir à faire admirer et aimer les artistes français et l'art français, ce sera pour nous une douce récompense.

Avant de passer à l'étude proprement dite de l'histoire de l'Art en France, il nous a paru intéressant de donner quelques notions sur l'art lui-même et sur la manière d'en comprendre l'étude. Cela sera le but de cette introduction.

ORIGINE DES ARTS

Les premières créations de l'Art répondent aux premiers besoins de la vie.

Les Arts ont pris évidemment leur origine chez les premiers hommes.

Il existe de nombreuses légendes sur les origines des Arts, mais il est bien certain que ce sont plutôt les instincts et les besoins des hommes qui les ont amenés à créer ce qui était nécessaire, à la fois pour contenter leurs besoins matériels et exprimer les premiers rêves de leurs pensées.

Les premiers hommes, nus, au sein d'une nature inculte et sauvage, éprouvèrent le premier besoin de se garantir des bêtes venimeuses; de là, naquit le vêtement. Les intempéries des saisons les forcèrent à chercher un abri : ils se construisirent des huttes, ils creusèrent des cavernes; ce sont là les premiers rudiments de l'architecture qui a été ainsi forcément le premier des Arts, puisqu'il a été nécessaire aux premiers besoins.

D'autres besoins succédèrent : l'homme eut une famille, ses proches moururent autour de lui, il les enterra et fit un monument pour conserver leur souvenir, quelques pierres d'abord, et ce fut là l'origine du tombeau; puis, lorsqu'il vit périr les siens, lorsqu'il eut à lutter contre mille difficultés, il pensa à sa faiblesse et il éleva les yeux vers le ciel : l'idée d'un être suprême lui vint alors, il songea à Dieu et, pour l'honorer, pour l'implorer, il construisit le Temple.

Tous ces monuments furent d'abord informes, grossiers; mais l'homme trouvant la nature belle autour de lui, se mit à l'admirer et voulut la copier, il donna plus de soins à sa cabane, à son tombeau, à son temple, et chercha à créer sur la pierre quelques ornements : ce furent là les premiers rudiments de la sculpture [1].

Pour boire, pour faire cuire les aliments, nos ancêtres devaient fabriquer des instruments en terre, des vases, d'abord informes, qui entourèrent leurs foyers; comme ces sortes de choses restaient dans la cabane, dans la hutte, ils pensèrent à les rendre plus agréables aux yeux, à leur donner de doux contours, des formes plus charmantes, à y mettre quelques ornements, et c'est ainsi que prirent naissance les premiers Arts décoratifs, les Arts appliqués à l'Industrie.

Ainsi ce furent des besoins nouveaux qui créèrent des Arts nouveaux, et plus ces besoins grandirent, plus les Arts s'élevèrent, car ils sont en réalité l'expression la plus haute des civilisations :

---

1. Du latin *sculptura*, tailler, graver.

c'est souvent au moyen des ruines artistiques des peuples antiques qu'on peut refaire l'histoire de leur civilisation.

UTILITÉ DE L'ÉTUDE DES ARTS

La connaissance de l'Art qu'ont les nations les plus barbares et les moins civilisées n'est-elle pas la meilleure preuve que l'Art est utile à l'homme?

Les relations des voyageurs, des explorateurs, nous apprennent que les peuples les plus sauvages ont un Art, font des peintures et des sculptures plus ou moins parfaites selon leur degré de civilisation[1].

Raconter l'histoire des Arts, c'est ainsi raconter l'histoire de l'humanité.

On ne doit pas considérer l'étude de l'Art comme un simple agrément, il est au contraire comme un second langage qui achève de perfectionner les moyens que nous avons de nous communiquer nos pensées et nos sentiments.

L'objet principal de l'Art étant d'exprimer matériellement de nobles sentiments pour les faire passer dans l'âme des spectateurs, il doit être universel, il doit être une véritable langue qui puisse être comprise dans toutes les parties du monde.

« L'étude des Arts, a dit M. Guizot, a ce charme incomparable qu'elle est absolument étrangère aux affaires et aux combats de la

---

1. Voir à ce sujet le musée d'ethnographie au Trocadéro.

vie. Les intérêts privés, les questions politiques, les problèmes philosophiques divisent profondément et mettent aux prises les hommes. En dehors et au-dessus de toutes les divisions, le goût du beau dans les Arts les rapproche et les unit; c'est un plaisir à la fois personnel et désintéressé, facile et profond, qui met en jeu et satisfait en même temps nos plus nobles et nos plus douces facultés, l'imagination et le jugement, le besoin d'émotion et le besoin de méditation, les élans de l'admiration et les instincts de la critique, nos sens et notre âme.

« Aussi les Arts ont-ils ce privilège qu'il peut leur échoir de prospérer et de charmer les hommes aux époques et dans les conditions de société les plus diverses : République ou Monarchie, pouvoir absolu ou liberté, agitation ou calme des existences et des esprits, pourvu qu'il n'y ait pas cet excès de souffrance ou de servitude qui abaisse et glace la société tout entière, le goût et la fortune des Arts peuvent se développer avec éclat. Ils ont prêté leur gloire à l'empire romain comme à la Grèce républicaine, et fleuri au sein des orageuses républiques du moyen âge comme sous le sceptre majestueux de Louis XIV. »

Un tableau, une statue nous rappellent à nous-même, en nous faisant jouir artificiellement des plaisirs que nous offre la nature qui nous entoure.

La vue des chefs-d'œuvre de l'art n'est-elle pas d'une grande utilité pour la société tout entière?

L'étude de l'histoire des Arts fera aimer la liberté, car on pourra s'apercevoir que c'est aux grandes époques de la liberté que viennent le mieux l'inspiration et le choix des beaux modèles.

Des tableaux, des gravures, des statues ne sont pas seulement des meubles plus ou moins agréables, plus ou moins luxueux, ils sont souvent utiles, ils sont même instructifs ; ils excitent les sentiments élevés, nobles, les grandes idées, les réflexions sérieuses et morales.

Les portraits sont de véritables monuments d'honneur ou d'infamie, suivant les personnages qu'ils représentent, et qui survivent ainsi à leur propre mémoire. La vue d'un scélérat n'inspire-t-elle pas une grande horreur du vice et celle d'un grand homme, d'un homme de bien, ne nous donne-t-elle pas une excitation salutaire pour pratiquer la vertu ?

UTILITÉ DE L'ART POUR LES CLASSES POPULAIRES

Les Arts ne sont pas seulement utiles aux riches auxquels ils procurent de douces jouissances, des plaisirs délicats, mais bien aussi aux classes populaires, aux ouvriers :

« Dans l'état le plus humble, dit M. de Ménorval, l'instruction est nécessaire ; tout est soumis aux calculs, aux règles du goût, du dessin. On ne façonne, on n'assouplit la matière qu'à la condition de la connaître. L'ouvrier n'est-il point d'ailleurs un homme à qui la société doit demander à toute heure de l'intelligence et du cœur ?

« Est-ce que l'ouvrier, en peuplant sa mansarde, son humble logement de quelques objets artistiques, de quelques dessins et gravures, n'en rendra pas l'aspect moins pauvre, moins misérable ; est-ce que son séjour ne lui en semblera pas plus agréable ?

« En apprenant à aimer mieux son intérieur, l'ouvrier apprendra à aimer davantage les siens ; les liens sacrés de la famille lui sembleront plus doux, il aura moins de mauvaises fréquentations et deviendra plus sociable, plus civilisé.

« Il conservera les moindres souvenirs, et gardera précieusement ce qui appartenait à ses ancêtres, dont il apprendra à honorer la mémoire et à méditer la vie. De plus, dans tout ce qu'il fera, soit chez lui, soit à l'atelier, l'ouvrier mettra plus de soins, plus de goût ; il recherchera davantage l'étude de la beauté dans ses travaux, se fera estimer de ses patrons, de ses concitoyens, et tout cela sera pour lui de nouvelles sources de richesses matérielles et morales. »

L'Art, envisagé de la sorte, n'est-il pas d'une grande et noble utilité et n'est-ce pas rendre service que de tâcher d'en faire prendre le goût aux classes populaires ?

DÉFINITION DE L'ART

L'Art est l'imitation idéale de la nature et non simplement sa copie.

L'artiste qui fait une œuvre d'art, met en plus de la copie qu'il fait de la nature, quelque chose qui est son idée propre : c'est ce quelque chose qui a reçu le nom d'idéal.

L'Art est l'interprétation de la réalité et non la copie. L'artiste qui n'est pas un créateur idéaliste, n'est qu'un émule du photographe.

L'idéal sera fort variable, il variera selon le pays de l'artiste, selon l'état des mœurs et des esprits de son siècle, selon son éducation et son propre caractère.

Pour un grave Flamand aux mœurs bourgeoises, l'idéal ne sera pas le même que pour un Italien du xvie siècle aux mœurs raffinées, que pour un Espagnol catholique, un Français vicieux du xviiie siècle, ou un Allemand raisonneur et philosophe.

Une preuve que faire une œuvre d'art ce n'est pas imiter seulement la nature, c'est qu'une photographie, aussi fidèle que possible, nous laissera complètement froids, tandis qu'une œuvre d'art réveillera en nous mille sensations, nous rappellera un grand nombre de souvenirs.

Les sculptures de Notre-Dame de Paris évoquent en nous le souvenir des légendes mystiques du moyen âge; un tableau de Lebrun ou de Lorrain reportera notre pensée vers l'éclat pompeux de la cour de Louis XIV; le portrait d'une infante par Velasquez nous rappellera les mœurs catholiques, monacales, de cette froide cour d'Espagne où le sourire même était banni.

L'Art étant l'expression la plus haute de la civilisation d'un peuple, les divers états des mœurs, des esprits, de la littérature, de l'éducation, du climat, auront une grande influence sur le développement et la nature des œuvres d'art.

D'ailleurs, à l'appui de notre thèse, nous pouvons citer cette définition d'un grand philosophe : « L'Art, a dit Bacon, c'est l'homme ajouté à la nature. »

Le grand poète Lamartine a dit aussi : « Pour tout peindre, il faut tout sentir. »

Chaque artiste représentera, selon les mœurs et les caractères de son pays, la nature et l'idéal sous un aspect différent; c'est ainsi que pour représenter le Christ, l'Italien Léonard de Vinci lui donnera la noblesse d'un dieu, et Michel-Ange l'aspect d'un juge, tandis que Rembrandt, le représentant le plus grand de l'art bourgeois des Pays-Bas, nous montrera un Christ populaire, un vrai type flamand, d'homme du peuple ; le *Christ au tombeau* de l'Allemand Hans Holbein sera un véritable ver de terre, un cadavre d'homme près de se décomposer.

Le sujet ne signifie rien dans les Arts, les plus grands artistes, Michel-Ange, Raphaël, Corrège, Rubens, n'ont-ils pas fait des chefs-d'œuvre en représentant toutes sortes de sujets ?

Dans la *Kermesse* de Rubens, qui est au musée du Louvre, l'idéal est la fureur de l'orgie, la rage de la chair brutale; dans la *Galatée* de Raphaël, l'idéal est la représentation de la beauté féminine, fière, gracieuse, sereine. Dans un même pays, dans une même école, l'idéal des artistes, tout en conservant le caractère propre aux mœurs du pays, variera suivant le tempérament de chacun d'eux. C'est ainsi que Léonard de Vinci nous représentera une madone gracieuse, le fier et hautain Michel-Ange nous la montrera austère, et Raphaël rendra ses vierges suaves et divines[1].

La littérature, les belles-lettres exerçant sur les œuvres d'art une très grande influence, les poètes, les littérateurs, les écrivains sont des maîtres que les artistes consultent souvent pour exprimer les pensées du siècle où ils vivent, les mœurs de ceux qui les entourent.

Les fresques à la fois touchantes et énergiques qui couvrent les

---

1. Consulter à ce sujet mon livre les *Arts et les Grands Artistes de la Renaissance italienne*.

murs des vieilles églises de Toscane, n'ont-elles pas été inspirées par la *Divine Comédie* du Dante?

Les poésies du Dante, de celui qui a réellement le plus fait pour l'unité de l'Italie, ont été les leçons principales de grands artistes de la Renaissance. Chaque œuvre de Michel-Ange porte l'empreinte de l'héritage dantesque.

Les œuvres de Lebrun, des paysages de Claude-Lorrain n'ont-ils pas quelque chose de la majesté et de l'éclat des sermons de Bossuet, de Bourdaloue, des écrits de Racine, de Corneille?

LA BEAUTÉ DANS L'ART

On a dit souvent que l'Art était la recherche du Beau [1], que faire une œuvre d'Art c'était rechercher le vrai. Tout cela est fort joli, mais ce sont des formules creuses, car alors comment définir le Beau devant tant de diverses œuvres d'Art? Chacun comprendra le Beau à sa manière : celui-ci trouvera que les œuvres des peintres italiens sont seules belles; celui-là, comme Louis XIV, appellera les personnages de Téniers, des magots; tel rira des sculptures naïves de nos vieilles basiliques, et, cependant, dans toutes ces œuvres, le Beau existe, l'appréciation n'est plus qu'une affaire de tempé-

---

1. Mais la Beauté peut-elle réellement bien se définir? La *Joconde* n'est-elle pas aussi belle que la *Femme au chapeau* de Rubens, et une suave madone de Raphaël n'a-t-elle pas un caractère de grande beauté tout aussi bien que la *Vénus de Milo* ou une sculpture de Notre-Dame?

rament. Il est plus juste de dire que le *Beau est l'expression idéale du Vrai* [1].

La Beauté existe tout aussi bien dans une toile de Raphaël représentant un sujet divin, que dans une scène bourgeoise de Rubens ou de Rembrandt ; une coupe chinoise avec ses peintures si vives, si fraîches, quoique sans perspective, est aussi belle, dans son genre, qu'une coupe de porcelaine française ou une majolique italienne. L'une et l'autre de ces toiles ou de ces coupes est l'expression d'une idée différente ; les peuples pour qui elles sont faites ayant des mœurs, des besoins différents, la manière d'en exprimer la beauté sera différente, elle cherchera tout simplement à se rendre compréhensible à ceux à qui elle s'adressera. Il est de toute évidence qu'un Flamand lourd, grossier, ne comprendra pas l'Art de la même façon qu'un Italien léger, frivole, spirituel : au premier, il faudra pour lui plaire la représentation d'une scène triviale ; à lui, qui passe un bon quart de sa vie à boire, une scène de cabaret lui fera un sensible plaisir [2] ; au contraire, le second, l'Italien lettré et instruit, une œuvre délicate, fine, jolie, le comblera de joie, la vue d'une toile de Titien représentant la belle nature, ou d'une majolique aux contours délicats, lui procurera un plaisir agréable.

---

1. « Une forme est d'autant plus belle, a dit saint Thomas, qu'elle triomphe davantage de la matière, qu'elle en est moins enveloppée et qu'elle s'en échappe plus par sa propre vertu.

« Platon, le philosophe antique, a dit que le Beau était la splendeur du Vrai, et saint Augustin a dit qu'il était la splendeur de l'Ordre. »

La recherche de la Beauté doit être évidemment un des principaux objets de l'Art. L'artiste appelle la Beauté ce que le philosophe appelle la Loi ; il nous figure la réalité au moyen de l'Idéal.

2. « Il y a deux genres de beauté, a dit Lamennais : la beauté matérielle ou individuelle de la forme, et la beauté idéale de cette même forme où resplendit le Beau infini de qui elle découle et auquel elle demeure unie. De l'union de ces beautés résulte la Beauté suprême, sous le point de vue de l'Art. »

L'EXPRESSION DANS L'ART

L'Art antique recherche surtout la beauté plastique, c'est-à-dire la beauté corporelle qui frappe les sens; l'Art moderne ajoute à la beauté plastique la beauté morale; l'artiste moderne met dans son œuvre quelque chose de lui-même, une partie de son âme [1].

On a dit, avec raison, que la sculpture antique représentait le silence de l'âme; il n'en est pas de même de la sculpture moderne si expressive. Voyez une statue antique : tout est fort beau, mais froid comme le marbre lui-même, nulle expression dans la physionomie.

Regardez, au contraire, une statue de Michel-Ange : avec une réelle beauté de la forme, quelle expression, quelle majesté ne trouve-t-on pas par exemple dans son *Moïse!* Dans le portrait de la *Joconde* de Léonard de Vinci, n'y a-t-il pas mille pensées dans le sourire de cette jeune femme?

L'Art moderne est donc surtout expressif.

Dans l'histoire des Arts, on peut considérer trois périodes :

L'Art antique;

L'Art du moyen age;

L'Art des temps modernes.

L'Art français se trouve compris dans les deux dernières

---

1. « Ce qui distingue particulièrement les grands maîtres, c'est qu'ils ont su prêter aux lieux un langage indéfinissable, qui touche, émeut, provoque la rêverie et l'attire doucement comme en des espaces infinis. » (Lamennais, *De l'Art et du Beau.*)

périodes. C'est aux premiers temps du moyen âge qu'il tend à prendre son premier développement, à remplacer définitivement l'art à demi-romain qui s'était implanté sur le sol des Gaules à la suite des conquêtes.

Dans les temps modernes, l'Art français n'a fait que grandir pour arriver à être, à l'époque actuelle, le premier de tous les Arts.

F. B.

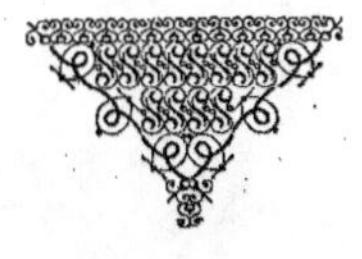

PREMIÈRE PARTIE

LES

PREMIERS DÉVELOPPEMENTS

DES

ARTS EN FRANCE

LES ORIGINES

DES

ARTS EN FRANCE

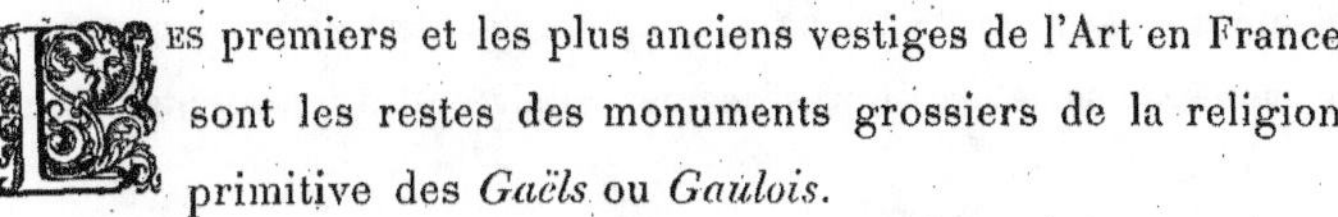

ES premiers et les plus anciens vestiges de l'Art en France sont les restes des monuments grossiers de la religion primitive des *Gaëls* ou *Gaulois*.

La Gaule n'était qu'une suite de grandes et vastes forêts où abondèrent les bêtes sauvages. Les Gaëls ou Gaulois vivant au milieu de ces forêts, les prenaient nécessairement pour l'asile de leurs divinités et c'était là qu'ils adoraient leurs dieux.

Leurs prêtres se nommaient *Druides* ou *hommes des chênes*. La plante sacrée était pour eux le *gui* qui s'enroule autour du chêne; on le coupait en grande solennité avec des faucilles en or.

Les monuments architecturaux de cette époque sont des pierres brutes prises comme symboles religieux. Selon leur forme et leur position, on donne à ces monuments les noms particuliers de *Menhir* ou *Peulvan*, de *Galgal*, de *Cromleck*, de *Trilithe* ou *Lichaven*, d'*Allées couvertes*.

Le plus simple de tous ces monuments c'est le *Galgal*[1] ou tombe; c'est un amas de pierres, de petites roches déposées sur la tombe. C'est le tumulus des Germains et des Celtes. On retrouve d'ailleurs la forme primitive de cette tombe dans tous les pays du globe.

Le *Lichaven* ou *Trilithe* était formé par deux pierres en soutenant une troisième.

Le *Peulvan* ou *Menhir* était une grosse pierre, d'un seul morceau, placée verticalement. Comme l'obélisque de l'Égyptien, le *Menhir* était un symbole commémoratif. Le plus grand Menhir connu, qui a 60 pieds de hauteur, se trouve en Bretagne, à Lochmariaker.

La réunion de plusieurs menhirs prenait le nom de *Cromleck*.

Cet assemblage de pierres verticales entourait les lieux de réunions, les forums, les vastes cirques où, sous la conduite des druides, les chefs de tribus venaient parler des affaires du pays, premières assemblées libres des mandataires, des représentants de la nation.

Le *Dolmen* était une sorte de table colossale, formée d'une grosse pierre fixée horizontalement. C'était la table des sacrifices, car les Druides, pour apaiser la divinité, immolaient non seulement des animaux mais aussi des hommes, des prisonniers. Du reste, dans ces dernières années, on a découvert à côté des ruines des dolmens, des débris de corps humain, évidemment des restes des victimes de ces sacrifices humains.

---

1. Les anciens Bretons appellent le *Tumulus* du nom de *Galgal;* les Anglais lui donnent celui de *Beehive-hut* (hutte ou ruche d'abeilles) ou *Barron*, et les Suédois celui de *Gamme*.

Aux environs de Paris et à Paris même on a retrouvé des restes de ces monuments primitifs, tels que le dolmen de Conflans-Sainte-Honorine, la tombe d'un chef trouvée à l'École des Beaux-Arts, la Pierre-aux-Moines, dans le bois de Meudon. Citons encore le cromleck trouvé à la Varenne-Saint-Hilaire en 1853, les peulvens trouvés à Pierrefitte, à l'Étangleville.

A Carnac, en Bretagne, il y a un cromleck comprenant plus de 1,200 pierres colossales.

Les *Allées-couvertes* étaient formées de deux lignes de pierres, sur lesquelles on plaçait d'autres blocs gigantesques. Elles devaient très probablement servir à des processions solennelles.

Tels sont les premiers développements de l'Art en Gaule, avant la conquête des Romains et l'apparition du christianisme.

Lorsque la Gaule, conquise après la défaite suprême du grand patriote Vercingétorix, devint province romaine, les Romains apportèrent les éléments de cet art qui a reçu le nom d'*art gallo-romain* : c'était l'art des Romains importé par eux, mais avec *un cachet de liberté plus grande, avec une allure déjà française.*

Les artistes étant pour la plupart des Gaulois, il arriva ce qui était arrivé à Rome même avec les artistes emmenés en esclavage, c'est que ces artistes conservèrent leur manière propre de travailler, et, si la main qui indiquait la manière de travailler était romaine, celle qui exécutait restait gauloise.

Les monuments de cette époque se ressentent déjà de ce cachet libéral et national qui devait plus tard enfanter l'art français si malheureusement appelé gothique.

Les Gaulois qui s'étaient fait chrétiens sous Clovis élevèrent des églises. Ils prirent d'abord modèle sur les basiliques romaines où les premiers chrétiens en liberté avaient célébré les saints mystères.

Ces basiliques eurent la forme d'une croix.

Les nefs furent occupées par les fidèles ; les hommes se mettaient à droite, et les femmes à gauche. Mais les nefs latérales portaient une galerie soutenue par les colonnes : ce fut la place qu'on assigna aux vierges, aux veuves et aux personnes consacrées

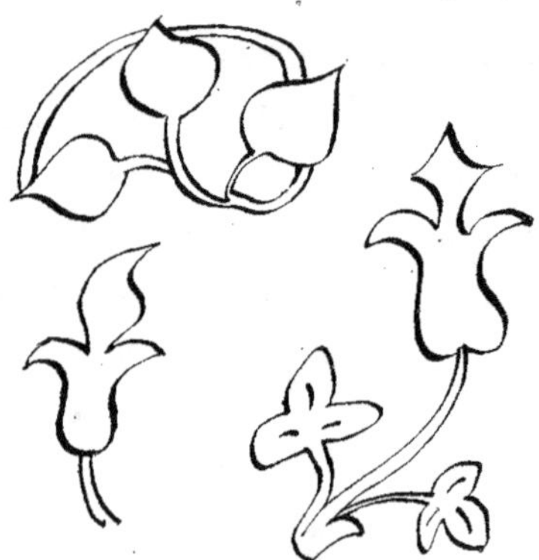

Sculpture française primitive. — Motifs d'ornementation (croquis de M. F. Bournand).

au Seigneur. Enfin, dans les nefs latérales, on établissait des salles séparées par des cloisons et servant de sacristies, ou de lieux de purification.

Les basiliques chrétiennes étaient précédées d'un portique appelé *narthex*, ou porche, dont les arcades étaient fermées par des rideaux suspendus à des tringles.

Parfois elles étaient entourées d'une enceinte.

En entrant on trouvait une cour carrée, l'*atrium*, au milieu de laquelle était la fontaine de purification. Cette cour était environnée de portiques, et servait à l'enseignement des catéchumènes ; elle précédait l'église qui s'ouvrait par trois portes, celle du milieu plus haute et plus large que les autres. Ces portes étaient tournées vers l'Orient, selon l'usage primitif.

On décora ces premières églises de peintures murales, de mosaïques, de dorures. C'est ainsi que l'évêque de Poitiers, saint Fortunat, appelait l'église de Saint-Vincent, aujourd'hui Saint-Germain-des-Prés, la maison dorée de Saint-Germain.

La basilique de Sainte-Geneviève, bâtie par Clovis et détruite par les Normands, était couverte, dit Étienne de Tournais, de riches et superbes mosaïques. Ce luxe était d'ailleurs réservé seulement pour les églises.

Pendant la période mérovingienne, les demeures des rois francs se composaient de places, de jardins, d'assemblage de constructions irrégulières, luxueuses ou non. Ils se servaient des ruines des monuments antiques. Leurs résidences ressemblaient ainsi plutôt à une petite villa qu'à un palais véritable.

Charlemagne fut un des plus grands protecteurs des Arts. Il avait fait une loi ordonnant que les églises fussent peintes et richement ornées. Il avait même fixé le mode de contribution à percevoir pour exécuter les peintures murales. L'église attenante à un bénéfice devait être peinte aux frais du bénéficiaire ; une église royale aux frais de l'évêque et des abbés voisins.

Charlemagne voulait, par ce luxe, faire oublier aux Saxons, récemment convertis, leurs anciens temples.

Charlemagne ayant eu de nombreux rapports avec l'Orient, connaissait bien la valeur de ses artistes, aussi quand Léon l'Ionien, l'iconoclaste, eut chassé les artistes de Constantinople, Charlemagne en appela un grand nombre en France, les employa à divers travaux et favorisa ainsi le développement de l'art byzantin ; de là l'introduction du style byzantin dans l'architecture française.

Les marbres antiques enlevés à Ravenne, servaient à décorer les monuments du grand empire de Charlemagne : la basilique et le salon d'Aix-la-Chapelle, la crypte de Saint-Denis, les palais de Cologne, etc.

Du reste, on ne prenait pas seulement des modèles pour les monuments, on s'inspirait aussi du style byzantin qui régnait alors à Constantinople et dans la Syrie orientale, pour la fabrication des étoffes, des meubles, des bijoux. Tous les architectes étaient alors des moines : saint Colomban, saint Berquerre, saint Martin de Tours qui était aussi habile charpentier, etc.

Du reste, on ne peut nier que les moines aient eu beaucoup d'influence sur les arts de cette époque et sur le style dont ils sont empreints, car en France, ce fut le clergé qui, pendant de longs siècles, fut le grand protecteur, le soutien et le véritable gardien des Lettres et des Arts [1].

Le peuple, malheureux, opprimé, affamé, ne pouvait guère y songer ; les rois pensaient uniquement aux expéditions lointaines et aux luttes qu'ils avaient à soutenir pour conserver leur suprématie ; les nobles étaient occupés à la guerre, au pillage ou à la supression de leurs vassaux ; les moines seuls, dans leurs sombres cloîtres, pouvaient s'occuper d'études, et de même qu'ils conservaient la science des siècles passés dans leurs manuscrits, ils

---

1. Voir pour plus de détails mon *Histoire de l'Art chrétien* (Bloud et Barral, éditeurs).

conservèrent les arts en les pratiquant eux-mêmes. Il n'existait guère d'écoles que chez les moines ; chaque évêché, chaque monastère avait une école.

« Pendant les premiers siècles du moyen âge, dit M. Dussieux, *les Beaux-Arts furent exercés presque exclusivement par des moines.* La règle de Saint-Benoît en avait autorisé la pratique dans les monastères ; aussi les grandes abbayes (Saint-Gall, le Mont-Cassin, Cluny, Saint-Denis) sont célèbres par le zèle qu'on y déployait pour la culture des Arts. Les moines étaient architectes : ils construisirent eux-mêmes un grand nombre d'églises ou dirigèrent les immenses réunions de fidèles, qui, travailleurs bénévoles, s'organisaient sous l'influence de la religion pour élever les édifices religieux. Ils pratiquèrent en grand la peinture des miniatures ; l'ordre de Cluny se livrait surtout à l'ornementation des manuscrits ; ils exécutèrent un grand nombre de peintures murales et firent des vitraux peints, ou du moins ce furent eux qui donnèrent à la peinture sur verre ses premiers développements. Les moines étaient aussi sculpteurs, orfèvres, ciseleurs, fondeurs, musiciens. On connaît peu de noms de moines artistes ; la règle exigeait l'humilité, et les auteurs d'admirables œuvres d'art ne se faisaient pas connaître. »

A l'époque de Charlemagne, les Bénédictins vinrent s'établir en France et y bâtirent un grand nombre de monastères.

Ce sont les moines qui élevèrent les monuments de l'époque romane.

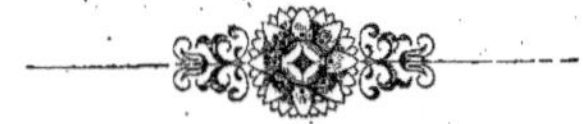

L'ART ROMAN

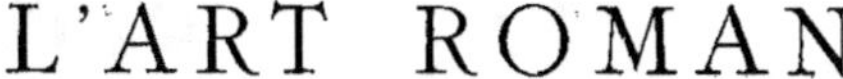

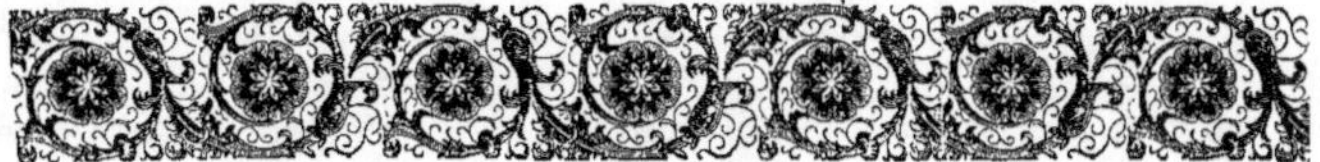

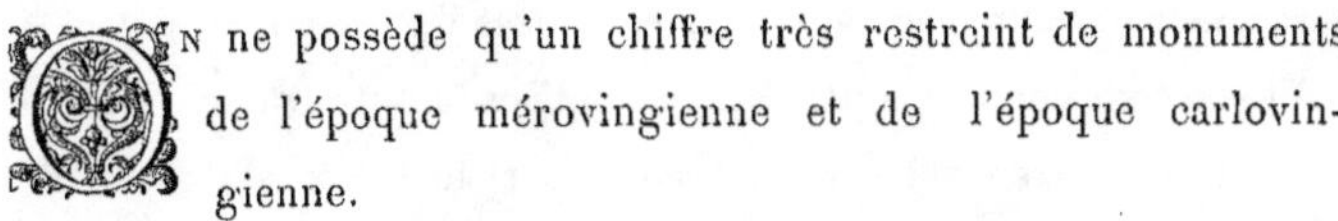

N ne possède qu'un chiffre très restreint de monuments de l'époque mérovingienne et de l'époque carlovingienne.

Cette rareté tient à deux causes principales : la première, c'est qu'ils étaient très mal bâtis ; la deuxième cause est que, pendant les IXe et Xe siècles, la France fut exposée très souvent aux invasions normandes et à une série de destructions et de pillages tels que les peuples de l'antiquité n'en ont pas connu de semblables.

Il y avait pourtant eu une renaissance sous Charlemagne et Charles le Chauve, ces deux rois aimant les Arts, les Sciences et les Lettres.

Mais les invasions normandes bouleversèrent tout, les pillards incendièrent nos monastères et nos églises, et ce ne fut qu'à la fin du x⁰ siècle, aux abords de l'an mil, que commença une véritable renaissance dans l'art de bâtir.

Après que *l'an mil* fut passé, les peuples chrétiens reprirent courage et se mirent à élever de nombreuses églises, en nombre si incalculable que les chroniqueurs en parlèrent avec enthousiasme.

Le moine Raoul Glaber [1] constate ainsi ce mouvement de renaissance : « Vers la troisième année après *l'an mil*, dit-il, les basiliques sacrées furent réédifiées en nombre dans l'Italie et dans les Gaules.

« C'était une émulation générale parmi les peuples chrétiens à qui élèverait les basiliques chrétiennes les plus riches, les plus somptueuses. On crut que le monde entier avait dépouillé ses antiques haillons pour se revêtir d'une nouvelle parure. Les fidèles ne se contentèrent pas de reconstruire les basiliques épiscopales, ils reconstruisirent jusqu'aux simples églises de village. »

En effet un nombre considérable d'églises furent rebâties.

C'est surtout sous les règnes de Robert le Pieux, d'Henri Iᵉʳ, qu'on vit se construire une foule d'édifices religieux. Citons :

L'église de Saint-Bénigne à Dijon, par les soins de l'abbé Quellin.

L'abbaye de Marmoutier, construite sur l'ordre du comte Eude de Champagne en 1005 ;

L'église de Saint-Germain-des-Prés en 1009.

On reconstruisit ou on restaura :

L'église de Saint-Philibert à Tournus ;

---

1. *Raoul Glaber* (900-1046) était un moine de l'abbaye de Cluny, auteur d'une très remarquable chronique écrite en latin. L'abbaye de Cluny avait été fondée en 909 par Guillaume, duc d'Aquitaine.

Les églises de Notre-Dame-de-Bonne-Nouvelle, de Saint-Aignan, de Saint-Pierre, à Orléans;

La cathédrale de Chartres (réédifiée par les soins de l'abbé Fulbert);

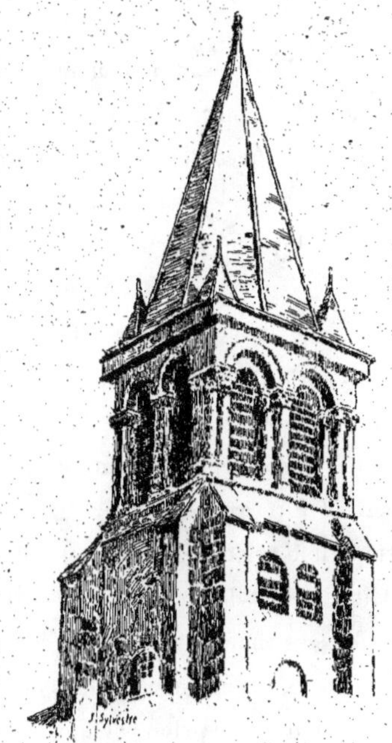

Le clocher de l'église Saint-Germain-des-Prés.
(Dessin de Jules Sylvestre.)

L'église de Saint-Hilaire à Poitiers;

L'église de Saint-Gratien à Autun;

L'église de Notre-Dame à Étampes;

L'église de Saint-Nicolas-des-Champs, à Paris;

L'église de Notre-Dame à Reims.

Sous le règne de Henri Ier, on restaura, en 1049, la fameuse église de Saint-Rémy de Reims; on reconstruisit l'église de Laon en 1056; celle de Saint-Nicaise de Reims en 1061.

Ce fut, comme on voit, un grand mouvemement de restauration générale.

Tous ces constructeurs d'églises, de monuments religieux, étaient animés d'un zèle, d'une ardeur incroyable pour chercher des formes nouvelles, pour élever des édifices plus solides, plus durables.

L'expérience cruelle des siècles passés avait prouvé que si les églises et les monuments duraient si peu, c'était surtout à cause des dangers du feu.

Les neuf dizièmes de ces édifices avaient été détruits par le feu. Tous les édifices de cette architecture qui avait précédé l'architecture romane, présentaient un caractère commun : ils n'étaient recouverts que par des charpentes généralement apparentes, avec le luxe de tentures, de luminaires fort grand qu'exigeaient les besoins du culte. Tout cela formait une prise facile pour les incendies.

Le feu se répandait fort vite des luminaires aux tentures et de là aux charpentes ; une fois les charpentes en feu, l'église était perdue.

Les architectes nouveaux firent un style, le *style roman* différent du précédent. Ils comprirent que le principal moyen de préserver ces édifices c'était d'isoler le monument des charpentes des combles.

Ils imaginèrent de recouvrir les édifices de voûtes entières, de sorte que la présence de ces voûtes pût empêcher les incendies de se communiquer aux combles. Les incendies se trouvaient ainsi localisés.

Les conséquences de l'adaptation des voûtes furent encore plus considérables. La différence même qu'il y avait à élever des nouvelles constructions obligea les architectes à une foule de recherches qui développa chez eux une ingéniosité particulière et à former une nombreuse escouade d'habiles ouvriers.

Elle les obligea à chercher des formes nouvelles, aussi y eut-il une différence absolue entre les édifices construits avant l'an mil et ceux construits après.

Les édifices construits avant l'an mil, et qui appartenaient à l'art gallo-romain, étaient construits à la romaine; ils se différencient même tellement parfois des édifices construits dans la première période de l'époque romane, que si on ne connaissait les types intermédiaires, on ne pourrait croire que ces types aient pu procéder des types précédents.

Comme nous l'avons dit, on chercha à couvrir la nef des édifices à l'aide de *voûtes en berceau*. Cette adaptation amena des modifications importantes dans toutes les proportions des édifices.

En effet, la voûte en berceau a l'inconvénient d'exercer une poussée sur les murs des édifices, car elle est d'un poids considérable.

Plus l'espace que la voûte occupe est large, plus la hauteur est grande et plus il est difficile de maintenir l'aplomb.

La première conséquence fut d'augmenter dans une proportion considérable l'épaisseur de tous les murs de l'édifice.

Il fallut recourir alors à un grand parti et modifier complètement les proportions antiques; on dut sacrifier la hauteur du monument ou bien restreindre sa largeur.

Suivant les pays on se décida à faire le sacrifice de la largeur ou celui de la hauteur.

Dans le Midi on sacrifia la hauteur et dans le Nord on sacrifia la largeur. Ce qui fait que les édifices du Midi ont un aspect extra-ordinairement trapu tandis que ceux du nord de la France paraissent au contraire élancés.

Dans le Midi, les murs augmentèrent d'épaisseur dans des proportions énormes.

A la place des délicates colonnes de la nef, on construisit d'énormes piliers de maçonnerie reliés par de puissantes arcades. On avait tellement peur d'affaiblir les piliers que les ouvertures des fenêtres furent de toutes petites ouvertures, très peu élevées.

Dans le nord de la France, ce fut tout le contraire. On conserva aux édifices leur hauteur, mais alors on diminua la largeur et on restreignit l'écartement des pieds-droits de l'édifice. Les édifices prirent des proportions en hauteur plus grandes que celles des édifices antérieurs. On chercha à diminuer à l'œil les caractères trapus et à exagérer les caractères d'élancement.

On rencontre dans certaines parties de la France des formes intermédiaires.

Les architectes prirent le parti de voûter les bas-côtés, la partie principale de l'église renferma toutes les richesses du monument. Dans beaucoup d'églises on vit un chœur moins élevé que la nef. Dans l'Ile-de-France, les monuments religieux furent bâtis dans ce système.

On peut dire qu'il n'y eut jamais, à aucune époque de l'histoire de l'Art, plus de logique que dans l'époque de l'art roman.

Les architectes du moyen âge hésitèrent à ouvrir de larges fenêtres. Ils les firent si petites qu'elles devinrent des espèces de meurtrières; on les fit ébrasées, c'est-à-dire qu'on les élargit progressivement de dehors au dedans.

A partir du xie siècle, dans les édifices de l'art roman, les fenêtres sont toujours ébrasées. Pour les portes, on applique le même système qu'aux fenêtres, on les ébrase, et pour en rendre l'aspect plus agréable, plus artistique, on imagine de percer les murs par une série d'arcades formant des sortes de voussures qui auront toutes leur pied-roit spécial qui sera presque toujours une colonnette.

Le tympan fut décoré avec une grande élégance.

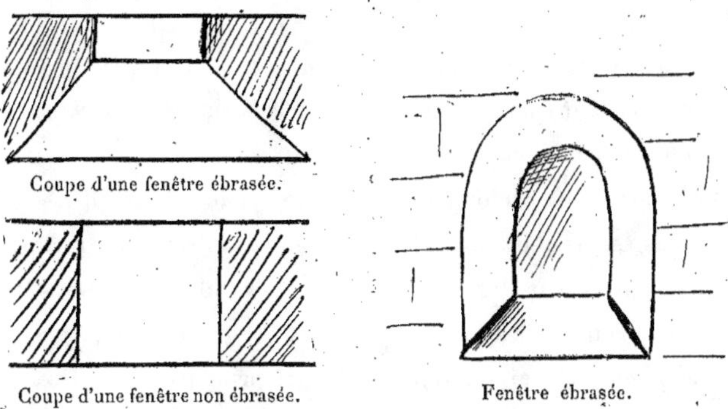

(Croquis de M. Fr. Bournand.)

On peut citer comme le plus bel exemple le tympan de l'abbaye de Vezelay.

Les bas-reliefs qui décorent les portes romanes étaient généralement peints et se détachaient sur un fond d'or. Les chapiteaux étaient peints également. Les parois des murailles, les fûts des colonnes, les archivoltes des arcades, étaient toujours couverts d'ornements colorés, consistant en arabesques, rinceaux de feuillages et combinaisons de figures géométriques[1].

---

1. Sous le porche des églises, aux voûtes des sanctuaires, à celles des absides, on exécutait des peintures.

On voyait des peintures représentant le Christ, la Vierge, des anges, des apôtres, à Saint-Julien de Brioude, à l'église de Jumiège, à la cathédrale du Puy-en-Velay.

Sur les tympans se déroulent presque toujours des sculptures représentant les scènes les plus terribles de la religion, comme on peut le lire aux façades des églises de Conques, de Beaulieu, de Vezelay, d'Autun.

Parfois, la façade entière est historiée du haut en bas, ainsi qu'on peut le voir aux églises de Notre-Dame de Poitiers, de Sainte-Croix à Bordeaux.

Sur l'intransept les moines architectes élevèrent presque toujours une tour qui eut primitivement la forme carrée et par la suite la forme octogonale[1].

On commença à prolonger les galeries et le chœur; il n'y eut même pas seulement un chœur comme autrefois, quelques chapelles, mises sur les côtés, vinrent s'y adjoindre. Dans les églises importantes, les bas-côtés étaient recouverts d'une galerie appelée *triforium*, qui ouvrait sur la nef principale par deux ou trois arcades pour chaque travée. Les travées, placées sur chacun des côtés de la nef, étaient ordinairement en nombre impair.

Les tours eurent peu d'élévation; d'un aspect massif, elles étaient généralement percées d'arcades à plein cintre. Une disposition très commune, appelée *arcade géminée*, qui avait été employée primitivement à Constantinople, montrait deux petites arcades appuyées sur une colonne centrale commune, et comprises toutes deux sous une arcade plus grande. Les arcades qu'on appelle *simulées* ou *aveugles*, très communes dans les édifices romans, étaient des arcades bouchées qui servaient simplement à la décoration des murailles. Au lieu d'être formées d'arcs posés les uns à la

1. A l'église de Notre-Dame de Saintes et à l'église d'Ornus (Ardèche) la forme de la tour est ronde.

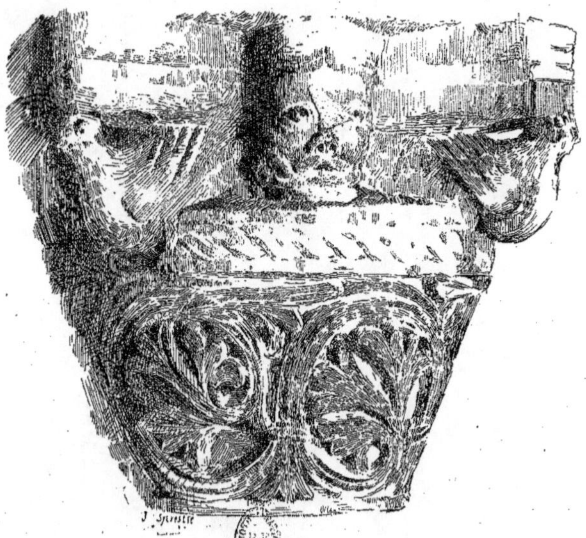

Chapiteau roman à la cathédrale du Puy. (Dessin de Jules Sylvestre.)

suite des autres, elles étaient souvent formées d'arcs enlacés l'un dans l'autre.

Parmi les plus beaux édifices de cette époque, il faut citer particulièrement : l'église de Saint-Pierre à Moissac ; le cloître de Saint-Trophime à Arles, une merveille comme architecture et sculpture [1] ;

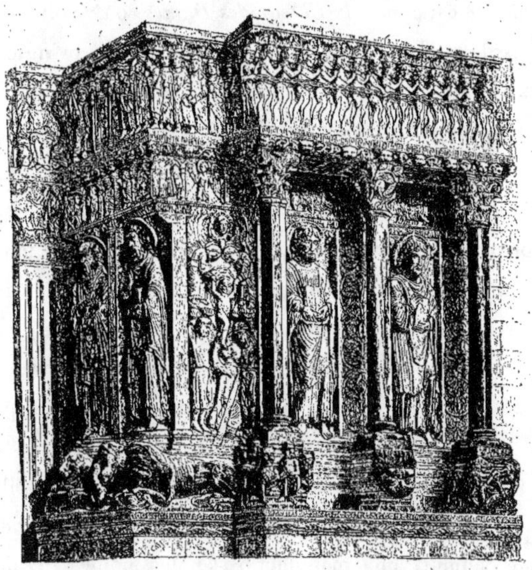

(Dessin de Serendat de Belzim.)
Fragement du Cloître de Saint-Trophime d'Arles.

l'église de la Madeleine à Vezelay ; l'église Notre-Dame à Corbeil ; l'église Saint-Germain-des-Prés à Paris ; l'église Saint-Sernin à

1. Le cloître de Saint-Trophime d'Arles est des plus remarquables : il est formé par une galerie quadrangulaire enfermant un préau dans son centre. Les diverses parties de cette enceinte se rapportent à des époques différentes. Une partie est romane, une autre est ogivale. Les arcades sont soutenues par des colonnes doubles. Les piliers se trouvent de trois en trois colonnes. Les chapiteaux sont corinthiens ou enrichis de figures empruntées aux Livres Saints. On voit dans les entrecolonnements des saints et des apôtres.

Toulouse ; l'église de Saint Gilles, près Nîmes ; l'église de Tournus ; la belle église de Saint-Martin d'Ainay à Lyon ; l'église de Sainte-Croix à Quimperlé, etc.

Parmi les églises du XIIe siècle, on peut voir à Paris la vieille *église Saint-Pierre de Montmartre.*

Son abside est appelé le *Chœur des Dames ;* on y voit encore des chapiteaux de marbre provenant d'une chapelle mérovingienne. On peut admirer à l'intérieur de l'église deux colonnes en marbre vert antique ayant appartenu à un temple païen, ainsi qu'un calvaire avec une grotte.

Les monastères et les abbayes de l'époque étaient de grandes et vastes constructions presque toujours accompagnées de fabriques :

« Quelques abbayes réunissaient les travaux industriels aux travaux agricoles : on y voyait, par exemple, des frères brasseurs, des frères huiliers, des frères corroyeurs, des tisserands, des cordonniers, des maréchaux, des charpentiers, etc. Chaque série avait son frère inspecteur ou contremaître, et à la tête de tous ces travailleurs était un père directeur, ou patron, qui distribuait la besogne : il existait très anciennement, dans l'abbaye de Saint-Florent de Saumur, une manufacture où les moines tissaient des tapisseries ornées de fleurs et de figures d'animaux. Cette manufacture devint très florissante, et, en 1133, l'abbé de Saint-Florent, Mathieu de Loudun, y fit exécuter une tenture complète pour son église. Dans le chœur, c'était les vingt-quatre vieillards de l'Apocalypse ; dans la nef, des chasses et des bêtes fauves. »

L'ART FRANÇAIS

AU

MOYEN AGE

PHILOSOPHIE

DE

L'ART AU MOYEN AGE

SOMMAIRE

Caractères de la civilisation au moyen âge. — La vie malheureuse. — Les tueries humaines. — Les châteaux en nids d'aigles. — Les tristesses. — Les scènes décrites par les sculpteurs. — La mélancolie du moyen âge. — La satire.

PHILOSOPHIE DE L'ART AU MOYEN AGE

LES arts au moyen âge sont empreints d'une grande tristesse, d'une mélancolie profonde, d'une noire terreur ; c'est que c'est en effet une vie de longue souffrance que la vie des peuples occidentaux à cette époque qui a pourtant été pour la France celle de son plus bel épanouissement.

Le moyen âge est compris entre deux catastrophes : l'invasion des barbares du Nord et celle des Turcs. C'est l'époque des choses sublimes et des choses horribles, des plus grands crimes et des plus belles vertus, des terreurs terrestres et des enthousiasmes religieux.

Les monuments de cette époque sont des témoins désolés de la vie malheureuse et craintive de nos ancêtres. En effet, la terreur régnait partout ; il fallait craindre et le roi qui ne se gênait pas pour brûler même ses sujets, comme à Vitry, au XIIe siècle, où il brûla plus

de 1,000 habitants dans l'église, et le noble qui veillait du haut de
son donjon sur le voyageur et qui descendait dans la plaine, avec ses
hommes d'armes, pour lui prendre la bourse ou la vie et souvent les
deux, ou qui, d'autres fois, en guerre civile, massacrait, comme le duc
de Bourgogne au xvᵉ siècle, à Paris, plus de quinze cents personnes
dans les rues, les prisons et même les églises. Il fallait craindre
aussi le bohémien, voleur et pillard, l'étudiant en guenilles qui
attendait le soir sous un porche d'église ou au coin d'une rue les
passants attardés pour les détrousser, et par-dessus tout cela les
ennemis, les envahisseurs, grands tueurs d'hommes (comme les
Normands qui incendiaient au xᵉ siècle les bords de la Seine, les
Anglais qui massacraient à Limoges).

La famine venait encore ajouter à la désolation et aux terreurs
des hommes du moyen âge. « Sur les chemins, dit le moine Glaber,
les forts saisissaient les faibles, les déchiraient, les rôtissaient et les
mangeaient. Les riches maigrirent et pâlirent; les pauvres rongèrent
les racines des forêts, plusieurs dévorèrent des chairs humaines. »

Il semblait, tellement la vie était terrible, que la mort était une
délivrance; aussi voit-on dans les arts de cette époque jusqu'à la
négation du corps humain emprisonnée dans de longs suaires.

Cette terreur continuelle avait appris aux hommes à se fortifier,
aussi les rues de cette époque étaient-elles tortueuses, remplies de
passages voûtés, les fenêtres étroites comme des meurtrières, les
églises bastionnées, les maisons massives, les bourgs perchés sur
les pointes des collines comme des nids d'aigles, protégés par des
remparts crénelés et des tours d'où l'on guettait l'approche des
ennemis.

Si l'art du moyen âge est empreint d'un grand système de

défense, il revêt aussi un grand caractère religieux et triste ; cela se comprend facilement, car lorsque la misère, la douleur, le désespoir règnent sur la terre, l'âme humaine, qui a toujours soif d'idéal, prend son vol en des régions plus pures où tout semble meilleur et s'adresse à Dieu comme une suprême espérance, comme la meilleure consolation.

C'est le rêve poétique de la Foi, de l'Héroïsme qui proteste contre la brutalité des événements humains ; l'idéal reprend ses droits avec enthousiasme et à travers les malheurs et les lâchetés sans nombre, produit des choses sublimes et héroïques jusqu'à la folie.

C'est alors que prit naissance cette fine fleur, la Chevalerie, création française par excellence, car en plein XIX° siècle les étrangers proclament toujours la France la première des nations chevaleresques.

C'était vraiment le temps religieux et chevaleresque où la pratique de la religion, des vertus, des idées généreuses étaient le souci de tout homme de cœur ; aussi dans les arts étaient-ce les types de l'infinie beauté morale que les artistes aimèrent à reproduire ; la forme n'était rien, la pensée était tout, l'expression était réservée au visage aux dépens du corps emprisonné dans de larges mailles ou dans de grandes armures.

Par suite de la prédominance des idées religieuses et morales c'était la tristesse qui dominait partout et qui avait si bien marqué de son empreinte l'art du moyen âge.

Les architectes qui ont édifié les sombres églises romanes ou les grandioses cathédrales gothiques ont exprimé au moyen de la pierre toute la poésie touchante de leur âme. Le moyen âge semble frissonner et gémir au fond de ces sombres voûtes.

Ce sont les tristes scènes de la Passion que les sculpteurs français ont groupées le long des piliers et sur les portails des églises où les saints de pierre semblent rêver dans une extase douloureuse.

Ce sont aussi les tristesses de la Passion, les crucifiements, les couronnements d'épines, les nativités, les vierges et les saints aux visages souffrants, les douleurs de la mort, le désespoir de l'enfer, que les peintres primitifs de la France, de l'Italie, de la Flandre, de l'Allemagne, ont reproduits dans leurs fresques lugubres et mélancoliques.

Et cette mélancolie profonde a continué longtemps à marquer de son empreinte les œuvres d'art, car, même en pleine Renaissance, elle fera encore sentir sa vitalité.

N'est-ce pas la mélancolie du moyen âge qui a fait donner aux géants de pierre de Michel-Ange cet air las et fatigué, aux femmes de Léonard de Vinci ces sourires mystérieux comme des énigmes, aux portraits de Hans Holbein ces airs tristes et ennuyés, aux fresques d'Orcagna cette désolation et cette désespérance.

N'est-ce pas la mélancolie qui a guidé le grand artiste allemand, lorsqu'il a représenté ce chevalier en compagnie de la Mort et qui, arrêté sous une forêt sinistre et lugubre, déjà immobile sous son armure de fer, regarde fixement le sablier presque vide où les siècles viennent de s'enfuir.

Mais si l'art a été triste et mélancolique au moyen âge, il a été aussi surtout, pendant la dernière période, moqueur et satirique.

Quand des hommes ont souffert et pleuré pour des chimères, pour des beaux rêves, et que leurs doux rêves se sont évanouis, ces hommes, tout en conservant l'amère tristesse de leurs illusions perdues, se moquent, se raillent de tout ce qu'ils ont aimé et adoré.

Et cette moquerie sera d'autant plus grande que le rêve avait été plus haut et la chute plus profonde. C'est ce qui est précisément arrivé au moyen âge.

L'expérience avait donné un démenti aux plus beaux rêves enthousiastes des chevaliers, des preux et de la multitude.

Les Croisades, étaient nées d'un sentiment exquis et au mouvement desquelles tout un peuple, depuis les rois, les chevaliers, les nobles jusqu'aux serfs, avait pris part. Certains alors pensaient et soupiraient à la conquête de ce doux hameau de Bethléem où, dans la nuit de Noël, des rois étaient venus adorer un pauvre enfant couché dans une étable, premier berceau d'un Dieu bon et pauvre, et à celle de ce Golgotha où cet enfant divin devenu homme avait pleuré et prié pour les hommes la veille de sa mort.

Toute une multitude avait donné son sang pour reconquérir ces lieux saints et les arracher aux mains des infidèles. Mais ce sang avait été répandu en vain (ce Dieu dort, disait un troubadour, et Mahomet triomphe), et en fait de vertus, beaucoup de croisés avaient rapporté les vices des Orientaux.

Le procès des Templiers au XIVe siècle n'avait-il pas montré comment, même chez certains ordres religieux, le vice avait fini par l'emporter sur la vertu parfaite ?

A quoi avait servi l'héroïsme, qu'avaient rapporté aux chevaliers, aux preux sans peur et sans reproche, leurs luttes gigantesques, leurs exploits sans nombre ?

Ils avaient eu beau faire, leurs combats sanglants n'avaient pu ni ramener la fraternité sur la terre ni chasser les infidèles de la chrétienté. Le tombeau du Christ était toujours la proie des mécréants.

A quoi bon tous ces beaux rêves, toutes ces belles œuvres?

Aussi, tout en pleurant le passé, tout en gardant le triste deuil des bonheurs évanouis, les hommes du moyen âge se moquèrent-ils, se raillèrent-ils.

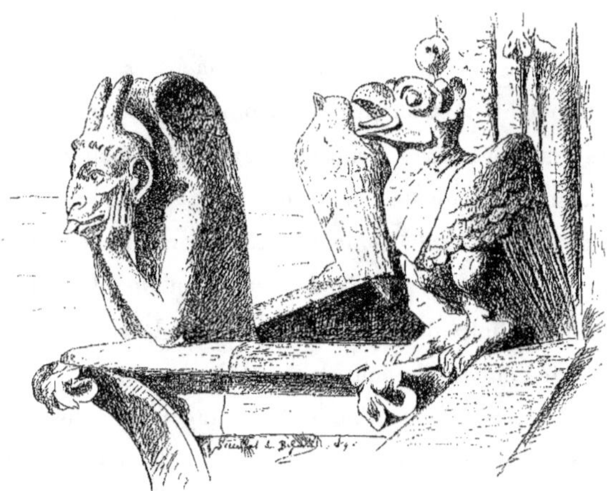

Sculptures fantastiques et satiriques à Notre-Dame de Paris.
(Dessin de SERENDAT DE BELZIM.)

Et cette raillerie, cette satire se montre non seulement dans les Lettres, mais dans les Arts. Elle est partout : dans les fresques lugubres où le grotesque se mêle au sublime, dans les sculptures de nos cathédrales, où des monstres à figures grimaçantes coudoient les vierges, les saints, les scènes de la Passion.

Il n'était pas jusqu'aux appartements, jusqu'aux meubles les garnissant, qui n'aient revêtu, dans la première partie du moyen âge, une teinte de mélancolie. Ces salles hautes et froides, aux fenêtres étroites garnies de vitraux multicolores où étaient représentés les scènes de l'Évangile, les mystères de saints, les exploits des chevaliers ; ces bancs de pierre ou de bois sculptés, ces chaires hautes, ces chapelles attenantes aux châteaux et remplies d'objets de sainteté, de statuettes en pierre ou en bois coloriés de Christ aux visages douloureux, tout cela ne respire-t-il pas une mélancolie profonde ?

Plus tard, la raillerie, la satire vinrent s'y mêler aussi et on vit

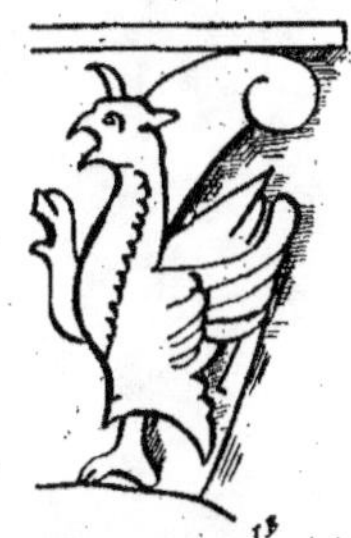

(Sculpture française du xɪɪᵉ siècle.)
Animal fantastique décorant un des
chapiteaux de l'église du Mas à Agen.
(Croquis de M. F. Bournand.)

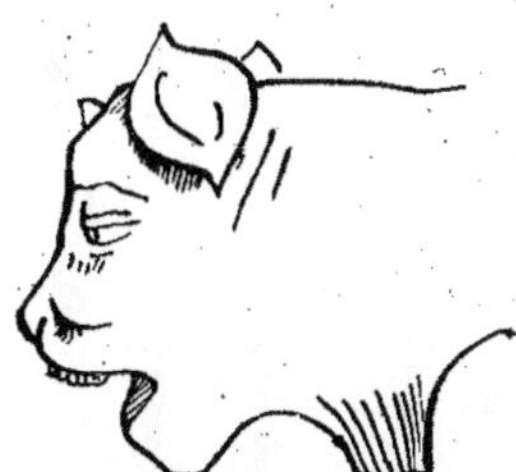

Gargouille de la Sainte-Chapelle.
(Croquis de M. F. Bournand).

apparaître dans ces salles des sculptures grotesques, dans ces chapelles des sculptures, des ornements jurant avec la sainteté des lieux[1].

Cette satire c'était la critique vivante du moyen âge, la protestation contre l'emprisonnement lugubre qu'il faisait subir à l'art ; c'était un commencement d'acheminement vers l'art demi-païen renouvelé de l'antique, en un mot de la Renaissance[2].

1. On peut voir un certain nombre de ces sculptures satiriques au Musée de Cluny.
2. Voir le chapitre : *Philosophie de la Renaissance* dans mon livre *Les Arts et les grands Artistes de la Renaissance Italienne.*

L'ART CIVIL AU MOYEN AGE

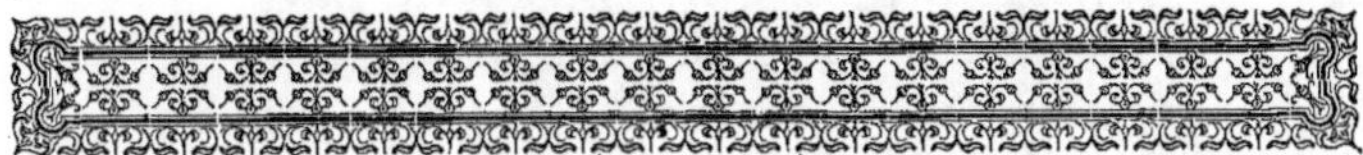

A l'art exclusivement religieux du moyen âge devait succéder l'art civil. Le pape Grégoire VII ayant entrepris de réformer la discipline et de faire la guerre au luxe, arrêta ainsi ce développement de l'art dans les monastères. Saint Bernard éleva la voix contre la décoration des églises qu'il trouvait trop luxueuse.

L'Art, après s'être arrêté momentanément, changea simplement de direction, devint un art ayant une nouvelle méthode; il se sécularisa. Au lieu des artistes moines il y eut des laïques qui se firent peintres, sculpteurs et architectes.

Les nouveaux architectes prirent le nom de *Francs-Maçons*.

« Les monuments civils, a dit Reiné Ménard, sont l'expression vivante de la cité : pour qu'ils existent, il faut des institutions municipales. La société chrétienne avait eu à lutter dès son début contre les croyances païennes mal éteintes, contre la barbarie envahissante et l'infiltration de populations nouvelles, contre les incursions des Normands et le brigandage des barons. La véritable cité chrétienne, c'était le monastère. Là seulement étaient l'intelligence, le travail, l'esprit d'ordre et de civilisation. Exposés à de continuels pillages, mais s'enrichissant sans cesse par des donations pieuses et par le travail agricole et industriel, les abbayes, que reliait une règle commune, une langue commune et un intérêt commun, constituaient la véritable nation vivante et agissante.

« Autour de chaque monastère se groupaient peu à peu des habitations, et tout un peuple d'ouvriers laïques occupés par les moines ; un monastère était une cité et suffisait à tous ses besoins. La salle capitulaire, où on délibérait sur les intérêts de la communauté, remplissait le rôle de nos hôtels de ville ; les infirmeries, où l'on soignait les laïques attachés à l'abbaye aussi bien que les moines eux-mêmes, remplaçaient nos hôpitaux ; les granges, où l'on resserrait les produits du sol pour en tirer parti, répondaient à nos halles et marchés.

« Chaque monastère avait une bibliothèque nécessaire pour ceux qui se livraient à l'étude, une école pour l'enseignement des enfants, des ateliers organisés pour divers travaux industriels ; tous avaient une église et la plupart étaient fortifiés. Jusqu'à l'établissement des communes il n'y a donc en France que deux espèces d'édifices, les monuments religieux et les châteaux forts.

« Mais quand le travail et l'industrie passèrent aux habitants des villes, il fallut créer des édifices d'un ordre absolument nouveau pour satisfaire aux besoins de la société laïque devenue prédominante. Alors se forma l'architecture civile, à laquelle nous devons nos *hôtels de ville*, nos *hôpitaux*, nos *halles* et une *foule d'édifices municipaux*, dont il serait absolument impossible de retrouver la trace avant le XIIe siècle. Ces monuments s'élevèrent petit à petit, non par le fait d'un caprice, mais pour obéir à une nécessité absolue, et ils prirent un développement proportionné à l'importance de la cité, appelée à se gouverner elle-même. »

Le *beffroi* devint le signe visible de la commune. Quand une ville était affranchie, elle avait le droit d'avoir un *hôtel de ville*. Si, dans les guerres civiles, si nombreuses à cette époque de troubles et de luttes, une ville perdait son droit de commune, il fallait raser le beffroi [1].

A Paris, le premier hôtel de ville s'appelait le *Parlouer aux Bourgeois;* il était placé près du grand Châtelet. Étienne Marcel acheta ensuite une maison pour servir d'hôtel de ville sur le quai de la Grève. On l'appelait *maison aux Piliers*.

De même que les artistes avaient mis un grand luxe à construire les églises et les monastères, on mit un grand luxe à construire les hôtels de ville et leurs beffrois.

« Les premiers beffrois isolés [2] se composaient d'une grosse tour carrée, le plus souvent surmontée d'un comble en charpente recouvert d'ardoises ou de plomb, dans lequel étaient suspendues plusieurs cloches. Une galerie ou étage percé de fenêtres sur les quatre faces servait de postes pour les guetteurs qui, le jour et la nuit, avertissaient les citadins de l'approche des ennemis, décou-

---

1. Ce beffroi était le privilège des communes, le symbole des libertés que les chartes d'affranchissement accordaient à une cité.

2. Viollet-le-Duc.

vraient les incendies, réveillaient les habitants au son des cloches ou des trompes.

« C'était du haut du beffroi qu'on sonnait les heures du travail ou du repos pour les ouvriers, le lever du soleil, le couvre-feu et que l'on annonçait au bruit des fanfares les principales fêtes de l'année. La tour contenait ordinairement des prisons, une salle pour les échevins et quelques dépendances, telles que dépôt d'archives, magasin des armes que l'on distribuait aux bourgeois dans les temps de troubles ou lorsqu'il fallait défendre la cité. »

Les maisons du moyen âge semblent avoir été construites en vue de la défense.

La façade des maisons était peu élevée et percée de fenêtres petites et toujours cintrées. Parfois même, il y avait des créneaux.

Les étages étaient placés en encorbellement les uns sur les autres ; il s'en suivait que la rue étant plus étroite par le haut que par le bas, les maisons se trouvaient très rapprochées par leurs étages supérieurs. Cela pouvait servir à deux fins : d'abord les piétons qui circulaient le long des boutiques se trouvaient à couvert en cas de mauvais temps, et, ensuite, c'était très utile pour la défense.

La brique était mêlée aux pièces de bois apparentes, dans l'extérieur des maisons, ce qui produisait un ensemble décoratif agréable à l'œil. La forme et la dimension des fenêtres variaient suivant les localités.

En général, dans le Midi, les fenêtres étaient petites et assez rares, afin que le soleil et la chaleur pussent pénétrer plus difficilement à l'intérieur. Dans le Nord, au contraire, on faisait souvent de larges ouvertures ; mais, pour éviter le froid, la plus grande partie des vitrages était à demeure et ne s'ouvrait pas. Dans l'intérieur de l'appartement, comme sur la façade de la maison, la décoration résultait de la nature même de la construction : les solives du plancher étaient apparentes et quelquefois enrichies d'ornements peints ou sculptés.

Les escaliers étaient très étroits et d'un accès peu facile : autres

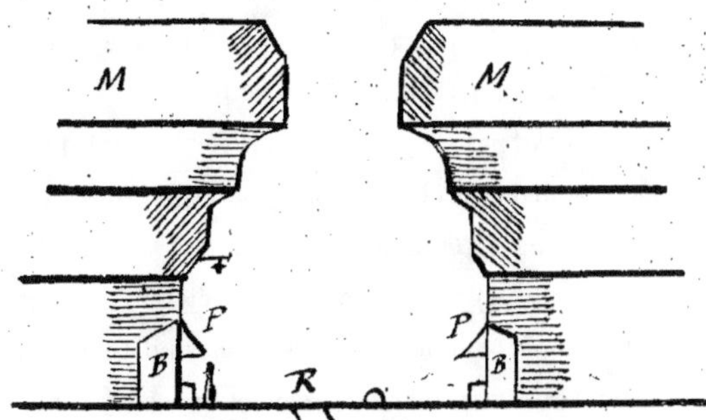

Coupe d'une rue au moyen âge.
M. Maisons avec étages en encorbellement. — B. Boutique.
P. Endroits à couvert. — R. Ruisseau au milieu de la rue.
(Croquis de M. Fr. BOURNAND.)

avantages pour la défense. Ils étaient ordinairement placés dans une tourelle à l'intérieur de la maison.

Les boutiques se trouvaient au rez-de-chaussé des maisons; elles étaient très petites et ne comprenaient que deux pièces : une pièce où travaillaient les ouvriers et une salle sur la rue où étaient déposées les marchandises.

Le vitrage était presque toujours absent.

La boutique se fermait au moyen de volets supérieurs et inférieurs : la partie inférieure se dressait pour former une tablette propre à l'étalage et la partie supérieure se relevait comme une tabatière.

Les acheteurs se tenaient au dehors de la boutique, dans laquelle ils n'entraient pas, l'étalage s'avançant sur la rue.

Afin de protéger les boutiques contre les audacieuses tentatives des voleurs, il y avait des grillages en fer forgé.

Comme il n'y avait alors pas d'annonce pour avertir les acheteurs, on attachait à une potence en fer une enseigne caractéristique souvent aux couleurs très voyantes.

Comme cela ne suffisait pas toujours pour attirer les pratiques; on envoyait des crieurs à pied et à cheval annoncer à travers la ville les denrées ou les marchandises que l'on devait vendre.

Dans les villes de Bretagne, les boutiques étaient munies de colonnes en granit portant, comme de nos jours, des portails en bois. Des tablettes inférieures et supérieures formaient aussi les volets et permettaient de fermer la boutique à la tombée du jour.

Dans les villes du Midi les architectes avaient ajouté à la physionomie pittoresque de ces boutiques des consoles ou corbeaux qui portaient des auvents en toile ou en bois, qui protégeaient l'arcade de la boutique contre les ardeurs du soleil.

Dans le Nord, les consoles historiées, en bois ou en pierre, offraient une grande ressemblance avec les gargouilles des églises.

Après avoir parlé des maisons du peuple, des travailleurs, il nous faut parler des demeures de la noblesse et de la haute bourgeoisie. Ceux-ci se firent construire des châteaux, à de grandes hauteurs, ce qui rendait la défense plus facile. La vue planant sur les vallées environnantes, ces demeures étaient devenues des repaires, de véritables nids d'aigles.

Quand les rapports avec l'autorité royale se furent améliorés, les châteaux et les riches demeures de la bourgeoisie furent construits dans la plaine avec créneaux, ponts-levis, mâchicoulis, remparts, etc..., qui pouvaient au besoin protéger la demeure féodale contre les attaques et les assauts.

« On éleva des châteaux, des palais de plaisance, dit Viollet-

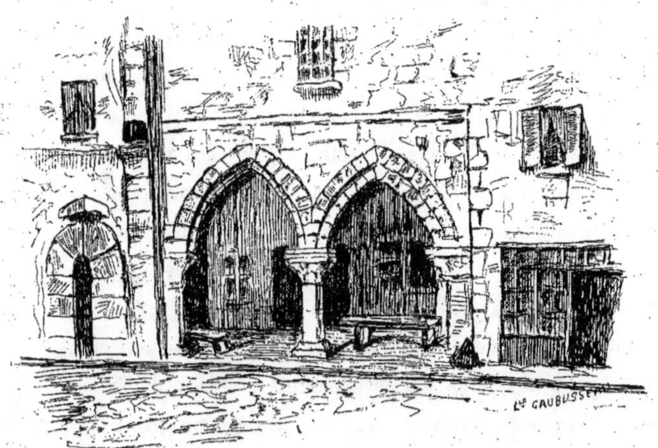

Maison gothique (Dessin de M. Léopold Gaubusseau).

le-Duc... C'était assez la coutume de donner aux forteresses l'apparence intérieure de palais, de telle sorte que, au dedans, ces constructions étaient faites pour se défendre, et que, au dehors, elles présentaient tous les charmes d'un palais de plaisance. »

Quant au mobilier des châteaux du moyen âge avant le xve siècle, voici ce qu'en a dit Viollet-le-Duc :

« Le mobilier de la salle se composait de bancs à barres avec coussins, de sièges mobiles, de tapis ou tout au moins de nattes de

jonc, de courtines devant les fenêtres et les portes; d'une grande
table fixée au plancher, d'un dressoir, d'une crédence, de pliants et
de la chaire du Seigneur. Le soir, des bougies de cire étaient posées
sur les bras de fer scellés aux côtés de la cheminée, dans des
flambeaux placés sur la table, ou sur des lustres formés au moyen de
deux barres de fer ou de bois en croix supendues au plafond. Le fer
de la cheminée ajoutait son éclat à cet éclairage. Le mobilier de la
chambre consistait en un lit avec ciel ou dais, en une chaire; des
coussins en grand nombre, quelquefois des bancs servant de coffres
complétaient ce mobilier. Des tapisseries de Flandre ou des toiles
peintes tendaient les parois, et sur le pavé on jetait des tapis
sarrazinois qu'alors on fabriquait à Paris et dans quelques grandes
villes. Dans la garde-robe étaient rangés des bahuts renfermant le
linge et les habillements d'hiver et d'été, les armes du seigneur;
cette pièce devait avoir une certaine étendue, car c'était là que
travaillaient les ouvriers et les ouvrières chargés de la confection des
habits. On ne pouvait alors se procurer certaines étoffes qu'aux
foires périodiques qui se tenaient dans les villes ou gros bourgs. Il
fallait donc acheter à l'avance les fourrures, les draps, les soieries
nécessaires pendant toute une saison. Or la plupart des seigneurs se
chargeaient de fournir des vêtements aux personnes attachées à leur
maison, et tout cela se façonnait dans le château. »

Les bahuts étaient alors des meubles indispensables; de même
qu'ils servaient d'armoires pour le linge et les vêtements, ils
servaient pour s'asseoir, car les sièges garnis de jonc ou de paille
ne datent que du xve siècle.

Quant aux lits de cette époque, ainsi que le dit M. Paul Lacroix,
« ils varient de forme et de dimension : étroits et grossiers chez les

pauvres et les moines, ils finissent par devenir, chez les rois et les nobles, d'une telle grandeur et d'un luxe tel, que ce sont de véritables monuments de menuiserie, où l'on ne monte qu'à l'aide d'escabeaux ou même d'échelles. L'hôte d'un château ne pouvait recevoir de plus grand honneur que de passer la nuit dans le même lit que le seigneur châtelain; les chiens dont les seigneurs, tous grands chasseurs, étaient constamment entourés, avaient le droit de coucher là où couchaient leurs maîtres; c'est ainsi qu'on explique ces lits gigantesques mesurant jusqu'à douze pieds de large. Les oreillers étaient, si l'on en croit les chroniques, parfumés avec des essences, des eaux odoriférantes; ce qui pouvait bien, on le comprend, n'être pas une précaution inutile. »

La table sur laquelle on mangeait était le plus souvent de forme ronde et posée sur des tréteaux pliants, de manière à pouvoir facilement l'enlever. Le pourtour de la table était entouré d'un rebord de quelques centimètres, auquel s'accrochait une sorte de nappe qui servait plutôt d'ornement, car la table elle-même n'en était nullement recouverte.

« La viande, dit Viollet-le-Duc, était servie à chaque convive sur des *tranchoirs*, c'est-à-dire sur des morceaux de pain rassis, cuits exprès pour cet usage.

« Les écuyers tranchants, découpant les viandes, plaçaient chaque morceau sur ces tranchoirs rangés sur un plat; on les présentait aux convives, qui désignaient le morceau à leur convenance, afin qu'on le plaçât devant eux avec son tranchoir sur la nappe, ou, chez les grands, sur une assiette d'argent. Chacun coupait ainsi sa viande sur ce lit de pain, sans endommager la nappe ou sans faire grincer le couteau sur la vaisselle plate. Chez les petites gens on mangeait avec ses doigts. Quant aux potages, aux brouets, ils étaient servis dans des écuelles ou assiettes creuses, communes à deux convives ; d'où la locution « à pot et à cuiller », c'est-à-dire dans la plus grande intimité avec quelqu'un. »

Une bible manuscrite du xe siècle qui se trouve à la Bibliothèque nationale, renferme une miniature représentant le festin de Balthazar. On y voit de très curieux détails sur les repas de cette époque féodale.

Généralement, pendant la période du moyen âge, les halles étaient simplement de vastes espaces appartenant à un seigneur féodal ou à la ville, et sur lesquels on permettait la vente de marchandises. Les halles se tenaient sous des porches d'église, sous des portiques de maisons, sur la place, autour des hôtels de ville.

Dès le xe siècle, Paris possédait une halle qui se tenait sur un terrain entouré d'un fossé.

Quand les villes s'enrichissaient par le commerce, la halle devenait un important monument qui arrivait parfois à une grande élégance.

Les ponts, imités primitivement des ponts des Romains, étaient presque toujours assez étroits et organisés pour la défense[1], comme on le voit au pont de Cahors, qui est accompagné de trois grosses tours portant sur le pilier des arches. Le grand pont, qui met Pont-de-l'Arche en communication avec l'autre rive de la Seine, est extrêmement célèbre, ainsi que le pont d'Avignon.

Comme les guerres étaient fréquentes, ces ponts duraient rarement longtemps et étaient souvent reconstruits.

---

1. Il y avait même des ponts sur lesquels les chariots ne pouvaient passer

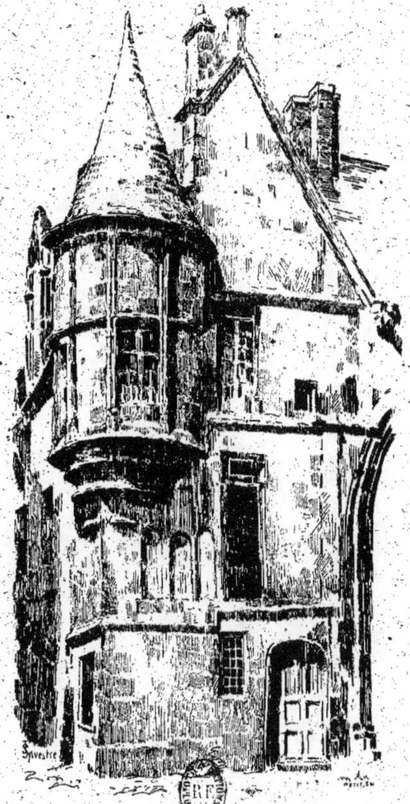

Une tourelle au moyen âge.

(Ancien hôtel de Sens à Paris. — Dessin de M. Jules Sylvestre.)

Pendant les xie, xiie, xiiie et xive siècle, on construisit un grand nombre d'hôpitaux. Ce furent les établissements religieux qui commencèrent à offrir des refuges assurés aux malades indigents. Comme les pestes étaient fréquentes au moyen âge, un grand nombre de monastères et de grands châteaux avaient fait élever, dans leur voisinage, des léproseries, des maladreries, petits hôpitaux desservis par des religieux. Jusqu'au xive siècle, ces lieux de refuge étaient construits de la même façon architecturale que les constructions religieuses.

L'ARCHITECTURE MILITAIRE

EN

FRANCE AU MOYEN AGE

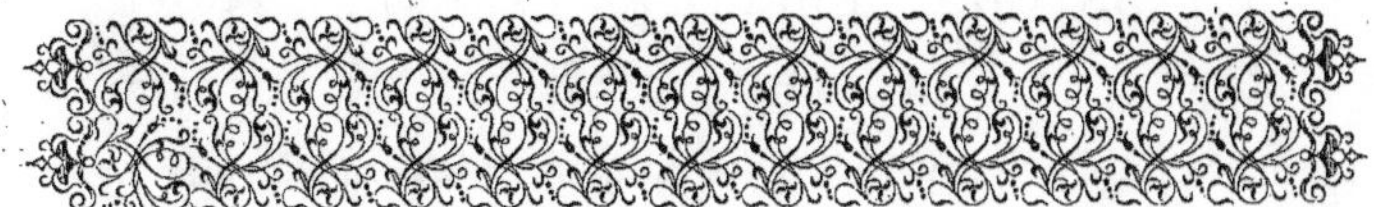

L'ARCHITECTURE militaire en France ne date guère que de
l'époque de la Féodalité.

« Sous la première race, dit M. de Sismondi, les
seigneurs avaient rarement fortifié leurs châteaux ou demandé la
permission de le faire, parce que les peuples germaniques conservaient encore leur haine pour les enceintes de murailles et leur
mépris pour un pont ou un escalier mobile. Dans le second type,
le donjon se liait aux fortifications du pourtour de l'enceinte et
faisait en quelque sorte corps avec elle; alors il n'offrait pas un
diamètre aussi considérable. C'était une tour d'observation plus
élevée que le reste de l'édifice, mais qui ne pouvait en demeurer
indépendante. »

Les Normands, qui étaient de très habiles constructeurs, furent les premiers. qui environnèrent leurs donjons et les transformèrent en châteaux fortifiés.

« Le château normand du xiᵉ siècle, dit M. Viollet-le-Duc, ne consistait qu'en un donjon carré ou rectangulaire, autour duquel on élevait quelques ouvrages de peu d'importance, protégé surtout par un fossé profond pratiqué au sommet d'un escarpement. C'était là le véritable poste normand de cette époque, destiné à dominer un territoire, à fermer un passage ou à contenir la population des villes. Les barons normands, devenant seigneurs féodaux, en Angleterre ou sur le continent, se virent bientôt assez riches et puissants pour augmenter singulièrement la dépendance du donjon qui, dans l'origine, était le seul point sérieusement fortifié. Les enceintes primitives, faites souvent de palissades, furent remplacées par des murs flanqués de tours. »

Le donjon était une nécessité du système de défense du moyen âge. En effet, ce système consistait à construire une série d'ouvrages défensifs qui devaient se protéger les uns les autres. Il ne fallait pas qu'en prenant un de ces ouvrages, sa prise entraînât la prise du suivant. La garnison devait avoir toujours un refuge, si l'ensemble des ouvrages de la place venait à être pris, et ce refuge c'était nécessairement le *donjon*.

Les donjons, situés le plus souvent au sommet de pics escarpés, avaient un aspect sauvage et sinistre, fait pour inspirer la terreur. « Les donjons en pierre, dit M. de Caumont, se reportent presque tous à deux types principaux. Le type le plus habituel présente une tour carrée, distincte des deux autres bâtiments de la place, dans laquelle on ne pouvait entrer que par une porte placée haut dans le mur, et qui répondait au niveau du premier étage. »

Parmi les types de donjons les plus remarquables, il faut citer la *tour de Beaugency*, les donjons des châteaux de Domfront, Nogent-le-Rotrou, Loches, etc.

La *tour de Beaugency* était divisée en quatre étages. Les murailles avaient, dans le bas, 20 pieds d'épaisseur. L'autel où se célébrait la messe se trouvait dans l'embrasure d'une fenêtre, et les escaliers, très étroits, étaient pratiqués dans l'épaisseur des murs.

« Au rez-de-chaussée, dit M. de Caumont, existait une salle, séparée du premier étage par une voûte d'une extrême solidité, portée sur de gros piliers carrés, dont six étaient engagés dans les murs du pourtour et deux se trouvaient au centre de la salle.

« Cette route que j'ai observée plusieurs fois, a été récemment détruite. On voit une porte communiquant à un escalier pratiqué dans l'épaisseur du mur, et par lequel on descendait dans les caves voûtées dont je viens de parler. Effectivement, il ne faut pas regarder les ouvertures qui donnent entrée aujourd'hui dans ce rez-de-chaussée comme anciennes. On évitait toujours d'accéder par le rez-de-chaussée dans les donjons. C'était par le premier étage et par des ouvertures que bien des observateurs ont prises pour des fenêtres, qu'on entrait dans ces forteresses, soit au moyen de ponts-levis, soit au moyen d'échelles ou d'escaliers mobiles. Ainsi l'entrée de la tour de Beaugency était une ouverture fort élevée au-dessus du sol, et qui se trouve au niveau du pavé dans la salle du premier étage. »

Dans les châteaux du XII° siècle, le donjon, autrefois carré, devient cylindrique et est accompagné de constructions diverses.

Il est entouré d'un fossé et accessible uniquement par un pont-levis [1].

Ce donjon est alors le refuge de la garnison en cas d'attaque. Les autres tours deviennent cylindriques comme le donjon.

L'adoption de la forme cylindrique pour les tours et les donjons dut être déterminée par des motifs sérieux. Les tours cylindriques pouvaient mieux résister aux attaques des machines que les tours carrées, leur surface convexe offrant partout la même solidité ; l'introduction des voûtes élancées en ogive devait d'ailleurs faire abandonner les larges donjons à planchers droits ; on trouva tout simple de voûter les tours et de consolider ces voûtes au moyen d'arceaux reposant sur des colonnettes et des consoles espacées également et formant pour les appartements une décoration analogue à celle des églises. Enfin les toits coniques des donjons cylindriques offraient moins de surface et moins de danger, en temps de siège, que les toits à quatre pans des larges donjons carrés, qui étaient quelquefois incendiés par les brandons du dehors.

La grande révolution qui s'était opérée dans l'architecture en général par l'avènement du style ogival, avait dû réagir sur l'architecture militaire ; il fallut donner plus d'élévation aux étages, mettre les tours en harmonie avec les constructions voisines.

Ce changement, d'ailleurs, est si intimement lié avec l'introduction du style ogival, qu'on voit la forme carrée persister dans les

---

[1]. On peut citer comme beaux spécimens de l'architecture militaire, les ruines de la *tour de Rougemont* (xie siècle), entre Montbard et Cirsy-sur-Armançon (Bourgogne) ; les ruines du *château de la Rochepot* et les restes des fortifications de la ville de Semur (xiiie siècle).

régions de la France qui conservèrent le style roman de transition concurremment avec le style ogival, telles que les provinces du Sud, du Sud-Est, de l'Est, et c'est surtout dans le royaume de France, où l'architecture ogivale se montrait si belle au XIIIe siècle, que le donjon cylindrique développe ses belles formes.

On donnait le nom de *courtines* aux murailles comprises entre les tours, dans les châteaux de la période du moyen âge. La première enceinte extérieure renfermait un large espace découvert dans lequel se trouvait habituellement la chapelle, et qu'il fallait traverser pour arriver à la seconde enceinte qui comprenait le donjon. La grande porte d'entrée du château, fermée par d'épaisses portes battantes en chêne bardées de fer, était ordinairement défendue de chaque côté par une tour. En avant de cette porte était souvent un ouvrage extérieur appelé *barbacane* et destiné à défendre l'entrée du pont. La partie supérieure des tours avait une charpente en saillie garnie de murs en planches appelés *hourds*, servant à garantir les soldats.

Les intervalles ménagés pour lancer les projectiles s'appelaient *mâchicoulis*.

Comme spécimen de l'architecture militaire en France au XIIIe siècle, on peut citer le *château de Coucy*, les *châteaux de Chinon*, *d'Étampes*, de *Montargis*, de *Bourbon-l'Archambault*, de *Gisors*, etc.

« Le château de Coucy, dit M. Batissier, édifié au commencement du XIIIe siècle par Enguerrand le Grand, pouvait passer pour un des plus beaux monuments d'architecture militaire. Il était précédé d'une *basse-cour* ou esplanade fortifiée, dans laquelle on pénétrait en passant sur un pont porté sur cinq piliers qui soutenaient autant de portes fortifiées. Il avait la forme d'un trapèze, aux quatre angles duquel s'élevait une tour ronde ayant environ cent pieds de hauteur, et portant des corbeaux saillants destinés à recevoir des hourds et percés d'embrasures.

« La principale porte, munie d'une double herse, offrait à droite et à gauche les salles des gardes; dans la cour du château étaient disposés des magasins voûtés, appuyés contre les courtines, un bâtiment d'habitation à trois étages et une chapelle. Le donjon,

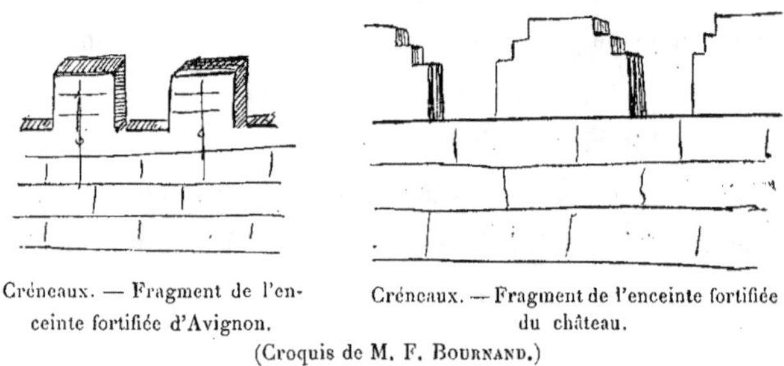

Créneaux. — Fragment de l'enceinte fortifiée d'Avignon.

Créneaux. — Fragment de l'enceinte fortifiée du château.

(Croquis de M. F. Bournand.)

placé sur le côté du trapèze, existe encore : c'est une tour cylindrique divisée en trois étages, munie d'un puits et se terminant supérieurement par une plate-forme, qui est entourée d'un parapet très élevé. Ce parapet est percé de vingt-quatre fenêtres ogives et d'autant de meurtrières. On monte aux divers étages par un escalier à vis ménagé dans l'épaisseur du mur. »

Pendant les xive et xve siècles, les châteaux eurent des plans plus réguliers. L'élément militaire disparut peu à peu pour faire une plus large place à l'élément civil. Les ouvrages défensifs se trouvèrent mêlés aux appartements, et les grands corps de logis se lièrent intimement avec les murs fortifiés de l'enceinte. Les tours de celle-ci, tantôt carrées et tantôt rondes, se terminent fréquemment par un toit conique et quelquefois par une plate-forme crénelée. Les fenêtres évasées en dedans prirent le nom d'*arbalétriers* ou de *meurtrières*.

On peut citer, comme modèle d'enceinte fortifiée, celle de la cité de Carcassonne. Les courtines très épaisses, sont composées de deux parements de petit appareil cubique; le milieu est rempli de blocs maçonnés à la chaux. Les tours, cylindriques à l'extérieur et carrées à l'intérieur du côté de la ville, s'élevaient au-dessus des courtines, et leur communication avec celles-ci était facile à détruire, de manière à faire de chaque tour une tour indépendante qui pouvait se défendre seule.

Le moyen âge était une époque de guerres continuelles, de luttes incessantes. On en arriva jusqu'à fortifier des églises.

Vers la fin du XIIe siècle, l'influence de la vie militaire se fit sentir sur la vie religieuse. Cela eut un contre-coup pour l'architecture monastique. Et, comme le dit Viollet-le-Duc, « les constructions élevées par les abbés, à cette époque, se ressentent de leur état politique ; seigneurs féodaux, ils en prennent les allures. Jusqu'alors les couvents étaient entourés d'enceintes, c'était plutôt des clôtures rurales que des murailles propres à résister à une attaque à main armée; mais la plupart des monastères que l'on bâtit au XIIIe siècle perdent leur caractère purement agricole, pour devenir des *villas fortifiées*, ou même *de véritables forteresses*, quand la situation des lieux le permet... Les abbayes, construites sur des penchants de coteaux, ou même des lieux escarpés, s'entourent de défenses établies de façon à pouvoir soutenir un siège en règle ou au moins se mettre à l'abri d'un coup de main. »

Parmi les abbayes qui présentent bien nettement le caractère d'un établissement à la fois religieux et militaire, il faut citer l'*abbaye du Mont-Saint-Michel*.

L'abbaye, qui occupe le sommet du mont, forme un vaste rectangle au milieu duquel s'élance l'église abbatiale. La porte de l'ancien donjon de 1393 est flanquée de deux tours qui ont conservé leurs créneaux et leurs mâchicoulis. Un escalier est pratiqué entre ces tours.

Les bâtiments qu'on appelle la *Merveille* se divisent en trois zones de constructions superposées. Ce sont d'abord de vastes cryptes formant deux salles divisées en plusieurs nefs par des piliers trapus, ronds ou carrés. Ces salles, où les moines distribuaient autrefois leurs aumônes, ont été appelées *Montgomeries*, depuis une attaque infructueuse des calvinistes, commandés par Montgomery.

L'église de l'abbaye du Mont-Saint-Michel est une véritable cathédrale. « Elle aurait été élevée, dit M. Corroyer, sur les vestiges d'un oratoire, érigé par saint Aubert au VIIIe siècle et sur les ruines d'une église construite au XIe siècle. Il ne subsiste aucune trace de l'édifice du VIIIe siècle; mais de l'église fondée en 1020, il reste encore le transept et la plus grande partie de la nef... » Cette nef se composait de sept travées. Le chœur actuel est gothique. « Cette immense construction, dont le sol est à 80 mètres au-dessus du niveau de la mer, est admirable en tous points. »

Le cloître, achevé au XIIIe siècle, a un préau à ciel ouvert qui occupe le centre de quatre galeries, formées par plus de 200 fines colonnes, aux rosaces fleuries, aux riches feuillages d'une grande variété.

Il y a un escalier, appelée *Escalier de Dentelle*, qui prenant naissance dans l'église basse, monte au faîte au-dessus des chapelles.

La pièce la plus célèbre du Mont-Saint-Michel, c'est la *Salle des Chevaliers*, vaste vaisseau du style gothique le plus pur, dont les deux immenses cheminées datent du xve siècle.

Après la salle des Chevaliers vient le réfectoire des moines, divisé en deux nefs par de hautes colonnes supportant des nervures qui épanouissent des rosettes de feuillage à leur intersection

LA PEINTURE FRANÇAISE

A *peinture française* fut d'abord *architecturale*; elle servit surtout comme moyen de décoration aux architectes français et il est impossible, dans ses commencements, de la séparer de l'architecture.

Dans ses écrits, Grégoire de Tours parle souvent des peintures qui décorent les palais et les édifices religieux de son époque.

A l'époque carlovingienne, Frodoard nous dit, dans son Histoire de l'Église de Reims, que l'évêque Hincman, en reconstruisant la cathédrale de Reims, « orna la voûte de peintures, éclaira le temple au moyen de fenêtres vitrées, et le fit parer de marbres ».

Jusqu'au XVe siècle, époque où la peinture se dégageant des traditions gallo-romaines, prit un caractère spécial, national, elle était surtout décorative.

Elle recouvrait les monuments au dedans comme au dehors ; le sol lui-même était peint, les sculptures étaient recouvertes aussi d'un badigeon coloré ; les ornements se détachaient sur des fonds rouges et étaient fort souvent rehaussés de traits noirs ou jaunes.

Dans les temps primitifs, l'influence byzantine avait été conservée : c'est ainsi que les belles peintures de l'église Saint-Savin, près Poitiers, montrent que les artistes français conservaient les traditions de l'École byzantine, tout en ayant déjà une certaine recherche particulière qui faisait présager une émancipation de l'art. Cette émancipation devait avoir lieu surtout à partir du xe siècle. Au xiie siècle, il existait déjà en Auvergne une puissante école de peinture, dégagée des traditions étrangères et ayant un caractère vraiment national.

Au xiiie siècle, la rigidité byzantine était même complètement abandonnée, l'art archaïque laissé entièrement de côté ; le faire était redevenu libre et l'observation de la nature plus fine et plus continue.

Les poses des personnages commencèrent à avoir une plus grande souplesse et les draperies furent dessinées avec une plus grande liberté d'allure.

Les peintures murales devinrent alors de véritables improvisations artistiques.

Au xiie siècle, les peintres français qui ne se contenteront déjà plus de l'unique peinture murale se serviront de plusieurs sortes de peintures : la peinture à fresque, la peinture à la colle, la peinture à l'œuf, et la *peinture* à *l'huile* employée pour les petits ouvrages, tels que les panneaux.

Il y a un fait certain, c'est que les peintres français se servaient de la peinture à l'huile bien avant les Flamands et les Italiens. Dès le xie siècle, les peintres français employèrent des *couleurs broyées avec de l'huile de lin ;* au xive siècle, elles étaient en grand usage ; on en a une preuve dans les devis des peintures exécutées dans le château de Vaudreuil, en 1355, par JEHAN LISTE, et par ordre du duc de Normandie, où on lit ces mots : « Et toutes ces choses dessus dessinées seront faites de *fines couleurs à l'huile...* »

Au xviiie siècle, les artistes employèrent très souvent la peinture à la gomme pour les petits objets, tels que retables, boiseries, etc., ces peintures étaient recouvertes d'un vernis formé de gomme arabique dissoute à chaud dans l'huile de lin, ce vernis donnant aux fines peintures un éclat extraordinaire.

La peinture décorative française s'appliquait non seulement à décorer les parois de l'intérieur des édifices, mais aussi elle jouait un rôle à l'extérieur, et cela dès le xve siècle.

L'église Saint-Germain-des-Prés était peinte à l'intérieur et à l'extérieur, ainsi que nous l'apprend Grégoire de Tours. A côté de la peinture, l'or venait ajouter son éclat à cette peinture décorative.

Parmi les plus anciens vestiges de cette peinture murale, on peut citer un fragment de l'ancienne chapelle du cimetière des Aliscamps à Arles, elle représente le bas d'une figure d'ange. Elle doit dater du viie siècle.

Au ixe siècle cette peinture murale avait déjà pris de grands développements. Parmi les plus remarquables peintures de cette époque, citons celles de l'église de Saint-Loup-de-Naud, près de

Provins, qui était toute couverte de peintures et dans laquelle on en voit encore représentant : les *Ames reçues dans le sein d'Abraham*, le *Christ bénissant avec les symboles les Évangélistes* (dans le sanctuaire) et les *Figures des Apôtres* (dans les arcatures).

Une des plus belles peintures du XIe siècle, c'est celle figurant une représentation apocalyptique (1087) qui se trouve à la cathédrale d'Auxerre et qui fut peinte par ordre de Humbaud, évêque d'Auxerre.

Au XIIe siècle, les peintures murales devinrent nombreuses. Citons : les peintures de la chapelle de l'ancienne Chartreuse du Liget près d'Orléans; de l'église de Saint-Querion à Provins; de l'église de Saint-Savin (Poitou), où la nef et le narthex possèdent encore des peintures aux sujets empruntés à l'Ancien Testament; de l'église Saint-Julien à Tours, où l'on voit encore *Moïse brisant les tables de la loi; Moïse frappant le rocher,* le *Passage de la mer Rouge;* de l'église de Saint-Macani, où l'on voit des sujets bibliques peints dans les coupoles; de l'église Notre-Dame de Grande à Poitiers; de l'église de Saint-Clef (Isère); du temple Saint-Jean de Poitiers où sont figurés des sujets de l'Ancien Testament.

Mais à côté de la peinture murale prit naissance un art plus fin, plus délicat, plus français, l'art de la miniature.

Les manuscrits et plus tard les livres imprimés furent décorés de miniatures qui occupèrent d'abord les marges des pages, puis s'étendirent au point d'occuper des pages entières. Les plus anciennes miniatures françaises datent du règne de Charlemagne : Alcuin avait fondé à Paris, au palais des Thermes, un atelier d'enlumineurs; c'est dans cet atelier que furent faites les magnifiques enluminures qui décorent l'Évangéliaire de Charlemagne conservé à la bibliothèque d'Abbeville, la Bible de Charles le Chauve conservée à la Bibliothèque nationale de Paris.

Après la période carlovingienne, vers le commencement du xve siècle, l'art de la miniature progressa ; le nombre de manuscrits, ornés de miniatures pendant les xiie, xiiie, xive et xve siècles, est considérable. Tout était enluminé : missels, bréviaires, livres d'heures, romans de chevalerie, etc.

Jusqu'à la fin du xiiie siècle, les peintres de miniatures ne furent guère que des moines ; à cette époque le plus grand nombre d'enlumineurs furent des laïques, dont les plus célèbres furent Jean de Bruges et le grand peintre français du xve siècle, Jean Fouquet, qui fut l'enlumineur du roi Louis XI.

L'influence des miniaturistes français s'étendit même au loin ; c'est ainsi que les miniatures des manuscrits portugais semblent copiées sur ceux de France.

Les manuscrits français renferment de véritables richesses en fait de miniatures ; c'est ainsi que la Bible historians de la Bibliothèque nationale contient plus de 3,000 miniatures renfermant 15,000 personnages, et le manuscrit de la même bibliothèque, connu sous le nom de Emblemata Biblica, 1,967 miniatures renfermant 9,840 figures.

René d'Anjou (1408-1480), comte de Provence, que l'histoire a nommé le bon roi René, fut un des peintres primitifs de France. Il se consolait de ses mésaventures politiques en cultivant la musique et la peinture. Il avait pris en Italie des leçons de Bartolommeo della Gata.

« Il composa, dit le chroniqueur Nostradamus, plusieurs beaux et gracieux romans, comme la *Conqueste de la doulce merci* et le

Mortifiement de vraie plaisance, mais, sur toute chose, aimait et d'un amour passionné, la peinture, et l'avait la nature doué d'une inclination tout excellente à ceste noble profession.

« Qu'il estoit en bruit et renom entre les plus excellents peintres et enlumineurs de son temps, ainsi qu'on peut voir en divers chefs-d'œuvre achevés de sa divine et royale main... »

Le musée de Cluny possède du roi René un tableau qui a pour sujet *Prédication de la Madeleine à Marseille* [1]. Le bon roi René s'y est représenté avec sa femme, au premier plan de l'auditoire de la sainte pécheresse.

A cette époque Paris ne possédait guère comme artistes que des *ymaigiers* dont le plus renommé était *Jacquemin Gringonneur*, qui peignait les cartes à jouer du roi Charles VI.

Le premier grand peintre français qui mérite une place d'honneur dans la peinture française, c'est JEAN FOUQUET [2] de Tours, le peintre du roi Louis XI.

C'était surtout un miniaturiste. Aucun peintre de son époque n'a joui d'une célébrité pareille à la sienne. Le poète Lemaire, le conseiller de Marguerite d'Autriche, l'a célébré en le mettant au niveau de Van Eyck. C'était un peintre véritable, surtout par la composition, l'acte de la perspective et la science du clair-obscur. Parmi ses tableaux on cite deux portraits au musée de Louvre et une Sainteté à Francfort-sur-le-Mein. Mais ce sont surtout ses nombreuses miniatures qui l'ont rendu célèbre.

Les plus remarquables sont celles du *Manuscrit des antiquités*

---

1. La légende dit qu'elle vint la première annoncer la parole du Christ.
2. Mort vers 1477.

juives à la Bibliothèque nationale et le *Jugement du duc d'Alençon* que possède la bibliothèque de Munich.

On lit à la fin du manuscrit des *Antiquités juives* : « Icy cé livre a 12 histoires. Les trois premières de l'enlumineur du duc Jehan de Berry et les neuf de la main du bon peintre et enlumineur du roi Louis XI, Jehan Fouquet, natif de Tours... »

Le *Jugement du duc d'Alençon* fait partie d'un manuscrit intitulé : *Les cas des nobles hommes et femmes malheureux.*

On y voit plus de deux cents personnages admirablement groupés et dont les costumes peuvent servir de documents, car ils nous font voir comment étaient vêtus à cette époque les chanceliers, les officiers du roi, les membres du Parlement; on y voit le roi Charles VII et le duc du Maine.

Fouquet a aussi illustré d'une cinquantaine de sujets le livre d'heures de maistre Étienne Chevalier, contrôleur des finances sous Charles VII et Louis XI.

Ce peintre a aussi travaillé en Italie où il était allé pour peindre à Rome le *Portrait du pape Eugène IV.*

ADRIEN BEAUNEVEU et JEAN DE LAVAL, contemporains de Fouquet, étaient les peintres du duc Jean de Berry qui les entretenait dans sa résidence de Bourges, ou à Paris dans son hôtel de Nesles.

Adrien Beauneveu a semé de miniatures les *Grandes Heures du duc de Berry* que possède la Bibliothèque nationale. Le musée du Louvre possède de lui une grisaille sur soie où l'on voit le roi Charles V et la reine Jeanne de Bourbon agenouillés.

Parmi les autres peintres contemporains de l'époque de Jean Fouquet, on peut citer d'après les chroniques du temps : FOLARTON,

13

auteur de peintures murales dans les églises de la ville de Tours; J. Gillemer, qui a décoré les églises de Poitiers; Jean Maubert que le roi Louis XI recommandait comme enlumineur remarquable à l'université de Caen; Litemont, le peintre des pennons et des étendards du roi Charles VII; Jean Bourdichon, qui travailla beaucoup pour Louis XI et Charles VII et dont les chroniqueurs parlent comme peintre de batailles et de sujets mythologiques.

LE LOUVRE

AU

MOYEN AGE

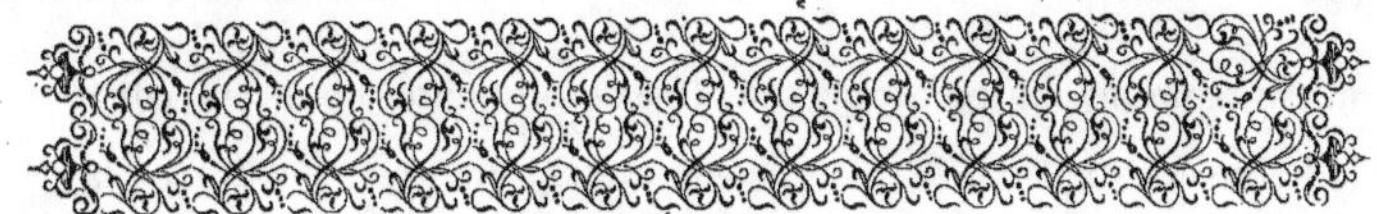

L E palais du *Louvre*[1] existait déjà au xiie siècle. C'est en 1204
que le roi Philippe-Auguste y fit construire la *tour Neuve*
ainsi que de nombreux travaux de réparation. C'est à partir
de son règne que le *Louvre* devint la demeure des rois de France.
Saint Louis y fit construire une salle qui porta longtemps son nom.

Si l'on veut savoir ce qu'était le vieux Louvre sous Charles V, il
faut lire *Sauval*[2] qui nous donne à ce sujet de bien précieux rensei-
gnements.

« L'ensemble des bâtiments du Louvre offrait dans son plan un
parallélogramme qui, dans sa plus grande dimension, avait 61 toises
(118 mètres), et dans la moindre, 58 toises 3 pieds (109 mètres). Ce

1. Le mot *Louvre* vient du saxon « Lower » qui veut dire habitation.

2. *Sauval* (Henri) est un historien renommé, né à Paris en 1620. Il a laissé des rensei-
gnements très précieux sur la ville de Paris. En 1654, il avait obtenu un privilège pour faire
imprimer une Histoire de Paris qui ne fut publiée qu'en 1724 sous le titre : *Histoire et
recherches des antiquités de la Ville de Paris* (2 vol. in-fol.).

parallélogramme était entouré de fossés alimentés par les eaux de la Seine. Des bâtiments, des basses-cours, quelques jardins et la cour principale du Louvre en remplissaient la superficie. Au centre de cette cour s'élevait la grosse tour du Louvre.

« La grosse tour, nommée *tour Neuve, Philippine, Forteresse du Louvre*, etc., fameuse dans l'histoire féodale, l'effroi des vassaux indociles, était raide et entourée d'un large et profond fossé. Elle communiquait à la cour par une tour, dont une partie bâtie de pierre se composait d'un pont-levis. A l'entrée de ce pont était une construction couronnée par une forme angulaire et surmontée par une statue de Charles V tenant en main un sceptre, ouvrage d'un artiste appelé *Jean de Saint-Romain*, qui lui fut payé six livres huit sous. Cette grosse tour communiquait aussi aux bâtiments qui entouraient la tour par une galerie de pierre.

« Les bâtiments qui entouraient la cour principale et fortifiaient la grosse tour étaient, ainsi que les clôtures des basses-cours et jardins, surmontés d'une infinité de tours, de tourelles de diverses hauteurs et dimensions, les unes rondes, les autres quadrangulaires, dont la toiture en terrasse, en forme unique ou pyramidale, se terminait par des giroumettes ou des fleurons.

« On a conservé les noms de quelques-unes de ces tours ; celles du *Fer-à-Cheval*, des *Porteaux*, de *Windal*, situées sur le bord de la Seine ; la *tour de l'Étang*, celle de l'*Horloge*, de l'*Armoirie*, de la *Fauconnerie*, de la *Grande-Chapelle*, de la *Petite-Chapelle*, de la *Tournelle*, la tour de l'*Écluse*, sur le bord du fossé, la tour de l'*Orgueil*, la tour de la *Librairie*, où Charles V avait réuni jusqu'à 900 volumes, collection immense pour le temps. La bibliothèque du roi Jean, son père, n'était composée que de 8 ou 10 volumes.

« Par quatre portes fortifiées, appelées *Porteaux*, on pénétrait dans le Louvre.

« La principale entrée se trouvait à l'aspect du midi et sur le bord de la Seine. Entre les bâtiments du Louvre et cette rivière était une porte flanquée de tours et de tourelles, qui s'ouvrait sur une avant-cour assez vaste; on la parcourait en longeant une partie du fossé du château. Arrivé au milieu de la façade, on trouvait une autre porte fortifiée par deux grosses tours peu élevées et couvertes d'une terrasse longue de 9 toises (29^m,50) sur 8 de large (15^m,60). Sous Charles VI, cette porte fut décorée de la figure de ce roi et de celle de son père Charles V, figures placées dans des niches et sculptées par *Philippe de Fontières* et *Guillaume Josse*, habiles statuaires pour le temps.

« Une autre entrée se voyait en face de l'église Saint-Germain-l'Auxerrois; elle existait après la construction de la colonnade du Louvre. Elle est encore sur pied, et, comme on voit, fort étroite, bordée de deux tours rondes, avec une figure de chaque côté, savoir celle de Charles V, et l'autre de Jeanne de Bourbon, son épouse. Les autres portes, moins considérables, se trouvaient aux autres faces de l'édifice.

« Ces pièces principales des bâtiments qui environnaient la cour intérieure consistaient en une grande salle, la *Salle Saint-Louis*... On y trouvait la *Salle neuve du Roi*, la *Salle neuve de la Reine*, la *Chambre du Conseil*, qui consistait en une chambre et une garde-robe nommée *garde-robe du conseil de la Trappe;* une *chambre de la Trappe* et une salle basse, dont Charles V, en 1366, fit orner les murailles de peintures représentant des oiseaux, des œufs et autres animaux au milieu de paysages. C'était dans cette superbe salle que les rois régalaient les princes étrangers et que se donnaient les festins.

« La chapelle basse, dédiée à la Vierge, était la plus considérable de toutes celles que contenait le Louvre. On voyait sur sa porte des figures de Notre-Dame, de sainte Anne et d'anges qui les encensaient, tandis que d'autres anges semblaient exécuter un concert avec divers instruments de musique. Charles VI avait fait placer dans l'intérieur de cette chapelle treize statues de prophètes.

« Il existait dans l'enceinte du Louvre un arsenal, un grand nombre de basses-cours entourées de bâtiments dont voici les noms : la *Maison du four*, la *Panneterie*, la *Saucerie*, l'*Épicerie*, la *Pâtisserie*, la *Fruiterie*, le *Garde-manger*, l'*Échansonnerie*, la *Bouteillerie*, et *le lieu où l'on fait l'Hypocras*. »

Les bâtiments du Louvre qui existent actuellement, ne nous montrent plus rien, dans leur aspect extérieur, qui puisse nous donner une idée de ces anciennes constructions du moyen âge[1].

---

1. En 1610, Richelieu avait fait démolir ce qui restait des bâtiments de Charles V.

Bunel et *Toussain Dubreuil* (1561-1602) avaient décoré la voûte de la galerie du Louvre, incendiée en 1661, de peintures dont les sujets étaient empruntés soit à l'*Ancien Testament*, soit aux *Métamorphoses* d'Ovide.

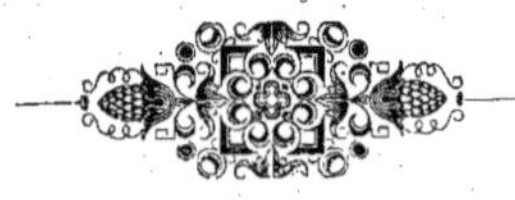

L'ART FRANCAIS OGIVAL

DIT

GOTHIQUE

Au XIIe siècle, les habitants des communes, maltraités trop fortement par le pouvoir civil ou laïque, s'allièrent aux évêques et aux chefs du clergé, dont la juridiction plus douce leur accordait plus de franchise, et ils élevèrent d'un commun accord ces cathédrales superbes et grandioses qui pouvaient contenir tout le peuple d'une cité.

La *cathédrale* fut donc à la fois le siège du pouvoir épiscopal et le monument de la commune.

C'est alors qu'apparut, pour la construction de ces monuments à la fois religieux et civils, l'architecture appelée improprement *architecture gothique*[1] et qui n'est autre que *l'architecture française*.

1. C'est Raphaël qui, le premier, dans son célèbre rapport à Louis XI, a donné ce nom de *gothique* à l'architecture de cette époque, et son élève *Vasari* a puissamment contribué à mettre ce nom à la mode.

On donne aussi souvent à cette architecture le nom d'*archi-tecture ogivale*, parce que les *ogives*[1] s'y trouvent à profusion[2].

On retrouve, dans les monuments français, l'*ogive* vers les commencements du xiiᵉ siècle. Les plus anciennes croisées, de forme ogivale, se voient dans trois célèbres monuments : l'abbaye de Moissac, l'église Saint-Victor de Marseille et l'église Sainte-Croix de Quimperlé.

On trouve aussi l'ogive de la belle crypte de Saint-Gilles dans le Gard, crypte commencée vers 1116.

Dans aucun autre pays, à cette date-là, on ne peut trouver de traces de la forme ogivale.

Cette architecture et cet art dits *gothiques,* sont bien *français.*

Les cathédrales ne sont-elles pas, d'ailleurs, les monuments splendides de la foi chrétienne de nos pères? Un poète anglais a dit que les flèches des cathédrales gothiques étaient « des doigts levés pour nous indiquer le ciel ». Un de nos admirables écrivains français, *Michel Montaigne,* a dit en parlant de ces cathédrales :

« Il n'est âme si revêche, qui ne se sente touchée de quelque révérence à considérer cette vastité sombre de nos églises, et ouï le son dévotieux de nos orgues. Ceulx mêmes qui y entrent avec mespris, sentent quelque frisson dans leur cœur. »

1. On appelle *ogive*, une arcade formée par l'intersection de deux arcs de cercle d'un égal rayon.

2. Ceux qui prétendent à tort que ce n'est pas une architecture française proprement dite, invoquent l'origine de l'*ogive* en disant que les Français l'ont empruntée aux Arabes; mais l'ogive n'est qu'une question secondaire, un détail, car on trouve l'ogive dans les ruines des monuments de Ninive et jusque dans certains monuments du Mexique. Quand on sou-tiendra que le système général de l'architecture des monuments dits gothiques est français, personne, je suppose, n'osera soutenir la prétention que ces monuments sont des copies des monuments arabes, ninivites ou mexicains.

Les Allemands ont soutenu pendant longtemps et quelques-uns
de leurs entêtés archéologues soutiennent encore que cette architecture est l'*architecture allemande* par excellence; c'est une erreur,

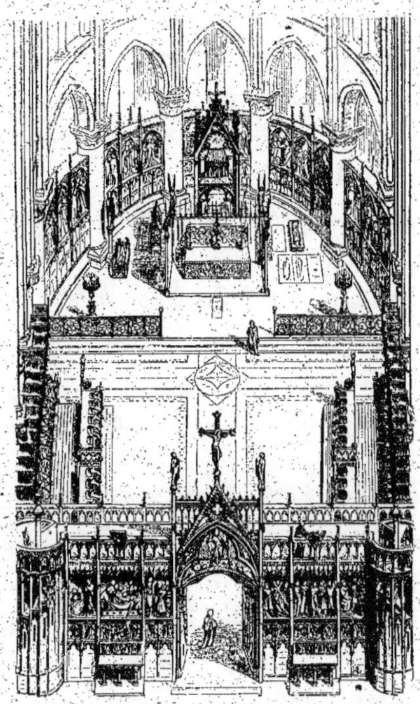

Le chœur de Notre-Dame de Paris, au XIIIᵉ siècle.
(D'après un dessin de Viollet-le-Duc.)

cela est complètement faux, et l'on peut donner beaucoup de
preuves à l'appui.

La première et la plus convaincante de ces preuves est la suivante : le premier monument gothique français, la *cathédrale de*

Paris[1], Notre-Dame, est de l'an 1165, tandis que le premier monument d'architecture gothique en Allemagne date de l'an 1272 ; il y a donc une différence de plus d'un siècle en faveur de la France.

Il y a d'autres preuves encore aussi concluantes : presque tous les architectes qui ont construit des monuments de style ogival ou gothique soit en France, soit en Allemagne, soit en Suède, soit en Angleterre, sont des artistes français.

La cathédrale de Strasbourg a été construite par un Français, *Erwin de Steinbach* (1253-1318).

La cathédrale de Cantorbéry en Angleterre a été construite en 1174, par un Français, *Guillaume de Sens*.

La cathédrale de Lincoln est aussi l'ouvrage d'un architecte français. Rebâtie vers 1259 par les soins de saint Hughes de Bourgogne, elle a été construite par un architecte de Blois et copiée par lui sur le modèle de Saint-Nicolas de Blois, incontestablement commencée en 1138.

C'est à deux Français, *Pierre de Boulogne* et *Mathieu d'Arras*, que l'on doit la cathédrale de Prague.

En 1320, un Français, maître *Henri de Narbonne*, dirige les travaux d'architecture de la cathédrale de Gérone ; cet artiste étant mort, un autre artiste français, *Jacques de Favariis*, s'engage à venir à Gérone, six fois l'an, et le chapitre lui assura un traitement de 250 sous par trimestre, belle somme pour le temps.

Le dôme de Milan, le plus bel édifice ogival de l'Italie, a été bâti

---

1. On y travaillait encore au milieu du XIIIe siècle ; une inscription gothique de *Jean de Chelles* (sur le portail méridional), indique que cette partie de l'édifice fut commencée en 1257. Voir au sujet de Notre-Dame, mon livre *Histoire de l'art chrétien* (Bloud et Barral, éditeurs).

de 1388 à 1402, par trois Français : *Philippe Bonaventure* de Paris, *Jean Campanosen* et *Jean Mignot* de Normandie.

A la fin du XVIe siècle, alors que l'Italie était en pleine renaissance et ne manquait pas de grands artistes, un rrançais, Nicolas *Bonaventure*, obtenait dans un concours la commande de faire dans la cathédrale de Milan une des trois belles fenêtres du fond du chœur.

La façade de l'église de Santa-Maria del Mar, à Barcelone, en Espagne, élevée en 1328, a la même disposition et ressemble à la façade de la cathédrale d'Arles en Provence.

Ce sont des Français aussi qui ont construit, en Orient, à Athènes, à Chaloi, à Morée, à Sidon, à Saint-Jean-d'Acre, à Rhodes, des monuments, des palais, des maisons, de style ogival ou gothique.

Nous pouvons encore citer parmi les autres artistes français qui ont travaillé à l'étranger : *Jean*, qui a construit la cathédrale d'Utrecht; *Pierre de Bonneuil*, qui fit la cathédrale d'Upsal en Suède; *Hardouin*, l'auteur de la belle église de Sainte-Pétronne, à Bologne.

En France, ils sont nombreux et *tous Français*, les artistes qui ont construit ces superbes cathédrales, ces beaux monuments de style ogival ou gothique : *Jean de Chelles* fit la cathédrale de Paris; *Thomas de Cormont* éleva la cathédrale d'Amiens; *Robert de Coucy*, celle de Reims; *Rene de Montereau* construisit la Sainte-Chapelle du Palais; *Enguerrand le Riche* éleva la cathédrale de Beauvais et *Jean Langlois* celle de Saint-Urbain de Troyes.

Il est de toute évidence que si l'architecture dite gothique avait été une architecture d'origine et d'essence allemandes, ce seraient

des artistes allemands que l'on aurait pris pour faire ces cathédrales, ces monuments, car ce sont toujours les créateurs d'une
œuvre à qui l'on confie son exécution.

Encore autre preuve très favorable à l'origine française de l'art
dit gothique, c'est le caractère propre de l'architecture gothique,
qui ne ressemble en rien à la manière de faire, à la façon dont sont
construits les monuments des Allemands ou des autres nations.

En fait de construction, on commence d'habitude un édifice par
sa base, et on le termine par sa toiture; ici, dans l'architecture dite
gothique, c'est tout l'inverse: on a d'abord fait la couverture et on a
essayé de la soutenir, et, de soutiens en soutiens, on est arrivé
à la base.

Dans aucun pays, sauf en France, on n'a procédé de la sorte

Donnons encore une autre preuve que c'est bien à une architecture française que l'on a affaire. *C'est à la flore et à la faune des
champs de la France, des provinces où s'élevaient les monuments, que
les artistes ont emprunté les motifs* de leur décoration architecturale.
Ce sont des feuilles, des fleurs, des plantes de la flore française aux
formes plus ou moins élancées, selon que nous sommes à l'époque
du gothique simple ou flamboyant, que l'on voit répétées sans cesse
comme des emblèmes décoratifs sur les monuments gothiques.

Il y a un autre caractère de l'architecture dite gothique qui
est encore digne de remarque, c'est le système des corniches
terminées par des *gargouilles*.

Les gargouilles sont nombreuses dans les édifices religieux et
civils de l'époque ogivale; elles sont nées de l'utilité de faire couler
les eaux de pluie qui tombaient en cascades dans les rues avant
l'installation de ce système

Les gargouilles avaient la forme d'animaux et de personnages fantastiques ; elles avaient pour les sculpteurs français l'avantage d'exercer leur verve et la bizarrerie de leur imagination.

Il n'y avait pas seulement les cathédrales mais encore les chéneaux des monuments civils et religieux qui portaient des gargouilles de métal.

Une dernière preuve qui, quoique toute de détail, n'en est pas moins très significative et qui prouve encore que l'architecture dite gothique est vraiment une architecture française, c'est que si on regarde un de nos vieux manuscrits français enluminés que possèdent nos bibliothèques publiques, et si par la pensée on agrandit les ornements qui en bordent les belles pages, on aura de suite les ornements de l'architecture gothique.

Les sculptures ornementatives de nos vieilles cathédrales gothiques, de nos vieux monuments, ne sont que les motifs agrandis des ornements dont les moines français décoraient les pages des manuscrits des abbayes.

Dans un livre des plus remarquables [1], livre vraiment patriotique, M. Dussieux, réclame hautement pour la France la propriété de l'architecture ogivale dite gothique ; il démontre que les monuments gothiques de l'étranger ont été faits par des Français ou bien ont été copiés sur des monuments français.

« En même temps, dit-il, que la langue, la poésie, les mœurs et les modes mêmes de la France étaient universellement acceptées, l'architecture française l'était pareillement. *Les étrangers qui venaient par milliers à l'Université de Paris, puisaient en France le goût de*

1. *Les Artistes français à l'étranger.*

l'architecture française que l'on appelle si improprement gothique.

« Entre autres faits, il faut parler de ces étudiants suédois, qui, en 1287, envoyaient en Suède *Étienne Bonneuil*, tailleur de pierres de Paris, avec dix compagnons, pour aller faire la cathédrale d'Upsal, et lui fournissaient l'argent nécessaire à son voyage.

« Sans vouloir écrire ici l'histoire de l'architecture gothique, il est cependant nécessaire de faire connaître les résultats des travaux les plus récents sur l'origine de cette architecture. Il est parfaitement certain aujourd'hui que l'architecture gothique a pris naissance en France, dans l'ancienne Neustrie (Ile-de-France, Picardie, Champagne), qu'elle y a acquis son développement, et que de la France elle s'est répandue dans les pays voisins. *En effet, l'art gothique procède de l'art roman*, et certains monuments de l'Ile-de-France, de la Picardie et de la Champagne présentent la transition entre les deux styles ; on y remarque un mélange, une fusion de deux systèmes, tandis que partout ailleurs, au contraire, il y a une brusque substitution d'un style à l'autre. A coup sûr, il ne faudrait pas d'autres preuves de l'origine française de la naissance en France de l'architecture gothique et ogivale ; eh bien, ces monuments de transition de la France du Nord sont les plus anciens monuments à ogive, ce sont les plus incontestablement déterminés, et leurs dates indiquent qu'ils sont tous antérieurs à tous les autres monuments de style ogival construits dans les autres pays de l'Europe.

« Le portail de Saint-Denis est de 1410, celui de Chartres est de 1145, le chœur de Saint-Germain-des-Prés, de 1163, et celui de Notre-Dame de Paris de 1182[1].

---

1. Pour plus de détails sur les monuments religieux, consulter mon livre sur *l'Histoire de l'art chrétien*. (Bloud et Barral, éditeurs.)

« *Hors de France, aux mêmes dates, on chercherait en vain des monuments aussi avancés dans ce style.* C'est seulement en France que règne sans partage l'art ogival primitif, et c'est là qu'ont été construits les plus anciens et les plus beaux de ces monuments dits

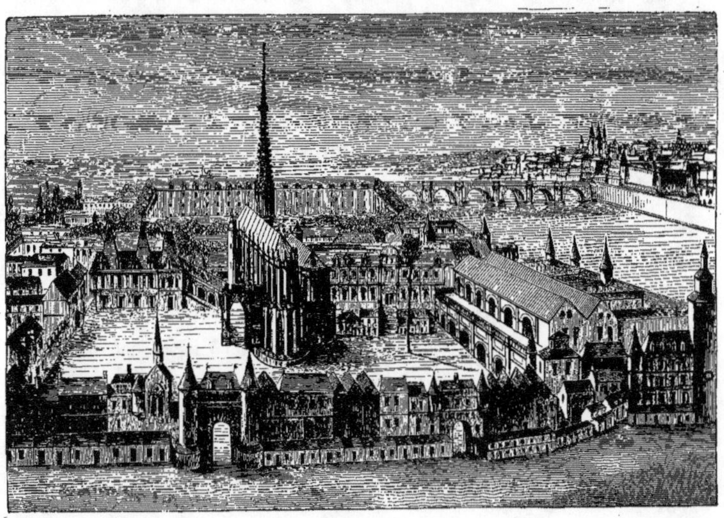

La Sainte-Chapelle de Paris au moyen âge.

gothiques, tels que les cathédrales de Laon, du Vigan, de Reims, de Soissons, de Sens, d'Amiens, de Paris, de Chartres, de Beauvais, etc., modèles du genre, *qui ont été imités dans tout le reste de la France et de l'Europe.*

« Il est actuellement démontré par tous les esprits au courant de la science archéologique *que les monuments gothiques de l'Allemagne, d'ailleurs si peu nombreux,* bien loin d'avoir servi de type à ceux de la France, sont d'une époque postérieure à ceux-ci, *qu'ils ont été copiés d'après les nôtres ou bien qu'ils ont été bâtis par des architectes français.*

« *La cathédrale de Cologne, bien loin d'être le premier monument construit en style gothique, le modèle monument de tous les autres, est au contraire un édifice copié sur Notre-Dame d'Amiens et sur la Sainte-Chapelle de Paris.* Les deux plans d'Amiens et de Cologne sont si ressemblants qu'on peut les confondre. Ils se couvrent l'un l'autre, et lorsque le plan de Cologne s'éloigne par hasard du plan d'Amiens, c'est pour suivre celui de Beauvais. Le style, les détails, les fenêtres, les contreforts de Cologne sont empruntés aux cathédrales d'Amiens et de Beauvais, et à la Sainte-Chapelle.

« *L'Allemagne, qui a prétendu avoir inventé le style ogival,* n'a *que huit monuments français de ce style.*

« L'église de Wimpfen-en-Val, bâtie de 1263 à 1278, est due à un architecte français, auquel le doyen de cette collégiale avait recommandé *de la construire en ouvrage français.*

« Les deux tours occidentales de la cathédrale de Bamberg, qui sont du second tiers du xiiie siècle, sont évidemment copiées sur celles de Notre-Dame de Laon, dont la date est de la fin du xiie siècle.

« La ressemblance est frappante ; c'est le même style, ce sont les mêmes étages et les mêmes contreforts. »

Viollet-le-Duc a fort bien expliqué le nouveau caractère de cette nouvelle architecture française.

« Tout monument à élever a une fin, dit-il ; tout monument a une couverture ; passez-moi le mot, tout monument est un parapluie ; c'est le but que se propose tout édifice. Les Romains et les Grecs mêmes ont commencé par concevoir leurs monuments par des supports et ils ont cherché ensuite les moyens de couvrir ces supports.

« Eh bien, ici, le raisonnement est absolument opposé. Par suite de cet esprit logique qui existe toujours chez nous, je l'espère, et même j'en suis sûr, ces artistes, ces maîtres se dirent : Puisqu'un monument est destiné à couvrir, faisons d'abord la couverture et nous chercherons les supports après.

« C'était logique. En effet, si nous examinons le plan d'un édifice gothique du XIIe siècle, nous voyons que tous ces points d'appui ne sont que les conséquences de la chose que ces points d'appui portent, c'est-à-dire que l'artiste a dressé la voûte d'abord, c'est-à-dire la couverture, puis ensuite il a cherché les moyens de soutenir cette voûte.

« C'était une idée fort simple, mais elle n'était venue à personne, et elle est le principe de l'art nouveau. Ce principe s'étend si loin que vous voyez chacun des membres de cette couverture se reproduire sur les piles et former un point d'appui spécial.

« Vous pouvez visiter le premier monument gothique venu ; tous les membres, toutes les nervures de la voûte ont chacun leur support spécial.

« C'était la conséquence logique absolument neuve, qui nous appartient en propre et qui est française. »

De son côté, M. de Caumont [1] a aussi insisté sur le caractère vraiment national de l'architecture gothique.

« Plus on avance dans l'étude des monuments du moyen âge, dit-il, plus on demeure convaincu que l'architecture ogivale s'est

---

1. *Arcisse de Caumont* (1802-1873), célèbre archéologue français.

développée sous l'influence des conceptions de nos artistes indigènes.

« Quand on voit de près l'architecture du XIIIe siècle et de la fin du XIIe, on reconnaît que l'ogive a été recommandée par les besoins de l'expérience. »

La sculpture, elle-même, montre que l'art gothique est un art purement français : « Un caractère nouveau, dit Viollet-le-Duc, apparaît dans la statuaire. Le naturalisme commence. On abandonne la figure byzantine, hiératique, pour chercher dans la nature la figure humaine et celle de l'animal. On s'adresse à la faune et à la flore pour l'art de la sculpture.

« A la fin du XIIe siècle et au commencement du XIIIe, apparaît un art vraiment national, en ce sens que toute sa structure est sortie du cerveau français, que rien n'a pu l'influencer ; que l'ornementation est prise dans les champs français, que l'étude de la statuaire est prise dans l'observation de la nature, dans l'observation des gens qu'on a autour de soi. C'est là un grand monument et qui nous appartient en propre, c'est incontestable.

. . . .

« Jusqu'aux moulures, tout était rationnel, tout était logique, tout était la conséquence d'un besoin, d'une nécessité. »

Dans les églises de style roman, le chœur était assez restreint. Au contraire, dans les églises gothiques, le chœur finit parfois par devenir aussi vaste que la nef.

Sa largeur prend des proportions extraordinaires, vu la plus grande profondeur des chapelles qui se suivent sans interruption.

De plus, la chapelle de la Vierge, placée dans l'axe de l'édifice, dépasse en longueur toutes les autres chapelles.

Au lieu d'être circulaires comme dans le style roman, les chapelles ont la forme d'un demi-polygone.

Au xvᵉ siècle, le style ogival prit le nom d'*ogival flamboyant*, par suite du luxe et de la grande prodigalité des ornements.

A cette période appartiennent les constructions suivantes : l'église de Saint-Maclou et la façade de la cathédrale de Rouen; le chœur de l'église Saint-Germain-l'Auxerrois à Paris; l'église Notre-Dame-de-l'Épine en Champagne; la flèche de la cathédrale de Strasbourg; celle de la cathédrale d'Autun; le chœur de la cathédrale de Toulouse et celui de la cathédrale de Metz; le clocher de l'église Saint-Martin de Clamecy; le chœur de l'église Saint-Étienne à Beauvais.

A l'époque ogivale, les hôtels de ville devinrent fort beaux, et principalement dans le nord de la France.

Le rez-de-chaussée, généralement découpé en portique, est surmonté d'une façade couverte d'ornements que domine un beffroi élancé.

On peut citer comme modèles les hôtels de ville de Compiègne, de Douai, de Saint-Quentin, de Noyon.

Les hôpitaux de cette époque ont été aussi admirablement construits. Les salles en sont vastes et bien éclairées; un double étage de galeries favorise les communications.

On peut nommer comme modèle, l'hôpital de Beaune, en Bourgogne.

A l'époque gothique, les châteaux changèrent de caractère : « Vers le milieu du xvᵉ siècle, les forteresses perdirent leur caractère imposant de force et de solidité; l'orgueil féodal abaissé par Louis XI et l'usage de l'artillerie causèrent la ruine des châteaux forts ; on pensait déjà que, pour éviter les coups formidables du canon, il fallait un nouveau genre de défense. Les maisons seigneuriales n'ont plus que les apparences des anciennes forteresses ; on ne les construit plus sur des hauteurs ; on les établit au contraire dans de riches vallées et dans des pays fertiles ; la forme reste carrée, et on les entoure de fossés peu profonds. On emploie la

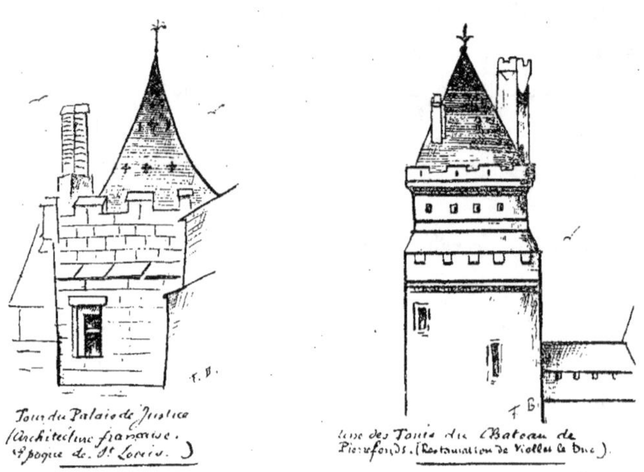

Tour du Palais de Justice (Architecture française. Époque de St Louis.)

Une des Tours du Château de Pierrefonds. (Restauration de Viollet le Duc.)

(Croquis de M. François Bournand.)

brique dans la maçonnerie, surtout aux angles des édifices. La façade du principal corps de bâtiment est partagée par une tour à pans coupés qui renferme l'escalier ; d'autres fois le manoir carré est flanqué à ses quatre angles de tours ou de tourelles en nids d'aronde. Les portes présentent des arcades en talon ou en accolade, les fenêtres aussi, mais souvent elles sont carrées et divisées en deux baies par un meneau vertical, ou en quatre compartiments, par deux meneaux se croisant à angles droits ; l'étage supérieur reçoit le jour au moyen de lucarnes à pilastres et à festons... On retrouve encore dans les manoirs le fossé autour d'un mur d'enceinte flanqué de tours, la porte avec son pont-levis et un donjon, mais qui n'a pas l'importance militaire qu'on lui donnait dans les siècles précédents. S'il existe, c'est comme l'expression d'un usage ou d'un droit; dans beaucoup de châteaux, il renferme même les principaux appartements [1]. »

Si nous voulons connaître un peu le mobilier des habitants de cette intéressante époque, nous n'avons qu'à consulter les contemporains.

Un écrivain, Guillebert, de Metz, nous raconte ainsi la description du logis d'un homme de robe, Jacques Ducy, qui demeurait rue des Prouvelles [2].

« La porte de cet hôtel, dit-il, était sculptée d'un art merveil-

---

1. On peut citer comme exemple le magnifique *château de Pierrefonds*. Ce *château de Pierrefonds* a été admirablement bien restauré par *Viollet-le-Duc*, le grand architecte, le grand Français en qui le moyen âge s'était incarné pour ainsi dire et qui a su si bien faire revivre et remettre en honneur notre architecture nationale, notre architecture gothique.

« Le château de Pierrefonds, dit Viollet-le-Duc, était à la fois une forteresse de premier ordre et une résidence renfermant tous les services destinés à pourvoir à l'existence d'un grand seigneur et d'une nombreuse réunion d'hommes d'armes.

« Chacune des tours est décorée, sous les mâchicoulis, d'une grande statue d'un preux, posée dans une niche entourée de riches ornements. Les statues existant encore sur les parois de ces tours ou retrouvées à leur base ont permis de restituer leurs noms ; car il était d'usage de donner à chaque tour un nom particulier, précaution fort utile lorsque le seigneur avait des ordres à faire transmettre aux officiers du château.

« Le donjon du château pouvait être complètement isolé des autres défenses.

« Le donjon était l'habitation la plus spécialement réservée au seigneur, et comprenait tous les services nécessaires : caves, cuisines, offices, chambres, garde-robes, salons et salles de réception.

« Sous le vestibule de la grande salle est une tribune qui servait à placer les musiciens lors des banquets et fêtes que donnait le seigneur. »

2. Rue des Prouvaires.

leux [1] ; dans la cour étaient des paons et divers oiseaux de plaisance. La première salle était ornée de divers tableaux attachés aux parois.

« Une autre salle était remplie de toutes les sortes d'instruments que maître Jacques savait jouer, tels que harpes, orgues, vielles, guitares, etc... Une autre salle était garnie de jeux d'échecs, de tables et d'autres sortes de jeux en grand nombre. Il y avait une belle chapelle où étaient des beaux pupitres pour mettre dessus des livres précieux que l'on faisait venir de très loin. Il y avait aussi une étude dont les parois étaient couvertes de pierres précieuses, une chambre pleine de fourrures, plusieurs autres chambres richement garnies de lits, de tables sculptées et couvertes de riches draps et tapis, une autre chambre haute où étaient un grand nombre d'arbalètes peintes de riches ornements, d'étendards, de bannières, d'arcs, de piques, de haches, de mailles de fer, de canons, de boucliers, et toutes sortes d'autres armures et appareils de guerre. »

Quel luxe, comme on voit, pour un homme appartenant à cette petite bourgeoisie qui supplantait insensiblement l'aristocratie de naissance.

Le même écrivain cite la maison de Mlle Baillet, rue de la Voirrie [2], « où il y avait, dit-il, des verrières autant que de jours dans une année ». Il appelait dans son langage imagé ces bourgeois, « petits rois de grandeur ».

Nous avons parlé là du luxe des habitations et du mobilier de

---

1. Nous avons mis le texte en langage d'aujourd'hui, afin de faciliter la lecture.
2. Rue de la Verrerie.

bourgeois. Voici maintenant la description, par Christine de Pisan [1], de la chambre à coucher d'une simple marchande :

« Avant qu'on entrât dans sa chambre [2], on passait par deux autres chambres bien belles, où il y avait dans chacune d'elles un grand lit bien et richement recouvert; dans la deuxième était un grand dressoir [3] couvert comme un hôtel, tout chargé de vaisselle d'argent. De cette pièce on entrait dans la chambre à coucher de la dame; cette chambre était grande et belle, toute garnie de tapisseries au chiffre de la dame, richement décorées avec du fin or de Chypre; le lit, grand et beau, était garni d'un riche parement; les tapis qui étaient par terre, autour du lit, étaient ornés d'or. Les grands draps du lit qui passaient par-dessous la couverture étaient de si fine toile de Reims qu'on les estimait 3,000 francs ; et par dessus la couverture à tissu d'or était un grand drap de lin aussi fin que de la soie, tout d'une pièce et sans couture, estimé 2,000 francs et plus.

« En cette chambre était aussi un grand dressoir tout paré, couvert de vaisselle dorée. Et dans le lit était la dame vêtue de soie teinte ou cramoisie, appuyée sur de grands oreillers de pareille soie, à gros boutons de perles.

« Et Dieu sait les autres choses superflues selon les usages de Paris. »

Christine de Pisan, l'auteur de ces quelques lignes, ne raconte pas ceci d'après des racontars, mais bien d'après ce qu'elle a vu elle-même, car elle était allée faire une visite à la dame en question;

1. Dans le livre *La Cité des Dames.*
2. Nous avons mis aussi le texte en langage moderne.
3. Buffet.

Dans l'histoire de l'architecture au moyen âge, la Franc-maçonnerie tient une grande place. « On dit qu'au XIIIe siècle, dit M. Batissier [1], Erwin de Steinbach organisa la Franc-maçonnerie en Allemagne, avec beaucoup d'éclat.

« La construction de la cathédrale de Strasbourg porta au loin la réputation des ouvriers qui avaient travaillé à cette basilique.

« Vienne, Zurich, Landshut, Cologne firent édifier des cloches qui rappelaient la merveilleuse tour de la métropole alsacienne. Les maçons de ces monuments, quand ils les eurent achevés, se répandirent en Allemagne, où leur nom devint fameux.

« Pour se distinguer du commun des ouvriers, ils formèrent des associations qu'ils appelèrent *loges*, et toutes ces loges s'accordèrent pour reconnaître la suprématie de celle de Strasbourg, appelée la *Grande Loge*. Ce ne fut que treize ans après la construction de la tour que ces associations prirent une consistance solide.

« En vertu d'un acte passé à Ratisbonne, il fut convenu que l'architecte de la cathédrale de Strasbourg serait le grand-maître unique et perpétuel de la confrérie générale des maçons d'Allemagne. La loge de Strasbourg avait le commandement de tous les cas litigieux relatifs aux bâtiments [2]. »

1. *Histoire de l'art monumental.*
2. Voici à ce sujet notre *Histoire des Beaux-Arts et des Arts appliqués à l'industrie* (E. Bernard et Cie, éditeurs).

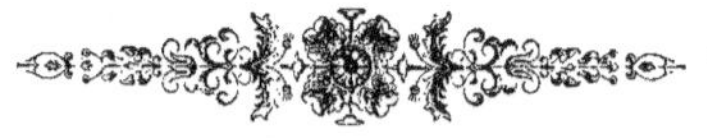

L'ART FRANÇAIS

DU

VITRAIL

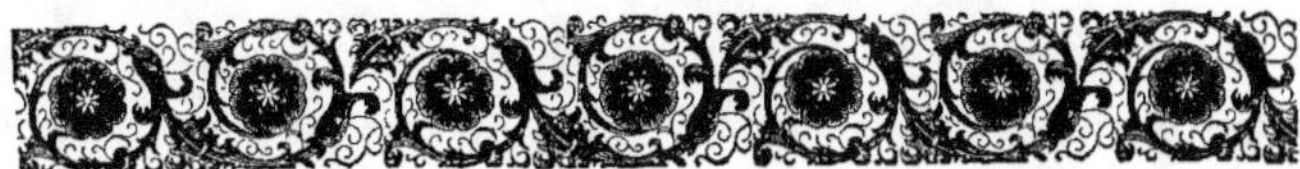

'EST à la France que l'on doit l'invention, ou plutôt le perfectionnement de la peinture dans le verre, des vitraux d'église. Nous en avons une preuve dans un travail du moine allemand Roger, surnommé Théophilos, qui dit au prologue de son livre, *De Omni Scientia picturæ artis*, qui parut au XIe siècle :

« O toi qui lira cet ouvrage... je t'enseignerai... ce que pratique la France dans la fabrication des précieux vitraux qui ornent les fenêtres... »

Au XVe et au XVIe siècle, l'art de la vitrerie[1] était très développé[2].

1. Parmi les artistes antiques qui se sont occupés de la fabrication du verre, citons : Pomponius Apollonius, fabricant de disques à vitres; Venustrus, vitrier de la maison de l'empereur Claude; Julius Alexander, de Carthage; Eunion, fabricant de vases en verre; Euphronus, qui a tracé son nom sur un gobelet orné de deux branches de myrthe, au Musée du Louvre; Artas de Sidon, qui a aussi inscrit le sien sur des vases conservés à la Bibliothèque nationale et au Musée du Louvre.

2. Les plus anciens vitraux connus sont ceux qui décoraient l'église de Neuwiller (en Alsace) et la cathédrale du Mans; ils datent de la fin du XIe siècle. Auparavant les vitres peintes étaient formées par l'assemblage de fragments de verre colorés. Le poète Fortunat parle des vitres peintes de l'église de Paris et saint Grégoire de Tours de celles de l'église de Brioude.

C'était un véritable art et non un métier, comme on pourrait le croire; le vitrier d'alors n'est pas l'humble et pauvre ouvrier chargé de réparer les coups de pierre des polissons ou les dégâts produits par la grêle.

Il suffit d'admirer les splendides verrières de la Sainte-Chapelle de Paris, de Saint-Gratien de Tours, de Saint-Étienne de Bourges, etc., pour s'en convaincre. Pour avoir su faire de si beaux dessins de verrières, pour avoir su colorier le verre, le découper en rosaces ou en losanges nuancés et produire ces admirables mosaïques, il fallait être artiste jusque dans l'âme; et quoique les Français qui les ont peintes ont laissé presque toujours leurs noms inconnus, il est impossible de les ranger au rang de simples manœuvres. C'était, avec le métier des armes, le seul métier qu'à cette époque les gentilshommes pouvaient exercer sans déroger et sans être montrés au doigt.

Bernard de Palissy, le grand artiste français, dit quelque part dans ses écrits, à propos de la verrerie : « L'état est noble et les hommes qui y travaillent sont nobles. »

C'est aux XIIe et XIIIe siècles que la peinture sur verre a commencé à briller en France dans tout son éclat[1].

« Il faudrait, a dit M. Charles Blanc, visiter presque toute la France; il faudrait examiner en détail les cathédrales de Bourges, de Tours, de Reims, de Chartres et vingt autres églises plus ou moins illustres, pour se faire une idée de la richesse, de la magnificence de cet art qui dans ses applications *est si bien nôtre, la peinture sur verre.* »

---

1. D'ailleurs, dès le milieu du XIIe siècle, la peinture sur verre, encouragée, était devenue la décoration ordinaire des églises et de tous les édifices religieux.

Mais un seul de ces monuments contient l'art tout en entier et peut en offrir un résumé splendide, un type parfait : c'est la *cathédrale de Chartres*. Nulle part la composition générale n'a été mieux entendue, l'effet d'ensemble mieux compris.

Dans les nefs latérales, de nombreuses figures se pressent en des cadres rétrécis dont les fonds sont chargés d'ornements et forment un réseau de plomb très serré, de manière à produire un grave crépuscule dans ces chapelles mystérieuses ménagées aux langueurs de la dévotion tendre ou aux terreurs des âmes songeuses.

C'est surtout aux vieilles provinces qu'appartiennent les monuments où subsistent les plus belles verrières, et c'est principalement dans l'Ile-de-France et dans les églises de Normandie et de Champagne que l'on peut voir les vrais types de la verrerie nationale, dans l'Est le goût germanique commençant à se faire sentir.

Plus tard, Louis XIV (en 1657) avait fait une déclaration invitant les gentilshommes à se faire verriers, puisqu'ils ne dérogeaient pas à la noblesse.

Les vitraux prirent la forme des fenêtres, selon les divers styles qui se succédèrent du XII° au XVI° siècle. C'est ainsi que dans le style flamboyant, à la fin du XIV° siècle, les figures des vitraux sont formées de roses contournées, de cœurs allongés affectant la forme sinueuse des flammes.

D'ailleurs, tous ces vitraux sont splendides; il suffit d'examiner la magnifique rose de la façade de Notre-Dame de Paris pour s'en convaincre. « Traversés par la lumière, dit Charles Blanc, les vitraux resplendissent des tons exaltés des rubis, de l'émeraude et du saphir; ils remplissent de mystère et d'opulence les longues nefs du

temple et les courbes du sanctuaire, et les chapelles basses et l'abside
profonde. Les trésors de l'Orient, que les Mages avaient apportés
jadis aux pieds d'un Dieu enfant et pauvre, étincellent encore dans les
grandes roses du portail et des transepts et dans ces vitres immenses
qui ont le châtoiement des pierres précieuses, l'éclat des diamants et
de l'or. Chose étrange! dans un édifice où la prédominance des vides
sur le plein est si frappante, les artistes du xiiie siècle, au moyen de
la peinture sur verre, qui assombrit tous les vides, ont su produire
des impressions graves, préparer l'esprit au recueillement et
répandre une teinte de mélancolie dans une basilique ouverte de
toutes parts aux sentiments qu'inspire la gaîté du jour. »

A propos de la fabrication de magnifiques verrières, voici ce
qu'en dit M. de Caumont : « Si la fabrication de ces verrières
occasionnait des frais considérables, on avait alors de grandes
ressources dans les villes pour subvenir à la dépense : non seulement les riches seigneurs, les abbés et les autres dignitaires du
clergé, mais encore toutes les corporations d'ouvriers concouraient
au vitrage des églises. Chaque corporation fournissait une vitre
entière ou un panneau de vitre, et c'était l'usage de figurer au bas
du vitrail, au-dessous des autres tableaux, les membres des corporations et des attributs. Ainsi au bas des vitres données par les
poissonniers, on voit, comme à la cathédrale de Rouen, des poissons
exposés sur des tables, et des personnages présidant à la vente; la
corporation des changeurs est figurée par des hommes comptant de
l'argent sur une table (à Chartres, par exemple); celle des bouchers,
par un boucher tuant un bœuf; celle des boulangers, par un homme
portant du pain ou en vendant; celle des maréchaux par des ouvriers
ferrant un cheval et battant une enclume; celle des cordonniers, par

des personnages dont l'un taille du cuir et l'autre coud des souliers.

On voit beaucoup d'autres industries ainsi représentées au bas des vitres de Chartres, ce qui prouve que toutes les corporations d'arts et métiers y avaient contribué. Les évêques et les abbés, les barons et les chevaliers sont représentés de même au bas des verrières qu'ils ont données. Cette espèce de signature, qu'on trouve au bas de toutes les vitres, est très importante à examiner, puisqu'elle indique infailliblement quels en furent les donateurs. Dans les fenêtres composées de lancettes surmontées d'une rose, l'image du donateur a quelquefois été encadrée dans la rose qui forme le couronnement de la fenêtre ; c'est ainsi qu'à Chartres, on voit représentés dans ces vitres circulaires des rois, des ducs, des comtes, des barons, bienfaiteurs de cette cathédrale, revêtus de leurs armures, montés sur des chevaux richement harnachés et caparaçonnés, ayant leur écu chargé d'armoiries ; mais cette place me paraît avoir été réservée aux grandes notabilités de l'époque.

Les vitraux qui restent encore intacts à la cathédrale de Strasbourg sont dignes d'être étudiés, car ils permettent de suivre l'histoire des vitraux depuis le commencement du xɪɪ° siècle jusqu'au commencement du xvɪ° siècle [1].

En étudiant les anciens vitraux, on peut s'apercevoir qu'il y avait en réalité deux espèces de vitraux : ceux qui étaient faits avec des morceaux de verre sur la surface desquels on peignait (c'était une véritable peinture exécutée sur du verre), et ceux qui étaient faits avec des morceaux de verres de couleur. Ces derniers vitraux ne

---

[1]. « L'abandon du style ogival dans nos édifices religieux doit être regardé comme la cause du déclin de l'art des vitraux pendant la période suivante. » (René MÉNARD, *Le style Henri II*.)

sont en réalité que des mosaïques dont les parties sont réunies au moyen de linéaments de plomb.

Les vitraux les plus anciens étaient généralement formés de médaillons circulaires, elliptiques ou trilobés, comprenant soit des sujets légendaires, soit des sujets bibliques.

Les contours en étaient indiqués soit au moyen d'un linéament noir, soit au moyen de baguettes de plomb. Les ombres n'existaient pas.

La période ogivale fut celle qui a été la plus favorable à la peinture sur vitraux.

LES ENLUMINURES

ET LES

MINIATURES DES MANUSCRITS

C'EST dès les premiers siècles de l'ère chrétienne et dans les couvents, que prit naissance l'art de copier les livres. Ce sont aussi les moines qui les premiers animent les *manuscrits* d'*enluminures* ou images d'une grande finesse représentant des feuillages, des scènes de l'Écriture, des ornements de toute beauté [1].

Saint Paulin, au IVe siècle, recommande aux moines de son évêché de Nole les travaux de copies de manuscrits.

Théodoric, abbé d'Ouché (lui-même copiste), fonda une école de copistes.

---

1. On pourrait peut-être rechercher les *origines de l'art français* dit gothique, dans les ornements de ces manuscrits, car souvent un sujet décoratif d'un monument gothique n'est que la reproduction en grand du même sujet d'un manuscrit. Il en est de même des verrières françaises, car certaines rosaces de nos cathédrales reproduisent les dessins des médaillons de manuscrits des XIIIe et XIVe siècles.

Un des prieurs de la Grande-Chartreuse, Guignes, apprenant son art à ses religieux, disait : « Nous voulons conserver nos *livres* comme l'éternelle nourriture de nos âmes. »

Parmi les monastères où étaient les plus célèbres copistes, on peut citer les monastères parisiens de Saint-Germain-des-Prés, de Saint-Victor, de Saint-Maur et ceux de Saint-Gall et de Luxeuil, fondé par saint Colomban.

Chaque monastère avait un atelier appelé *scriptorium*. « Il y a dans notre monastère, dit un moine de Saint-Victor, des religieux à qui l'abbé a confié le soin de copier des livres.

« Le bibliothécaire est chargé de leur donner des ouvrages à copier et de leur fournir tout ce qui est nécessaire.

« Une salle particulière leur est destinée, afin qu'ils soient plus tranquilles et qu'ils puissent se livrer à leur travail, loin du trouble et du bruit. Là les copistes sont assis et doivent garder le plus grand silence. Il leur est défendu de quitter leur place pour se promener dans la chambre. Personne ne peut aller les visiter, excepté l'abbé, le bibliothécaire et le sous-prieur. »

En donnant du travail à ses moines dans le scriptorium, l'abbé Christerius leur disait : « Que l'un de vous corrige le livre que l'autre écrit ; qu'un troisième fasse les ornements à l'encre rouge ; que celui-ci se charge de la ponctuation, un autre de finir les peintures ; que celui-là colle les feuillets et relie les livres avec des tablettes de bois ; vous, préparez ces tablettes ; vous, apprêtez le coin ; vous, les lames de métal qui doivent orner la reliure. Que l'un de vous taille les feuilles du parchemin ; qu'un autre les polisse ; qu'un troisième y trace au crayon les lignes qui doivent guider l'écrivain ; enfin qu'un autre prépare l'encre, et un autre les plumes. »

Comme on le voit par ce récit, l'atelier monastique embrassait donc toute la complète fabrication du livre.

Les moines commencèrent par imiter les manuscrits des anciens, et, ainsi qu'il y eut une architecture romane et byzantine, il y eut là aussi un art roman et byzantin. Vers le vi^e siècle, on commença à orner la lettre initiale, et au viie siècle, des arabesques gracieuses

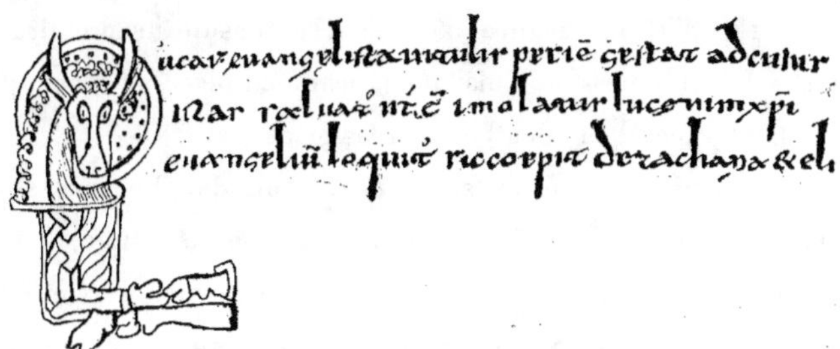

Fragment d'un manuscrit français du viiie siècle.
Le dessin représente l'image symbolique de saint Luc.

déroulèrent de toutes parts leurs volutes. Au xiie siècle, les enluminures envahirent même des pages entières.

A la fin du xive siècle et au commencement du xve siècle, ce ne furent plus seulement les communautés religieuses qui eurent le droit de copier sur les manuscrits les auteurs profanes et sacrés. La *corporation laïque des maîtres écrivains* était fondée et elle était même devenue rapidement très florissante; et, au milieu du xve siècle, la corporation était en pleine possession du marché de la librairie.

Les libraires s'appelaient alors *Vendoyeurs du parchemin;* ils avaient souvent à leurs gages jusqu'à vingt ou vingt-cinq copistes ou enlumineurs.

Il y avait alors à Paris quatre grands libraires jurés, qui étaient chargés par l'Université de fixer le prix des livres ; ils se trouvaient même soumis à fournir une caution de 200 livres pour répondre de leurs actes. Ils devaient faire attention à ce qu'aucun livre ne fût incorrect et, dans le cas contraire, le faire corriger par le copiste et au besoin le faire punir.

L'un des plus célèbres et derniers copistes fut *Pierre Hamon*, né en 1509. Il fut maître d'écriture et ensuite secrétaire de Charles IX. Il mourut le 7 mai 1569, pendu en place de Grève, pour avoir fait (grâce à son talent) de fausses pièces.

Pour faire les manuscrits, on se servait de plusieurs sortes d'encres : l'encre noire, l'encre bleue, l'encre rouge, l'encre d'argent, l'encre d'or. L'encre noire dut son dernier perfectionnement à un moine, le moine Théophile. Le corps de l'ouvrage était toujours écrit au moyen de l'encre noire.

Les encres d'or et d'argent n'étaient employées que par les enlumineurs.

On ne connaît en France que deux manuscrits entièrement écrits avec les encres d'or et d'argent; ce sont : le *Psautier de Saint-Germain*, écrit en lettres d'argent, et le *livre d'heures* de Charles le Chauve, écrit en lettres d'or. L'encre bleue servait à tracer (le plus souvent d'un seul trait de plume) les lettres et les enroulements qui figuraient soit des têtes d'oiseau, de chien, de singe, soit des serpents, etc. Quant aux rubriques ou titres des chapitres, aux lettres initiales, c'était de l'encre rouge dont on se servait.

Au viiie siècle on commença a employer les signes de la ponctuation.

Au ixe siècle, on prit l'habitude de diviser les mots, et à partir du commencement de l'écriture en lettres gothiques (XIIᵉ siècle), on prit l'usage d'écrire au-dessous de la dernière ligne d'une page le mot qui doit commencer la page suivante.

Les manuscrits étaient soigneusement conservés et reliés; on les

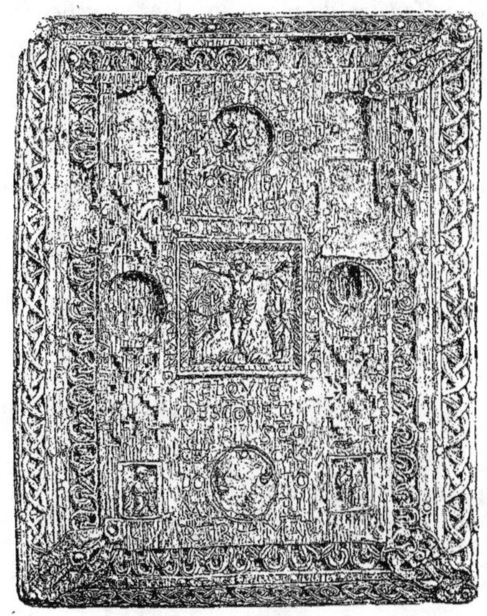

Couverture ou reliure en bois sculpté d'un manuscrit français (Évangéliaire) du moyen âge conservé à la bibliothèque du Chapitre de Noyon (Oise).

recouvrait de vermeil, d'or ciselé, de feuilles de bois précieux ayant souvent un placage d'argent; on représentait parfois sur cette couverture les personnages en action dont il était parlé dans le manuscrit.

Le livre d'heures de Charles le Chauve, dont nous avons déjà parlé, possède la plus magnifique couverture connue : « Les encadrements d'orfèvrerie qui entourent les bas-reliefs d'ivoire, dit M. Barbet de Jouy, offrent deux dispositions absolument différentes : l'effet de l'une est produit par l'entassement de grosses pierres transparentes et ornées de couleurs qui sont presque juxtaposées ; dans l'autre, les pierres, qui toutes ont la nuance du grenat, sont groupées pour former de place en place une fleur à quatre lobes, dont une perle est le cœur, et les grands espaces qui existent entre les fleurs sont rehaussés par une broderie de cordelettes et de graines d'un travail solide et élégant.

« Dans l'une comme dans l'autre, l'œuvre d'orfèvrerie n'est qu'un épais placage d'argent et d'or appliqué sur des panneaux de bois. Sur le dos du livre est une antique étoffe contemporaine de la couverture, dont les nuances sombres sont presque confondues ; le dessin n'en est que plus apparent. »

Comme on le voit, quel luxe pour recouvrir un manuscrit ! On y attachait alors un grand prix.

Les manuscrits et plus tard les livres imprimés, furent ornés de *miniatures* [1] qui occupèrent d'abord les marges des pages, puis s'étendirent au point d'occuper des pages entières. Les plus anciennes miniatures françaises datent du règne de Charlemagne ; Alcuin avait fondé à Paris, au palais des Thermes, un *atelier d'enlumineurs ;* c'est dans cet atelier que furent faites les magnifiques enluminures qui décorent l'Évangéliaire de Charlemagne, conservé à la bibliothèque d'Abbeville, la Bible de Charles le Chauve, conservée à la Bibliothèque nationale de Paris.

---

1. Du mot *minium*, substance employée par les enlumineurs de manuscrits. Les enluminures ou miniatures étaient déjà employées dans l'antiquité ; les Romains en ornaient leurs livres, témoins le *Virgile* et le *Térence* du Vatican.

Après la période carlovingienne, vers le commencement du
XIIe siècle, l'art de la miniature progressa; le nombre de manuscrits
ornés de miniatures, pendant les XIIe, XIIIe, XIVe et XVe siècles, est
considérable[1]. Tout était enluminé[2] : missels, bréviaires, livres
d'heures, romans de chevalerie, etc.

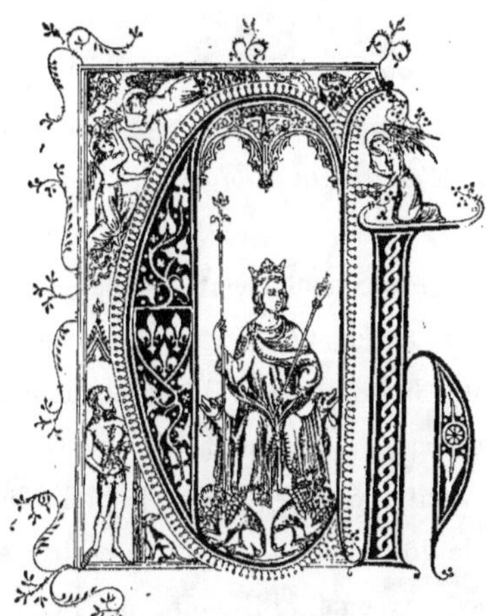

Miniature d'une Bible du moyen âge.
(Collection du musée des Archives nationales.)

Jusqu'à la fin du XIIIe siècle, les peintres de miniatures ne furent
guère que des moines; à cette époque le plus grand nombre des enlumineurs furent des laïques, dont les plus célèbres furent *Jean de*

---

1. La Bibliothèque nationale de Paris en possède plus de 9,000.

2. Les miniatures de l'école de Paris étaient si célèbres que Dante en parle dans son
poème de l'Enfer.

Pline raconte que les *hebdomades de Varron*, livre illustré, renfermaient plus de
700 portraits peints par une artiste grecque, Lala, qui était venue se fixer en Italie.

Bruges et le grand peintre français du xvᵉ siècle, *Jean Fouquet*, qui fut l'enlumineur du roi Louis XI.

L'influence des miniaturistes français s'étendit même au loin; c'est ainsi que les miniatures des manuscrits portugais semblent copiées sur ceux de France.

Les manuscrits français renferment de véritables richesses en fait de miniatures; c'est ainsi que la Bible historiée de la Bibliothèque nationale contient plus de 3,000 miniatures renfermant 15,000 personnages et le manuscrit de la même bibliothèque, connu sous le nom de *Emblemata Biblica*, 1,967 miniatures renfermant 9,840 figures.

Parmi les plus beaux manuscrits français à miniatures, citons : le Psautier de saint Louis et de la reine Blanche (à la bibliothèque de l'Arsenal), la Bible historiée (à la Bibliothèque nationale), la *Cité de Dieu* (à la bibliothèque du Panthéon) fait sous Charles V [1], les Heures latines de Marguerite de Bourgogne (à la bibliothèque de l'Arsenal), les *Antiquités* de Josèphe, enrichi de superbes encadrements (à la bibliothèque de l'Arsenal), l'Histoire de Renaud de Montauban [2] (même bibliothèque) [3].

On peut dire, sans sortir de la vérité, que les miniatures françaises du moyen âge ont été les plus belles et montrent que l'Ecole française de peinture avait déjà une supériorité marquée sur les écoles des autres peuples. D'ailleurs, « comme il est impossible,

---

1. Charles V a été le fondateur de la bibliothèque du Louvre.

2. Les peintures sont de Jean de Bruges.

3. Un des plus beaux manuscrits connus a été brûlé dans l'incendie de l'Hôtel de Ville de Paris en 1871, c'était le missel de Juvénal des Ursins qui faisait voir l'intérieur de la Sainte-Chapelle, et qui a servi à la restauration de ce monument.

dit M. Jeanron, de ne pas reconnaître que les ouvrages des miniaturistes français au xvᵉ siècle ont dû refléter les affections, le goût et la science des grandes peintures entreprises chez nous à cette époque, ils acquièrent une grande importance pour l'histoire générale de l'École française. Ils suffiraient à eux seuls pour établir que, dès cette époque, notre École avait déjà atteint à un remarquable état d'avancement d'études.

« Dès 1460, en effet, nos peintres pouvaient se porter forts à la fois d'un style original, d'un goût particulier et d'une intelligence profonde des modèles de l'antiquité. Leur inspiration personnelle et leur libre interprétation leur assignent un beau rang. »

MANUSCRITS ET LIVRES A LA BIBLIOTHÈQUE NATIONALE

La Bibliothèque nationale de Paris est une des plus riches du monde en manuscrits et en livres imprimés. Elle possède des manuscrits, des chartes, des diplômes, des impressions xylographiques, des livres imprimés en France et à l'étranger.

On peut y admirer les débris des collections de manuscrits qu'avaient formées, au xivᵉ et xvᵉ siècles, le roi Jean et les princes de sa famille : des manuscrits grecs et latins, le rouleau contenant le plus ancien catalogue de la librairie du Louvre ; l'Apocalypse en français, avec des figures ; le Bréviaire de Belleville, qui a appartenu au roi Charles V ; des romans ; la belle Bible historiée de Philippe le Hardi, duc de Bourgogne ; des manuscrits arabes et orientaux ;

des fragments de l'Ancien Testament; des annales du vᵉ siècle; le Graduel de l'église d'Arles (xiᵉ siècle). Les sermons de saint Bernard, manuscrit du xiiᵉ siècle; la Bible des pauvres en impression xylographique; des exemplaires des premiers livres imprimés. On peut suivre l'histoire de l'imprimerie dès ses débuts en examinant tous les imprimés que les galeries renferment.

L'ORNEMENTATION DES LIVRES

Quand, au xvᵉ siècle, les pieux enlumineurs, les scribes, les écrivains laïques, se trouvèrent presque sans travail, grâce au triomphe croissant de l'imprimerie [1] ils demandèrent aux maîtres

1. L'imprimerie devait porter un coup fatal aux manuscrits au xvᵉ siècle. Elle allait faire une véritable révolution dans le domaine des lettres ; elle allait favoriser l'essor des lettres et des sciences en propageant les chefs-d'œuvre de l'esprit humain.

A la fin du xiiiᵉ siècle et au commencement du xivᵉ, on avait déjà commencé à imprimer ou plutôt à graver des images et des livres au moyen de planches et de lettres de bois gravées. Ce système d'impression long et difficile avait pris le nom de *xylographie*, c'est-à-dire *gravure sur bois*. On creusait avec de petits outils aigus et tranchants des petits blocs de bois dur afin d'obtenir des images; quant aux lettres, elles étaient sculptées en relief au bout d'un morceau de bois; on réunissait ces lettres et ces planches gravées, on les noircissait au moyen d'encre et on étendait dessus une feuille de papier blanc que l'on transformait au moyen d'un tampon de drap ou bien que l'on pressait au moyen d'une presse. Pour chaque feuille à obtenir, il fallait recommencer la même opération. Les figures de ces livres sont grossièrement gravées avec le texte et imprimées d'un seul côté. Les planches sont paginées au milieu, et les feuillets collés dos à dos. Ces livres xylographiques ont été faits pour la plupart dans les Pays-Bas. Ces livres sont ordinairement des bibles, appelées *bibles des pauvres*, parce que ces histoires de la Bible en images, avec légendes, étaient destinées au peuple, c'est-à-dire aux gens peu fortunés n'ayant pas le moyen d'acheter des manuscrits qui coûtaient fort cher.

Gutenberg (Jean Gensfleisch de Sorgeloch, dit), né à Mayence vers 1399, esprit travailleur et observateur, fut le premier qui découvrit les caractères mobiles et qui fit le premier livre imprimé en 1452.

imprimeurs de vouloir bien leur réserver, en tête de chaque livre et au commencement de chaque chapitre, une place blanche où ils pourraient utiliser leur talent de dessinateur et leur talent d'écrivain. C'est de là que naquit *l'ornementation des livres imprimés*, qui commença à se faire connaître par des lettres bleues, noires ou rouges, d'apparence modeste, que nous retrouvons dans les vieux *incunables*.

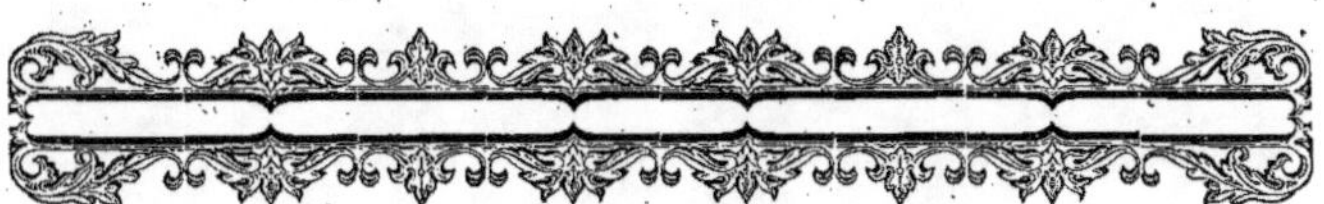

'EST au XVe siècle que l'art de la gravure commença à se manifester en France. La gravure servait alors uniquement à l'illustration des livres. C'est ainsi que le *Roman de Fierabras* (Lyon 1480), la *Consolation des pauvres pécheurs* (en 1484), la *Mer des Histoires*[1] (imprimée en 1491 chez Jean Dupré), la *Danse des Morts* (imprimée en 1485), étaient accompagnés de gravures sur bois. Mais ce fut principalement dans les missels, les livres de prières que la gravure sur bois trouva un débouché.

Les livres saints, les bibles furent accompagnés de gravures représentant des scènes de l'Ancien et du Nouveau Testament. Les gravures sur bois prenaient ainsi petit à petit la place des miniatures[2]. Du reste, on peut s'apercevoir de la vérité de ce fait par le caractère invariable de ces gravures où les petits personnages se détachent toujours dans un fond obtenu à l'aide de petits points imitant les fonds d'or des miniatures.

Au XVIe siècle, la gravure, suivant l'essor des grands artistes

1. Par Antoine Vérard.
2. L'invention de l'imprimerie avait créé un véritable besoin de lecture.

de la Renaissance française, fit aussi un pas en avant. L'habileté des graveurs sur bois devint plus grande, ils commencèrent à traduire fidèlement lesœuvres des autres artistes. Un des maîtres graveurs français qui donna un grand essor à la gravure, était connu sous le nom de Petit Bernard. Jamais cet artiste n'a daigné signer une planche de son nom ou d'un monogramme. On ignorerait même qu'il est l'auteur d'un grand nombre de planches d'une grande délicatesse de touche, d'un dessin très fin, si, dans une édition de la Bible, imprimée en 1680, on n'avait trouvé une note ainsi conçue :

« Les figures que nous te donnons icy sortent de la main d'un excellent ouvrier, connu en son temps sous le nom de Salomon Bernard, dit autrement le Petit Bernard, et ont toujours été fort estimées de ceux qui se connaissent en cette sorte d'images. »

A côté de Bernard, il faut mentionner Geoffroy Tory, de Bourges, dont toutes les planches se reconnaissent à une double croix qui était sa marque.

Ses meilleures gravures sont celles dont il a orné les *Heures de la Vierge*, publiées par Simon de Colmes en 1524 et sa pièce allégorique l'*Entrée de Henri II à Paris en 1545*, l'*Ancienne et la Nouvelle Alliance*.

Après Geoffroy Tory, la gravure sur bois commença à décliner, elle fut supplantée par la gravure sur métal dont le premier grand représentant en France fut Jean Duvet (né à Langres en 1485). Sa plus belle pièce est le Martyre de saint Sébastien.

A côté de lui mentionnons deux artistes lyonnais : Jean de Gourmont et Claude Corneille, qui excellèrent surtout dans les

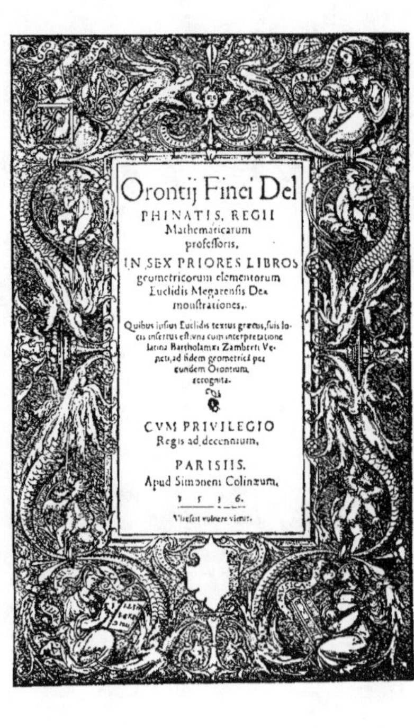

Gravure de Geoffroy Tory.

petites compositions. Ils aimaient à représenter les architectures qu'ils peuplaient de petits personnages fabuleux ou bibliques [1].

Jean COUSIN a aussi fait de la gravure [2]. Il a gravé et signé trois planches : l'*Annonciation*, la *Mise au Tombeau* et *Saint Paul frappé sur le chemin de Damas*, gravures remarquables par l'élégance du style et la largeur de la touche.

Au XVIᵉ siècle, d'ailleurs, la gravure prit une grande extension. Les graveurs s'adonnèrent à l'art du portrait. Pierre WOÉRIOT, artiste lorrain, nous a laissé les traits de Louise Labbé, de François de Serocourt, de le Pas.

Pierre VALLET, d'Orléans, a gravé à l'eau-forte la célèbre estampe, le fameux plan de Paris dressé par François QUESNEL.

Pierre SABLON (natif de Chartres) nous a laissé une fort belle planche à l'eau-forte, son propre portrait, sous lequel il a écrit ces vers :

> Me contemplant un jour en deux diverses glaces,
> Je veis le mien profil despeinct naïvement.
> Lors je délibéré en moy soudainement
> De graver ce pourtrait dont vous voyez les traces.

Jacques PATIN a montré une grande habileté dans ses gravures du Ballet comique de la reyne faict aux nopces de M. le duc de Joyeuse et de Mˡˡᵉ de Vaudemont (Paris, 1582, in-4°).

---

1. Jean de Gourmont a aussi fait de la peinture. On voit de lui au Musée du Louvre un tableau représentant la *Nativité*, où l'on retrouve les mêmes recherches architectoniques.

On lit dans les notes de Mariette à l'*abecedario pittorio* du père Orlandi : « Il y a dans la chappelle du château d'Escouen un petit tableau représentant Jésus-Christ nouvellement né couché dans la crèche et adoré par la sainte Vierge qui est peint par le même maître d'après lequel sont les différentes pièces qui sont annoncées dans ce catalogue et marquées de ce monogramme ; il est composé de la même façon, même fond d'architecture, mêmes intentions de figures et si Gourmont qui a fait les estampes a fait des tableaux, celui du château d'Escouen sera son ouvrage. »

2. C'est lui qui avait fourni aux graveurs sur bois les dessins de son *Livre de Portraiture* et de son *Traité de Perspective*.

L'ART EN FRANCE

DANS LES TEMPS MODERNES

LA RENAISSANCE FRANÇAISE

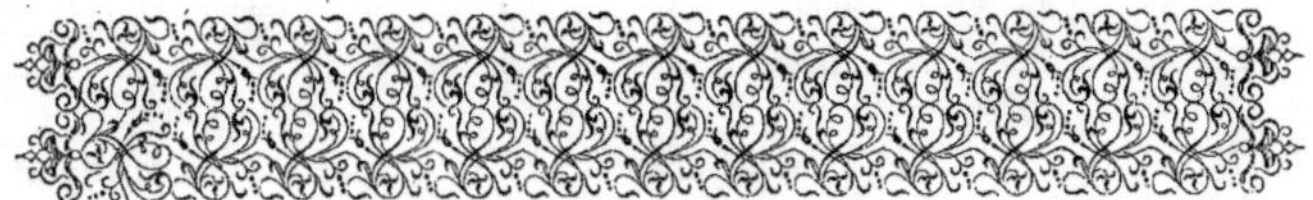

partir du xve siècle, il y eut en France une véritable *Renaissance*[1]. Pendant de longues années, on a trop vanté les Italiens, s'occupant peu des artistes de France qui, cependant, à cette époque, ont couvert le pays d'œuvres d'art admirables

A côté, et même avant les artistes italiens qui sont venus travailler en France, il y eut de grands artistes tels que Pierre NEVEU, qui a construit cet admirable château de Chambord, les architectes du château de Gaillon qui étaient des Français, etc.

Du reste, ce ne fut qu'au règne de François Ier que l'influence italienne devint véritablement prépondérante.

1. « Le sens du mot *Renaissance*, dit M. Eugène Müntz, signifie ce rajeunissement de l'esprit humain, cet affranchissement de la pensée, cet essor des sciences et ce raffinement de la civilisation, cette poursuite de la distinction et de la beauté, qui se sont affirmés vers le xve siècle, sous l'influence des leçons de l'antiquité... En ne croyant qu'imiter, la Renaissance créait à nouveau, et elle opéra le miracle de faire de la tradition la condition du progrès. »

On peut diviser l'architecture de la Renaissance française en deux périodes : la première, qui porte encore l'empreinte de l'art gothique, commence sous le règne de Charles VIII et comprend les règnes de Louis XII et de François Ier. La deuxième comprend les règnes des derniers Valois.

La France s'étant couverte de cathédrales à l'époque ogivale, l'architecture française de la Renaissance a construit un nombre restreint d'édifices religieux; en revanche, elle a élevé un grand nombre de châteaux[1].

« La Renaissance française, dit M. de Laborde, était en bonne voie, lorsque Charles VIII, entraînant en Italie l'élite de la nation, lui montra les restes de l'antiquité éclairés par le soleil de Rome et de Naples. Elle eut alors avec la Renaissance italienne, non plus seulement le même point de départ, la réaction contre les écoles épuisées, elle eut aussi le même aliment: pour son architecture les monuments de l'antiquité, et pour la sculpture ses chefs-d'œuvre qui sortaient de terre. De là une analogie qu'on a prise trop facilement pour une contrefaçon. L'art gothique de la même époque subit alors de rudes atteintes, et n'étaient ces vaisseaux d'église qui, comme une flotte majestueuse, résistèrent aux tempêtes, l'art

---

1. Ce fut réellement sous Louis XIII que les demeures des familles nobles, comme les châteaux, perdirent ce caractère formidable que la féodalité leur avait imprimé; de cette époque date ce qu'on peut appeler proprement les hôtels, tout à fait différents de ces demeures féodales qui ressemblaient à l'extérieur à de véritables prisons, tel que l'hôtel de Sens à Paris. Sous Louis XIII, les escaliers à vis sont remplacés par des escaliers à l'italienne, c'est-à-dire à rampe droite; les meneaux de pierre commencent à disparaître des fenêtres dans lesquelles on leur substitua des *croisées* de bois; à l'extérieur les habitations sont plus ouvertes, à l'intérieur les distributions sont plus commodes et mieux combinées, les cours plus spacieuses et plus régulières. Dans le quartier du Marais, à Paris, on voit encore un assez grand nombre de ces hôtels plus ou moins importants, plus ou moins somptueux.

du moyen âge aurait sombré tout entier. Excessifs, en tout, les Français ne s'apercevant pas qu'ils trahissaient l'antiquité en s'engouant des Italiens, les accueillirent avec enthousiasme. Nos rois eurent le tort de pousser la nation sur cette pente, et les seigneurs de la Cour de se faire les plus actifs promoteurs de cette mode, qui avait pour eux le charme d'un souvenir de voyage. »

Charles de Valois, ayant épousé Valentine de Milan, voulut revendiquer la possession de ce duché; il alla faire la guerre en Italie. Si cette campagne ne fut pas très glorieuse pour les armes françaises, elle eut pour contre-coup l'avantage d'être le point de départ du développement de cette période de l'art architectural que l'on nomme l'*architecture de la Renaissance française*.

Ce n'est pas le moins du monde la copie de l'architecture et de la sculpture italiennes, c'est tout simplement l'union, ou pour mieux dire l'application même de la décoration architecturale et sculpturale de l'art italien sur l'architecture française; c'est un simple plaquage. Qu'on s'imagine un monument français auquel on aura mis la sculpture, la décoration superbe de l'art italien, et on aura une idée de l'architecture française de la Renaissance.

Il s'est passé là le même phénomène qui était arrivé pour l'architecture grecque. Les Grecs s'étaient appropriés l'architecture égyptienne, mais ils n'en avaient pris que ce qui leur avait convenu et surtout semblé bon et y avaient ajouté ce qui leur était personnel, ce qui venait de leur génie.

Cela s'est fait pour la France de la façon suivante : Les seigneurs qui firent l'expédition d'Italie avec le roi de France furent émerveillés en Italie de la splendeur des arts; ils rapportèrent avec des meubles, des tableaux, des objets d'art, des tentures, puis ils voulurent bâtir des monuments, des châteaux comme ceux qu'ils avaient vus

Ils furent forcés de s'adresser à des architectes et ouvriers français qui firent bien, sur les plans et les recommandations qu'on leur donna, quelque chose d'analogue comme décoration à ce qu'on leur indiquait, mais ils conservèrent la disposition et le caractère propre de l'architecture française. *A l'étranger même, on retrouve bien souvent dans les œuvres d'art l'influence française.*

Non seulement, il y eut de grands artistes en France, mais il faut aussi le dire bien haut, *il y eut beaucoup d'artistes français qui portèrent à l'étranger le cachet de nos arts nationaux.*

Beaucoup de Français, forcés de s'expatrier par de graves événements comme la révocation de l'édit de Nantes, ont porté sur la terre étrangère l'art français qu'ils ont gardé comme un pieux souvenir de la patrie absente.

Parmi les principaux châteaux élevés pendant la Renaissance on peut citer :

L'*hôtel de Bourgtheroulde*, à Rouen, célèbre par ses merveilleux bas-reliefs représentant la célèbre entrevue de François Ier et de Henri VIII au Camp du drap d'or.

La *maison dite de François Ier* construite à Moret (Seine-et-Marne) et transportée à Paris, au Cours-la-Reine[1].

1. La maison dite de François Ier était primitivement un pavillon de chasse construit en 1523, à Moret, dans la forêt de Fontainebleau. Dans la corniche supérieure de la dernière façade on lit cette inscription latine :

> *Qui scit frenare linguam sensumque domare*
> *Fortior est illo qui frangit viribus urbes.*

C'est-à-dire :

« Celui qui sait refréner sa langue et dompter ses sens est plus fort que celui qui brise les villes par la force. »

Le *château de Gaillon* (Eure), construit par le cardinal Georges d'Amboise, sous la direction de l'Italien *Fra Giocomo, mais par des artistes français de Rouen*[1].

Le *château de Meillant* (Cher).

Le *château d'Azay-le-Rideau* (Indre-et-Loire).

Le *château de Blois* dont la chapelle, le grand escalier et la salle des États sont des merveilles[2].

Le *château de Fontainebleau*, dont de nombreuses parties sont dues à des artistes italiens, mais dont la porte Dorée, la cour Ovale, sont l'œuvre d'artistes français.

Le *château de Chambord* avec son curieux escalier à jour et son originale lanterne.

Le *château de Chenonceaux*, qui fut la demeure de François Ier, de Diane de Poitiers et de Catherine de Médicis.

Le *château de Saint-Germain-en-Laye*, avec sa cour intérieure où les assises sont alternées de briques et de pierres.

Le *château d'Écouen*, construit en 1535 par Jean BULLANT pour le connétable Anne de Montmorency.

Parmi les monuments civils de la Renaissance française il nous faut aussi citer le charmant *hôtel de Jacques Cœur* à Bourges, un des hôtels les plus originaux du début de cette période. Construit en 1443, il a une décoration des plus curieuses. Elle consiste dans

---

1. On voit plusieurs fragments de ce château à l'École des Beaux-Arts, à Paris.

2. Les architectes de la Renaissance française, pour ajouter au charme de leur style, faisaient sculpter des emblèmes, des monogrammes, des lettres ornées dont l'aspect ajoutait au charme de l'architecture de l'édifice. Le château de Blois montre un grand nombre de ces sculptures.

les représentations de cœurs et de coquilles de Saint-Jacques, armes parlantes de l'argentier de Charles VII. Cet hôtel[1] a une façade fortifiée.

LES GRANDS ARCHITECTES DE LA RENAISSANCE FRANÇAISE

Ce fut une époque féconde en grands artistes. Citons d'abord les grands architectes :

Philibert DELORME, qui commença les Tuileries, était, en même temps qu'un grand archichecte, un grand patriote. Il souffrait beaucoup de voir ce goût de la cour pour l'art italien, pour l'École de Fontainebleau

« *Nous ne sommes pas des Italiens*, disait-il, *ayons donc des principes à nous.* » Dans la construction des *Tuileries*, il a cherché à réagir vigoureusement contre le goût italien. Dans un de ses traités sur l'architecture, il dit :

« Les architectes qui entendront bien l'art et en auront une grande expérience pourront, par leurs bons esprits et divers entendements trouver un grand nombre de belles inventions, en n'importe quels lieux et royaumes qu'ils soient, principalement quand ils voudront prendre leurs sujets après la nature des lieux comme ont fait nos prédécesseurs; j'entends par imitation et exemplaire des choses naturelles que Dieu a faites et créées, soit des arbres, plantes, oiseaux, animaux et choses terrestres ou célestes, comme aussi de leur effet et progrès de la nature et différence d'un chacun. »

---

1. Il a servi longtemps d'hôtel de ville. On peut aussi citer, dans la même ville de Bourges, l'hôtel de Lallemant et l'hôtel Cujas, qui appartiennent au même style.

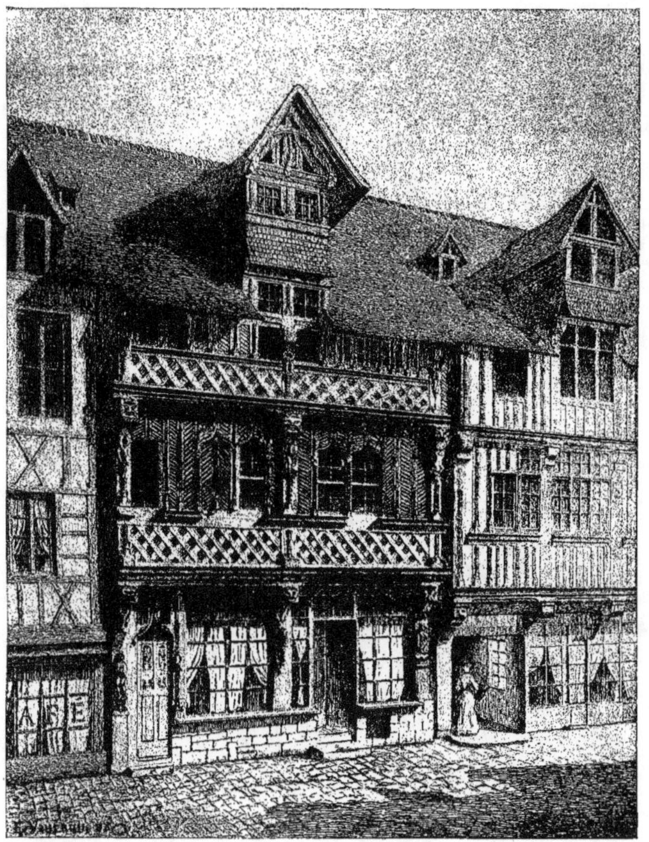

Architecture française de la Renaissance. — Le vieux manoir de la Salamandre à Lisieux.
(Dessin et gravure de M. Vaucanu.)

N'est-ce pas là une bien belle et juste définition des caractères de l'art français ; ne sont-ce pas là les procédés qu'employaient les architectes de l'art français, dit gothique ?

Ce Philibert Delorme, dont je viens de parler, fut un des plus grands architectes français du XVIe siècle. Né à Lyon en 1516, il mourut à Paris le 8 janvier 1570. Il avait étudié à Rome. Le cardinal du Bellay l'attira à Paris pour lui confier les constructions de son château de Saint-Maur et le présenta au roi François Ier dont il devint l'architecte ainsi que du roi Henri II. Ce dernier le chargea de la construction du *château d'Anet*, une des plus belles créations de la Renaissance française [1].

Ce fut Philibert Delorme qui commença la construction du *château des Tuileries* que Catherine de Médicis se faisait construire [2].

On trouve aussi son nom attaché, à différents titres, aux travaux de la chapelle des orfèvres à Paris ; de celles du parc de Villers-

1. La façade du fond de la cour, composée de trois ordres d'architecture et ornée des sculptures de Jean Goujon a été transportée dans la cour de l'École nationale des Beaux-Arts à Paris.

Au nombre des curiosités dignes de fixer l'attention de l'artiste ou du touriste qui parcourent la région d'Eure-et-Loir, il faut citer les autres restes du *château d'Anet*, ancienne résidence de Diane de Poitiers.

Jean Goujon, Germain Pilon, Jean Cousin, avaient décoré ce château qui fut détruit partiellement pendant la Révolution.

La grande porte, en forme d'arc de triomphe, est richement sculptée. Le tympan, encadré dans une belle archivolte, supporte un attique décoré de deux niches à jour. L'aile qui subsiste encore forme le château actuel. De récentes restaurations y ont été pratiquées ainsi que dans la chapelle où l'on remarque de superbes sculptures de Jean Goujon.

A côté du château s'élève la chapelle sépulcrale bâtie pour recevoir le tombeau de Diane de Poitiers.

2. Ce nom des *Tuileries* vient de ce que le château avait été bâtie sur l'emplacement d'un terrain où, pendant plusieurs siècles, des *tuiliers* avaient exercé leur industrie.

Cotterets et de Vincennes; du tombeau de François Ier à Saint-Denis; des châteaux de Saint-Maur-les-Fossés, de Saint-Germain, de Meudon, de Fontainebleau, de la Muette, de Madrid, de Monceaux, de Saint-Léger près Montfort-l'Amaury, de Limours, de Coucy et de Folembray.

Le *château de Chenonceaux* a été aussi en grande partie bâti par Delorme.

Jean Goujon dit « qu'on peut compter... maître Philibert Delorme, architecte..., parmi ceux qui ne sont dignes de petites louanges ». Et Rabelais l'appelle « grand architecte du roi Mégiste ».

Philibert Delorme inventa la « *Colonne à tambours* » qu'il appelait « *Colonne française* ». Un exemple fera comprendre combien sa science était à la fois ingénieuse et solide.

« Lorsqu'il était surintendant des bâtiments, ayant eu maintes fois l'occasion de constater qu'il devenait chaque jour plus difficile, et partant plus dispendieux, de se procurer les énormes pièces de bois qui servaient à construire les combles à grande portée, il s'ingénia et réussit à y remédier par l'emploi de fermes composées d'une multitude de morceaux bien assemblés et maintenus par des clefs et des chevilles. »

Comme il prenait des bois légers et peu chers, tels que le sapin, le peuplier, le tilleul et autres de même espèce, il ne fatiguait pas les bâtiments.

La première fois qu'il parla de son invention à la table du roi Henri, on se moqua de lui.

« Quelque temps après, — c'est lui qui parle, — la reine mère délibéra faire couvrir un jeu de palmaille (paume) à son château de Monceaux pour donner plaisir et contentement au roi. Et voyant

qu'on lui en demandait si grande somme d'argent, cela me fit
reparler de cette invention ; et fut ladite dame seule cause que je la
voulus éprouver... Donc, j'en fis l'épreuve au château de la Muette...
Laquelle épreuve se trouva si belle et de si grande utilité, que lors
chacun délibéra en faire son profit et s'en aider, voire ceux qui
l'avaient contredite, moquée et débattue. »

Ce système de charpente se prêtait à toutes les formes. On
l'appela *couverture à la Philibert Delorme*.

Après Philibert Delorme, il nous faut parler de Jean Bullant,
d'Androuet du Cerceau (Jacques) et de Pierre Lescot qui a travaillé
au Louvre

Jean BULLANT est l'architecte du beau château d'Écouen, et
l'auteur de plusieurs ouvrages spéciaux qui eurent en leur temps
une grande importance.

On doit à Jacques ANDROUET DU CERCEAU un assez grand nombre
d'édifices, parmi lesquels une partie de l'hôtel Carnavalet, où il a eu
la collaboration du sculpteur Jean Goujon ; cet architecte a publié
plusieurs ouvrages très estimés, entre autres celui qui est intitulé :
Des plus excellents bâtiments de France.

L'architecture de la Renaissance a été plus civile que religieuse.

Parmi les édifices dans lesquels le goût national s'est montré
avec le plus d'indépendance, et en dehors de toute influence
italienne, nous citerons en première ligne le château de Gaillon, qui
fut élevé en 1515 pour le cardinal d'Amboise. Il n'existe plus, mais
l'admirable portique, qui séparait autrefois la première cour de la
deuxième, a été enlevé pièce à pièce et transporté dans l'École des
Beaux-Arts, à Paris.

On peut également rattacher à un style purement national la plupart des châteaux de la Loire : Blois, dont la construction se rattache à différentes époques ; Chaumont ; le beau *château de Chenonceaux*, exquise résidence, qui accuse plus nettement encore le goût de François Ier et Henri II, ses anciens possesseurs ; enfin Chambord, considéré comme la merveille architecturale de la Renaissance française, et qui dans tous les cas est la construction qui en montre le plus nettement les tendances. Ce superbe bâtiment est flanqué de grosses tours qui n'ont, d'ailleurs, rien de commun avec les donjons de la féodalité, et recouvert de toits dont la disposition pyramidale, avec leurs pavillons, leurs cheminées, leurs lucarnes, présente un aspect féerique. Pierre Neveu, dit Trinqueau, dont le nom mériterait plus de célébrité qu'il n'en a, est l'architecte de cet admirable château, dont l'escalier intérieur, avec la lanterne qui le surmonte, et les ravissants détails qu'on y rencontre, donnent une haute idée de l'art français de la Renaissance.

En dehors de ces châteaux dont le renom est énorme, la France est couverte de manoirs plus modestes, mais dont l'exquise et capricieuse ornementation atteste la féconde imagination des artistes de cette belle époque.

LES SCULPTEURS DE LA RENAISSANCE FRANÇAISE

Un des premiers sculpteurs français dont le nom soit connu, c'est Michel COLOMB, l'auteur du mausolée du duc de Bretagne dans la cathédrale de Nantes. François II, duc de Bretagne, et sa femme, Marguerite de Foix, revêtus de leurs insignes ducaux, reposent sur une table de marbre noir avec des anges qui soutiennent leurs têtes sur des coussins ; seize statuettes de saints dans leurs niches, seize têtes de pleureuses dans des médaillons circulaires ornent le soubassement, tandis qu'aux angles du monument sont figurées, debout et grandes comme nature, la Justice, la Prudence, la Tempérance et la Force. Cette œuvre merveilleuse peut être considérée comme un des spécimens les plus complets de la sculpture française. Le type breton, dans toute sa pureté, se trouve dans les figures allégoriques dont le style convient à la sévérité du lieu.

Au Musée du Louvre Michel Colomb est représenté par un bas-relief figurant *Saint Georges combattant le dragon*, sculpture provenant du château de Gaillon.

Avec Michel Colomb un des plus grands maîtres de la sculpture française fut Jean JUSTE, natif de Tours et l'auteur du beau tombeau de Louis XII, qu'il avait fait à Tours même et qui fut apporté à Paris[1]. On lui doit aussi les mausolées des enfants de Charles VIII et de Louis Poucher.

Jean GOUJON (1515-1572) est une des gloires de la sculpture française. La duchesse d'Étampes le fit venir jeune à Fontainebleau : « Pour orner sa chambre, dit Michelet[2], elle n'appela pas un étranger, elle prit un Français, un jeune homme, la main ravissante de ce magicien, *Jean Goujon*, qui donnait aux pierres la grâce ondoyante, le souffle de la France, qui sut faire couler le marbre comme nos eaux indécises, lui donner le balancement des grandes

---

1. Un document des Archives nationales dit que « *Jean Juste*, sculpteur ordinaire du roi, a exécuté à Tours et mis en place à Saint-Denis, la sépulture en marbre de Louis XII et d'Anne de Bretagne.

2. *Histoire de France.*

herbes éphémères et des flottantes moissons. Les cariatides de cette chambre semblent un essai du jeune homme hardi, incorrect et heureux. »

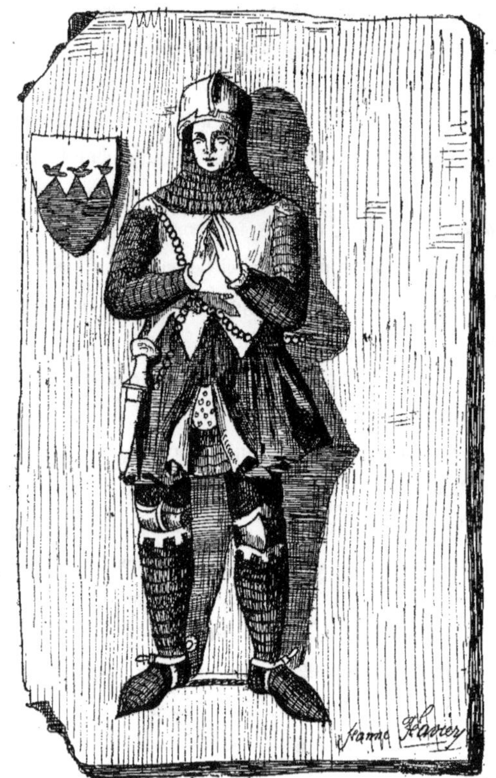

Pierre Tombale. — Sculpture française.
(Dessin de Mlle JEANNE FAVIER.)

De 1542 à 1547, Jean Goujon travaille au château d'Écouen, avec Jean BULLANT dont la plus belle œuvre est le mausolée d'Anne de Montmorency.

Il fait alors pour la chapelle de ce château la *Foi*, la *Religion* et la *Force*. Il prit part aussi à la décoration de l'*hôtel Carnavalet*[1]. On peut admirer dans la cour de l'hôtel ces bas-reliefs de Jean Goujon, les *Quatre Saisons* : le *Printemps*, un beau jeune homme qui se couronne de fleurs; l'*Été*, portant sa gerbe et sa faucille; l'*Automne*, une sorte d'Hercule vendangeur tenant dans une main une corne d'abondance, dans l'autre une grappe de raisins; l'*Hiver*, une vieille femme toute grelottante et ratatinée dans ces vêtements aux mille plis ondoyants où excellait le talent de notre sculpteur. Puis une *Thémis*, des *Lions*, une *Renommée*, et surtout, au-dessus de la porte d'entrée, un cartouche, souvent reproduit, des génies se jouant et portant des palmes.

C'est sous François Ier que Jean Goujon commença, en collaboration avec Pierre Lescot, la *Fontaine des Innocents*, d'abord nommée *Fontaine des Nymphes*. C'est son chef-d'œuvre.

On a écrit des volumes sur la Fontaine des Innocents. « Elle est, disait le chevalier Bernin, le plus beau morceau de France, tant pour la juste proportion entre l'architecture et les figures (chose fort rare), que pour la délicatesse qui règne partout. »

« Voyez, écrivait Diderot, le grand critique d'art, ces naïades abandonnées, molles et fluentes, de Jean Goujon. Les eaux de la Fontaine des Innocents ne coulent pas mieux, les symboles serpentent comme elles. »

On voit aussi de lui, au Louvre, les quatre bas-reliefs sculptés

---

1. Aujourd'hui *Musée historique de la Ville de Paris*. Ce Musée renferme des collections remarquables pour l'histoire de l'art à Paris, une remarquable bibliothèque fondée par M. Cousin qui en est le conservateur et qui est habilement secondé par M. Lucien Faucou. La collection des estampes de ce Musée renferme des merveilles.

pour le porte Saint-Antoine et représentant : la *Seine*, la *Marne*, l'*Oise*, *Vénus sortant de l'onde*, les *Quatre Évangélistes* et l'admirable *Diane* qui est un portrait allégorique de Diane de Poitiers.

Un des chefs-d'œuvre de Jean Goujon se trouve au Musée du Louvre, section des Antiques, dans la *salle* dite des *Cariatides*.

« La principale ornementation de cette salle, dit M. Léon Château, est la tribune supportée par quatre admirables cariatides. L'antiquité grecque fit usage de ce genre de supports, et Jean Goujon le reproduisit pour la première fois ; mais ce fut avec d'autant plus de mérite et de gloire que sa création semble une inspiration de son propre génie. Les monuments grecs dans lesquels existent encore des cariatides étaient, en effet, à peine connus, et il est difficile de supposer qu'ils aient pu lui servir de modèles.

« Quoi qu'il en soit, il est le premier qui fit renaître l'emploi de ces figures dans l'art moderne, et, en leur coupant les bras, il montra qu'il était digne de comprendre les grands principes de l'art antique ; je veux dire qu'il ôte à ses cariatides toute apparence de statue et surtout de réalité, et prouve l'intention qu'il avait d'en faire seulement des supports en forme de figures. C'est surtout en ajoutant à ces belles statues, couronnées d'un chapiteau et d'un riche entablement, les socles circulaires sur lesquels elles posent, que Jean Goujon caractérisa, d'une manière sans exemple jusqu'alors, la statue colonne, et donna à ces figures mutilées, qui pourraient offrir quelque chose de choquant, une puissance imposante qui en fait un des chefs-d'œuvre de la sculpture moderne. »

Germain Pilon (1535-1590) est encore un des grands sculpteurs de la Renaissance française. Il est l'auteur du tombeau d'Henri II et de Catherine de Médicis dans l'église de Saint-Denis et de celui du chancelier de Birague qui est au Musée du Louvre.

Il a fait aussi d'admirables portraits, parmi lesquels il faut citer les bustes de Henri II et de Charles IX.

Un de ses chefs-d'œuvre, c'est le fameux groupe en marbre connu sous le nom des *Trois Grâces* ou des *Trois Vertus théologales*.

Ce groupe, taillé dans un seul bloc de marbre, était destiné à porter une urne qui contenait le cœur de Henri II. L'élégance de mouvement des figures donne à l'ensemble du monument une variété qui ne nuit en rien à l'unité. Les formes fines et sveltes des femmes sont parfaitement en harmonie avec la grâce que comportait le sujet, et le charme des contours se découvre sous des draperies très légères.

A côté de Germain Pilon il convient de placer le sculpteur lorrain Ligier Richier (né à Saint-Mihiel, Meuse, 1500-1572), l'auteur du fameux *Sépulcre de Saint-Mihiel*. C'est un chef-d'œuvre. Le corps affaissé du Sauveur est soutenu par Nicodème et Joseph d'Arimathie, dont les traits sont empreints d'un caractère grave et réfléchi; sainte Madeleine, agenouillée, baise les pieds du Christ et les arrose de ses larmes; au second plan, dans un demi-jour qui ajoute encore à la tristesse de la scène, la Vierge défaillante est soutenue par saint Jean et Marie, la sœur de Marthe. C'est peut-être la figure la plus touchante de ce groupe émouvant. La sculpture chrétienne ne s'est jamais élevée plus haut que le *Sépulcre de Saint-Mihiel*, et c'est assurément, sous le rapport de l'expression religieuse, le plus grand *chef-d'œuvre de l'École française dans la statuaire*.

Ce n'est pas le seul ouvrage de Ligier Richier qu'on admire dans la ville natale de l'artiste. Au fond du chœur de l'église paroissiale de la petite ville de Saint-Mihiel on voit la Vierge soutenue par saint Jean, admirable sculpture en bois, qui est aussi un chef-d'œuvre.

Parmi les sculpteurs du xvie siècle, il faut aussi citer les Jacques, qui ont été en Champagne une grande famille de sculpteurs dont le plus illustre fut Pierre Jacques, natif de Reims.

Pierre Jacques visita Rome de 1562 à 1577, alors que les fouilles surprenantes du xvie siècle venaient de remettre au jour tant de chefs-d'œuvre de l'antiquité. Il en parcourut avec avidité tous les musées et toutes les villas. C'est là qu'il dessina les statues et les bas-reliefs célèbres.

Il eut, en outre, l'heureuse idée de mentionner au bas de chaque dessin la collection dont faisait partie le modèle représenté. Cette collection forme un album de dessins inédits d'après les marbres antiques conservés à Rome au xvie siècle.

L'album de Pierre Jacques, dans ces conditions, n'est pas seulement un recueil de dessins remarquables; c'est encore un relevé exact de l'état des différentes collections célèbres de Rome au xvie siècle. C'est, de plus, la représentation des œuvres disparues détruites, et de la forme primitive de celles que des restaurations sont venues modifier.

Citons encore pour les sculpteurs français du xvie siècle :

Jean de Bologne, né à Douai en 1524, un des plus grands sculpteurs français du xvie siècle. Son style a à la fois de l'élévation et de la grâce, et rappelle souvent celui de Michel-Ange, dont il recherchait les leçons. Il avait fait une statue équestre de Henri IV pour le Pont-Neuf. Elle fut brisée pendant la Révolution. Ses œuvres les plus remarquables sont : le *Soldat romain enlevant une Sabine* sur la grande place de Florence ; *Neptune et Jupiter* au marché de la même ville ; le Mercure, de la villa Médicis [1].

LESCOT (Hector), natif d'Orléans, qui, en 1571, exécutait dans sa ville natale le monument en bronze élevé à Jeanne d'Arc.

GAGET, élève de Richier. On lui doit deux beaux morceaux de sculpture : le retable de la chapelle des Princes, à Bar-le-Duc, (1555) représentant la Nativité et l'Adoration des Bergers, et le retable de la chapelle Sainte-Anne, à Verdun.

GENTIL (François) (1500-1569), natif de Troyes. Sauval l'appelle *un des plus habiles sculpteurs qu'on eût vu depuis longtemps*. On lui doit un grand nombre de sculptures de l'église Saint-Pantaléon, à Troyes.

BACHELIER (Nicolas), natif de Toulouse. Il a fait un grand nombre d'autels et de mausolées. Philippe II l'appela en Espagne.

BOUDIN (Thibaud) (1550-1615), natif d'Orléans, qui fit les bas-reliefs qui ornent le pourtour du sanctuaire de la cathédrale de Chartres.

BARTHÉLEMY, qui a sculpté les figures qui décorent la façade du pavillon du Louvre dit de l'Infante.

Les cinq sculpteurs, ROLLAND MAILLARD, BIARD (Charles), les deux HARDOUIN et FRANCISQUE, qui en 1554 et 1555 sculptèrent les magnifiques ornements en bois qui ornaient la chambre de parade de Henri II au Louvre.

Pierre BIARD (né à Paris en 1559, mort en 1609), qui alla étudier

---

1. Les Florentins avaient nommé Jean de Bologne, *Giova Bologna*. Michel-Ange fut peut-être cause qu'il devint un grand artiste. Jean de Bologne ayant présenté au grand sculpteur florentin une statue en plâtre très finement terminée, Michel-Ange la brisa d'un coup de bâton en disant : « Jeune homme, apprenez à ébaucher avant que de finir. »

Michel-Ange en Italie. Il était l'auteur d'un *Christ en croix*, grand comme nature, de l'église Saint-Etienne-du-Mont, et de la figure équestre de Henri IV, en bronze et en trois quarts de reliefs, placée autrefois sur la porte de l'Hôtel de Ville de Paris.

LES PEINTRES FRANÇAIS DE LA RENAISSANCE

Pour cette époque, nous n'avons guère dans la peinture qu'à signaler les Clouet et Jean Cousin, les autres peintres n'ayant guère signé leurs œuvres. Leurs œuvres sont surtout des portraits.

L'esprit de famille avait toujours régné chez les peintres français, depuis les temps les plus reculés où ils n'étaient alors que de *pauvres et simples imagiers*[1]. L'art de la peinture (de la « *pourtraicture* », comme on disait alors) se conservait dans la famille, les pères le transmettaient à leurs fils qui, d'ailleurs, avec les proches parents, étaient souvent les seuls élèves de l'atelier. « Tout artiste, dit M. Paul Lacroix, qui s'était fait un nom par ses œuvres, tenait à honneur de le léguer aux héritiers de son art, et, s'il était possible de son talent. »

Le goût du *portrait* a toujours été en grand honneur en France, et nombreux sont les artistes qui, du XVIe siècle à nos jours, se sont illustrés dans l'art difficile du portrait.

Il suffit de parcourir les galeries de dessins du Musée du Louvre,

---

1. « Dans la peinture française, a dit Ch. Blanc, l'esprit, le goût la grâce et le sentiment du pittoresque ont trouvé place jusque dans le plus effrayant de tous les spectacles. Il en est de la peinture française au XVe siècle, comme dans les siècles qui suivront : c'est toujours un art qui est dirigé par le bon sens et châtié par le goût. Ce peut être l'art d'un philosophe ; ce n'est jamais l'art d'un illuminé. »

pour y voir que les plus *beaux dessins* des premiers restaurateurs
de la peinture en France *sont des portraits.*

D'ailleurs, les œuvres des peintres français qui ont travaillé
sous Henri IV sont des portraits[1].

Jean CLOUET a été peintre du roi François Ier. Il est mort en 1541.
Son fils, François CLOUET dit JEHANNET (1520-1572) a été aussi le
peintre de François Ier et de ses trois successeurs. Il faut voir au
Musée du Louvre les admirables portraits qu'ils ont laissés. Ce sont
des chefs-d'œuvre.

Jean COUSIN (1500-1590) a été à la fois peintre, sculpteur, graveur,
peintre sur verre. On connaît son *Jugement dernier* qui est au
Louvre et sa *Descente de croix* de la cathédrale de Mayence. Il
était élève de Jacques HYMPE et TASSIN GRASSOT, avec lesquels il
travailla aux vitraux de la cathédrale de Sens, il y a fait la Légende
de saint Eutrope.

On lui doit, comme sculpteur, la statue du mausolée de Philippe
de Chabot[2] et le monument de Louis de Brézé à Rouen.

1. « Le portrait était appelé à rester un génie éminemment national; il tendait à se
débarrasser progressivement des influences étrangères. Nos peintres rivalisaient avec les
graveurs en produisant ces crayons si naïvement vrais et si simplement beaux, qui, après
Clouet et Corneille jusqu'à l'époque de Simon Vouet et de Claude Mellan, les derniers
partisans de cette délicate manière, ait fait la gloire de Benjamin Foulon, des Dumoustier
des Francis Quesnel et de tant d'autres. ». (Georges Berger, *L'École de peinture*.)

2. Cicognara a nommé ce mausolée le *chef-d'œuvre de la sculpture française au* xvie *siècle.*

L'ART FRANÇAIS

AU XVIIE SIÈCLE

SOMMAIRE

La nouvelle architecture. — Ses principes. — La sculpture décorative. — Les types caractéristiques. — Les appartements. — Les grands architectes. — La gravure française. — Les sculpteurs, les peintres. — Les grands artistes du xviie siècle. — Les œuvres principales.

'ARCHITECTURE de la Renaissance, à l'ornementation si délicate, ne dure guère que jusqu'aux règnes de Henri IV et de Louis XIII.

L'architecture du XVIIe siècle, en diffère complètement.

La force vient ici remplacer la grâce ; la brique se combine avec la pierre.

Un autre caractère qu'on retrouve assez souvent dans les monuments de cette époque est l'emploi du bossage, dont le palais du Luxembourg, élevé par Debrosse pour la reine Marie de Médicis, offre un exemple intéressant. De plus, l'ardoise remplace la tuile dans les toitures.

Plusieurs parties des châteaux de Fontainebleau et de Saint-Germain, les maisons qui bordent la place des Vosges, et de nombreux hôtels encore existants, peuvent très bien nous donner l'idée du style un peu massif qui domina au commencement du xviie siècle.

L'emploi des dômes, dont les architectes italiens avaient tiré un si grand parti dans le siècle précédent, devint un des traits caractéristiques de l'architecture française ; quelques-uns ont été heureusement conçus : citons entre autres le dôme des Invalides, par Jules Hardouin Mansart, et le dôme de la Sorbonne par Lemercier. L'ancien collège Mazarin, aujourd'hui palais de l'Institut, possédait une chapelle surmontée d'un dôme, qu'on voit du pont des Arts.

Les sculptures disparaissent presque complètement des façades, et les rinceaux de feuillages, dont la période précédente avait tiré tant de caprices exquis, ne se montrent plus. Les portes pourtant conservent encore souvent une ornementation à moulures très saillantes et dont les formes semblent souvent empruntées aux boiseries flamandes. Les villes du Nord ont conservé un grand nombre de ces portes ornées dont on peut voir à Anvers les types les plus caractéristiques et les plus beaux.

On a donné à l'architecture du xvii° siècle le nom de *style Louis XIV*.

C'est surtout le *palais de Versailles* qui peut être considéré comme le type le plus caractéristique de ce style grandiose.

La construction en briques du côté de la place d'Armes avait été élevée sous Louis XIII comme rendez-vous de chasse, et le roi avait tenu à laisser subsister les constructions bâties par son père. Elles ont un aspect un peu étriqué. La vraie façade, celle qui fut élevée du côté des jardins par Jules Hardouin Mansart, est d'une solennité un peu froide, qui répondait bien au goût de Louis XIV. L'orangerie avec ses magnifiques escaliers, et les superbes jardins tracé par Le Nôtre, avec leurs allées symétriques, leurs fontaines jaillissantes et leurs innombrables statues, répondent certainement à une conception supérieure à celle du château, dont la chapelle est pourtant une œuvre des plus remarquables.

Lorsqu'il s'agit d'étudier la décoration du palais sous Louis XIV, c'est surtout à Versailles qu'on pense en premier, parce que cette somp[t]ueuse résidence est le type le plus caractéristique et le plus beau de l'époque, et que les appartements et les hôtels des grands seigneurs rappellent toujours, sur des proportions moindres, l'habitation du roi. De toutes les pièces qui composent les appartements royaux à Versailles, la *Galerie des Glaces*, destinée aux fêtes officielles, est celle qui traduit le plus nettement les goûts pompeux du grand roi. Cette vaste galerie est éclairée par dix-sept grandes croisées en arcades auxquelles répondent dix-sept arcades feintes remplies dans toute la hauteur par des glaces qui reflètent les objets. Les fenêtres et les arcades feintes sont séparées de chaque côté par des pilastres corinthiens avec chapiteaux en bronze doré du plus heureux effet. La voûte est divisée symétriquement en plusieurs compartiments qu'entourent des trophées et des guirlandes.

Tout ce prodigieux et luxueux ensemble est consacré à la gloire du roi Louis XIV et nous donne bien une idée du luxe grandiose qui régnait à cette époque.

Les appartements dits d'Anne d'Autriche à Fontainebleau donnent aussi une idée exacte de la richesse décorative du style Louis XIV.

Viollet le Duc en donne la description suivante :

« Les murs, dit-il, sont garnis de boiseries et de panneaux de tapisseries, d'un ton généralement calme, sobre, avec quelques dorures. Des plafonds largement composés, soutenus par des voussures ornées de sculptures fines et d'arabesques; des portes larges et basses, — ce qui est sensé, puisque la taille humaine ne dépasse pas deux mètres. Comme motif principal, la cheminée. Des croisées hautes, bien percées pour obtenir des effets de lumière propres à faire valoir la décoration. En tout cela, quelque chose de chaud, d'intime, de tranquillisant pour les yeux; rien d'offensant, d'impertinent dans la richesse qui sente le parvenu vaniteux. L'or réparti discrètement et non prodigué. En un mot, du goût et de la distinction, qualités françaises devenues si rares aujourd'hui dans nos édifices, qu'on se demande si nous ne sommes pas un autre peuple. »

Il y a un homme qui, sous Louis XIV, a eu une influence incontestable et fort grande sur le développement des arts en France. Cet homme, c'est COLBERT (Jean-Baptiste) qui avait succédé à Fouquet. Sous sa baguette magique on voit surgir de toutes parts les palais, les demeures splendides, les monuments et les institutions qui font la gloire de cette grande époque. La colonnade du Louvre est construite. Le NOTRE trace le jardin des Tuileries; le château de Versailles est édifié; PETITOT peint des émaux dignes de la Renaissance italienne; Nicolas ROBERT trace sur le papier de charmantes et délicieuses miniatures; PUGET sculpte de fières statues; l'Académie de France à Rome, l'Académie des inscriptions, l'Académie royale de musique sont fondées; l'abbé de Villebois, Michel DE MAROLLES[1] enrichit le cabinet des estampes de magnifiques gravures; FÉLIBIEN[2] devient l'historiographe des bâtiments; ISRAEL SILVESTRE et ROUSSELOT signent d'admirables planches.

C'est en 1615 que Marie de Médicis fit construire le *palais du Luxembourg* qui fut achevé en 1620. Il porta d'abord le nom de *palais Médicis*. Il prit le nom de *palais d'Orléans* quand il fut légué

---

1. L'abbé de Marolles avait réuni les œuvres de 6,000 maîtres différents.

2. Félibien est l'auteur d'un livre : *Entretien sur les vies et les ouvrages des plus excellents peintres anciens et modernes.*

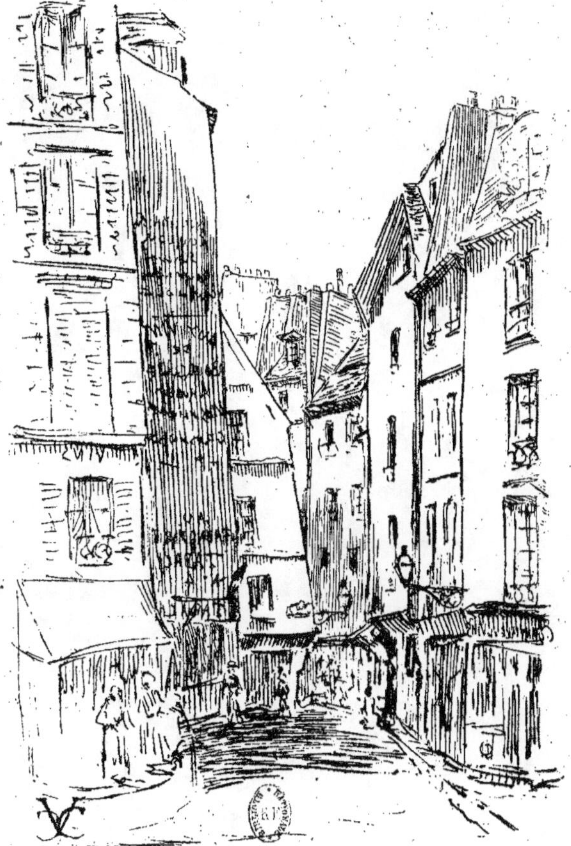

Une rue du vieux Paris. — D'après un croquis sur cuivre de Vaucanu.

par là reine à son second fils, Gaston de France, duc d'Orléans. L'architecte du palais, Debrosse, y employa le style de décoration en bossage.

Quelque temps après la construction de ce palais, en 1629, le cardinal de Richelieu avait fait construire l'hôtel connu successivement sous les noms de Petit-Bourbon et de Petit-Luxembourg, qu'il habita jusqu'à l'achèvement du Palais-Cardinal, devenu depuis le Palais-Royal[1].

Les architectes du xvii⁰ siècle furent :

Leveau (1612-1670), architecte du Palais-Mazarin, qui jouissait au xvii⁰ siècle d'une énorme réputation due surtout au fameux château de Vaux, près Melun, dont il a été également l'architecte. Ce château avait été construit pour le surintendant Fouquet, et c'est là qu'il donna au roi la célèbre fête qui a précédé sa disgrâce.

Le Bernin, un Italien (1598-1680), qui réunit le Louvre aux Tuileries.

François Mansart (1598-1680), qui donna le plan du Val-de-Grâce et construisit la Banque de France[2].

François Blondel (1617-1680), l'architecte de la Porte Saint-Denis.

C'est sous Louis XIV que fut fondée par Colbert la grande manufacture royale de tapisseries des Gobelins. Perrault en parle ainsi dans son poème de la Peinture :

> Lebrun, c'est de nos jours que l'on voit éclaircies
> Du fidèle Apollon les grandes prophéties,
> Puisque enfin dans la France on vit de toutes parts
> Fleurir le règne heureux des vertus et des arts .....

1. La reine ayant permis aux filles du Calvaire de venir demeurer dans l'enceinte même de son palais, celles-ci firent construire un couvent sur la rue de Vaugirard.

2. Alors *hôtel de la Vrillière*.

> ... Il suffit de voir ce que ta main nous donne,
> Les chefs-d'œuvre de l'art, dont l'art même s'étonne,
> Et ce qu'en mille endroits, dans les grands ateliers,
> Travaille sous tes yeux la main des ouvriers.
> C'est là que la peinture, avec l'or et la soie,
> Des grands événements tous les charmes déploie,
> Et que la docte aiguille avec tant d'agrément
> Trace l'heureux succès de chaque avènement.

Un peintre qui exerça une influence considérable sous Louis XIV fut Lebrun Charles (1619-1690), le protégé du ministre Colbert. C'est lui qui a ordonné la décoration des grands palais du règne. Il s'était entouré pour cela de collaborateurs distingués parmi lesquels nous pourrons citer Coyzevox, Girardon et les deux Marsy pour la sculpture; les peintres Coypel, Van der Meulen, Courtois; les ornemanistes Lepautre et Bérain; les bronziers Keller; les graveurs Audran et Eydelinck.

On peut dire que l'influence de Lebrun fut considérable. « Pendant plus d'un quart de siècle, dit M. Vitet, Lebrun devient l'arbitre et le juge suprême de toutes les idées d'artiste, le dispensateur de tous les types, le régulateur de toutes les formes. C'est d'après ses modèles que les enfants dessinent dans les écoles; c'est lui qui donne aux sculpteurs le dessin de leurs statues; les meubles ne peuvent être ronds, carrés, ovales, que sous son bon plaisir, et les étoffes ne se brodent que d'après les cartons qu'il a fait tracer sous ses yeux. Il est vrai qu'il résulta de cette prodigieuse unité d'organisation une espèce de grandeur extraordinaire, un spectacle imposant dont tous les yeux furent éblouis[1]. »

1. En pensant à Lebrun, le poète Quinault faisait ces vers :

> Au siècle de Louis, l'heureux sort te fit naître,
> Il lui fallait un peintre, il te fallait un maître,

montrant ainsi que Lebrun était bien le peintre qu'il fallait à Louis XIV.

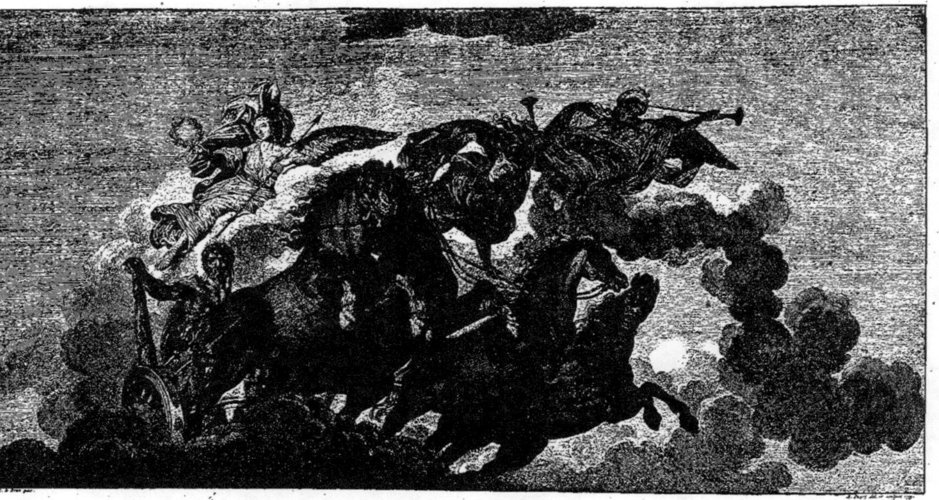

Tableau décoratif par Charles Lebrun.

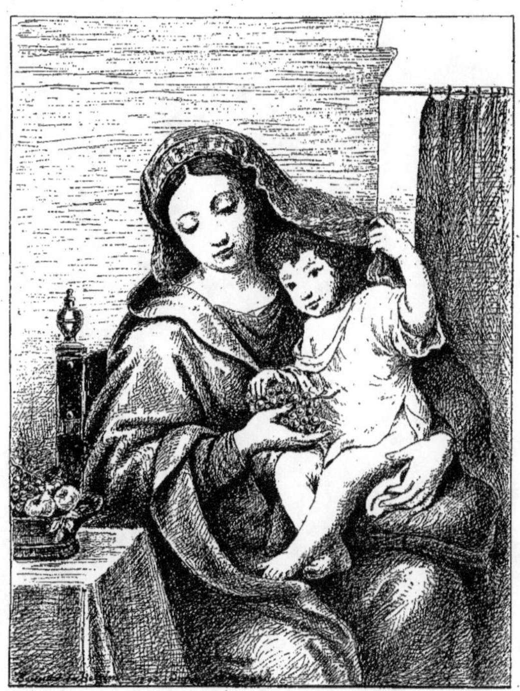

La Vierge à la grappe, tableau de MIGNARD.
(Dessin de SERENDAT DE BELZIM.)

Ce peintre était un splendide dessinateur. Son œuvre personnelle capitale est au Musée du Louvre. Ce sont les *Batailles d'Alexandre*. En ce genre sa *Tente de Darius* est un chef-d'œuvre. Il ne faudrait pas croire qu'il n'a fait que de la peinture de bataille ou de vastes décorations, il s'est adonné à d'autres genres. On peut citer ses tableaux religieux du Louvre, le *Christ servi dans le désert par des Anges*, le *Tableau du Silence* et surtout son beau *Crucifix aux Anges*, pour lequel sa brillante imagination a eu des heures de recueillement idéal.

On sait que Lebrun avait donné les plans des pavillons du château de Marly[1], à la décoration duquel il prit une grande part. Il a aussi contribué dans une très large proportion à la décoration du château de Vaux-le-Vicomte[2].

Le Brun avait fondé une école académique aux Gobelins. Il en avait donné la direction à son élève LICHERIE (Louis), qui devint membre de l'Académie royale. Le chef-d'œuvre de ce peintre se

---

1. Ces pavillons étaient destinés aux personnes de la Cour que le roi honorait de la plus insigne faveur, celle de l'accompagner dans sa résidence favorite. On trouve dans les anciennes descriptions du château l'énumération des objets d'art que Louis XIV et Louis XV y avaient réunis. Plusieurs des tableaux de la collection du Louvre y figurent, ainsi que les célèbres groupes de Coysevox et de Coustou, placés aujourd'hui de chaque côté de la grille du jardin des Tuileries et à l'entrée de l'avenue des Champs-Élysées. On sait que Marly a été entièrement détruit.

2. Vaux-le-Vicomte, dans le département de Seine-et-Marne, fut construit par le surintendant Nicolas Fouquet; il y donna, en 1661, à Louis XIV et à toute la Cour, la splendide fête qui précéda de quelques jours son arrestation et son emprisonnement. Fouquet avait eu recours, pour l'embellissement de Vaux, dont les magnificences sont restées célèbres, à Lebrun, à Lenôtre et à l'architecte Levau. Plusieurs des salles du château sont encore décorées des peintures de Lebrun.

Dans cette demeure de Vaux-le-Vicomte, Lebrun avait peint l'*Apothéose d'Hercule*, le *Triomphe de la Fidélité* et *Morphée et les Muses* qui passaient pour la plus belle décoration du peintre. Fouquet avait fait à Lebrun une rente de 12,000 livres.

trouve à l'église Saint-Étienne-du-Mont, et représente les *Trois hié-rarchies des Esprits célestes adorant Jéhovah*[1].

Un des rivaux de Lebrun fut le peintre MIGNARD (Pierre), (1610-1690), né à Troyes[2]. Il a peint des tableaux d'une grande finesse. Ses séduisantes *Madones* ont reçu le nom de *Mignardes*. On peut voir au Louvre trois de ses plus belles œuvres : la *Vierge à la grappe*[3], l'*Espérance* et la *Foi*, dont on ne saurait trop louer la fraîcheur du coloris.

Nombreux sont les autres peintres remarquables du XVIIe siècle. A leur tête, je place les frères LE NAIN, qui sont une des gloires de l'École française[4]. Il y avait le chevalier LE NAIN (né en 1606), Antoine LE NAIN (né en 1588), et LOUIS LE NAIN (1593). Ils ont fait d'admirables portraits et des tableaux de genre. Il faut remarquer l'expression morale de leurs personnages, si vivants; en ce genre, la *Forge* du Musée du Louvre est un chef-d'œuvre.

Si la biographie des frères LE NAIN est difficile à faire, on n'en possède pas moins des documents authentiques qui montrent qu'on

1. Le Musée de Rouen possède aussi de ce peintre un tableau : *Saint Joseph s'élevant dans les airs,* qui provient de l'église Saint-Lazare, à Paris.

2. Ne pas le confondre avec son frère Nicolas (1608-1688).

3. La *Vierge à la Grappe* du Louvre était autrefois à Versailles dans le cabinet des Tableaux. On lit dans la biographie de Mignard par l'abbé de Monville (page 154) les lignes suivantes : « Le comte de Matignon avait dans sa collection une *Vierge aux Raisins*, que Mignard avait faite à Rome, et qui est de sa meilleure manière. Ce tableau passa ensuite dans le cabinet du duc de Valentinois, son fils. » On peut voir, dans l'église Saint-Roch, le buste de Mignard par Desjardins.

4. L'historien Sauval dit qu'ils s'associèrent tous trois pour peindre, comme la plus importante de leurs commandes, la décoration de l'ancienne chapelle de la Vierge, dans l'église Saint-Germain-des-Prés, à Paris.

Il existe aussi une œuvre des plus remarquables due à leur pinceau chez Mme veuve Le Nain (descendante de la famille Le Nain de Tillemont, à Paris). Ce tableau renferme des portraits bien vivants, d'une exquise fraîcheur de coloris.

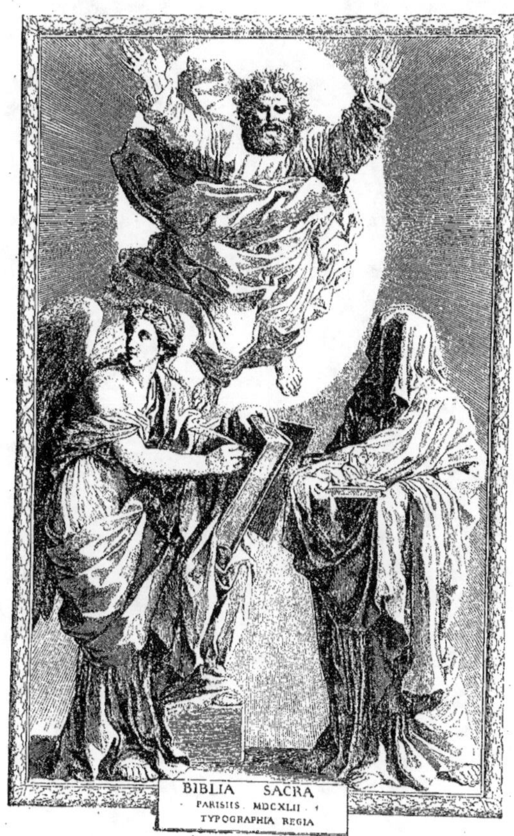

Biblia Sacra, par Nicolas Poussin. Gravure de Claude Mellan.

les tenait en grande estime. On cite des frères Le Nain des grandes toiles pour des églises de Paris et de Laon, et enfin la voûte de la chapelle de la Vierge, à Saint-Germain-des-Prés. « Les trois frères Le Nain, dit Sauval[1], excellent à faire des têtes; aussi ont-ils réussi merveilleusement dans celles des figures qu'ils y ont fait entrer, aux figures de l'Assomption et du Couronnement de la Vierge; toutes ces têtes, au reste, sont d'après nature, si belles et si proprement appliquées au sujet, qu'il ne se peut mieux. La description historique des tableaux de l'église de Paris[2] (Notre-Dame de Paris), nous dit qu'on voyait un crucifix sur l'autel de la chapelle de Saint-Jacques, peint en 1646 par Le Nain[3].

Parmi les autres peintres remarquables du xviie siècle, citons :

Claude Gellée, dit Claude Lorrain (1600-1682), peintre de paysage. Les grandes lignes du paysage, la nature pompeuse et superbe, voilà les thèmes favoris de ce peintre dont Charles Blanc a dit qu'il « savait par cœur les rayons du soleil ».

« Vous voyez bien, dit M. Laurent Pichat, ces palais au bord de la mer, ces navires tranquilles, ces gens heureux, ce soleil à l'horizon, si vert et si bon : c'est l'hymne à Dieu d'un artiste illustre dont nous ne connaissons pas l'œuvre[4]. »

---

1. T. I, p. 340.

2. T. II, p. 38.

3. Les ouvrages des frères Le Nain ont été gravés par Levasseur, Daulé, Claessens, Hubert, Cousinet.

4. « Claude Lorrain, a écrit Gœthe, connaissait le monde réel à fond jusque dans le moindre détail, et s'il s'en servait comme moyen pour exprimer celui que renfermait sa belle âme. »

Claude Lorrain a aussi gravé quelques eaux-fortes qui possèdent toutes les qualités de ses tableaux. On peut citer comme les plus belles le *Bouvier* et le *Lever de soleil*. Sa pointe a su rendre tout avec grâce.

Claude Lorrain est, par-dessus tout, le *peintre de la lumière*, et ses tableaux, dont l'ordonnance est presque toujours due à l'imagination, révèlent en lui un grand sentiment décoratif.

Simon VOUET (1582-1649) peintre du roi, qui eut pour élèves Le Brun, Mignard, Eustache Lesueur. Il a été un très habile décorateur, fort employé sous Louis XIII. Sa facture souple et facile plaisait beaucoup, bien que le dessin n'ait pas toujours toute la précision désirable ; il a dans ses compositions décoratives du jet et de l'ampleur.

Nicolas POUSSIN (1594-1665) représente le grand art de ce siècle. Il est à la fois le peintre de l'histoire, du paysage et de la mythologie. On peut dire qu'il a été, en France, le *Créateur du paysage historique;* son style est plein de noblesse. Quoique ayant passé la plus grande partie de sa vie à Rome, il est resté Français par la pensée et par la forme [1].

Dans les beaux dessins de notre immortel Nicolas Poussin, on ne saurait trop louer la force du sentiment et de l'expression, la majesté grandiose de la composition, la science du rendu. Du reste, Poussin n'avait-il pas écrit : « Il faut qu'un peintre commence par la disposition, puis l'ornement, la beauté, la grâce, la vraisemblance et le jugement partout. Il faut que le dessin tourne toujours au profit de la pensée. » Une de ses plus belles compositions, *Biblia sacra*, a été gravée par Claude MELLAN.

La peinture religieuse a eu pour représentant le plus accompli

---

1. On voit aussi, de Poussin, au Musée du Louvre, l'*Assomption de la Vierge* et l'*Adoration des Mages*, qui avaient été exécutées pour Le Roi de Mauroy, intendant général des finances et ambassadeur de France. Ce financier habitait, vers 1651, un hôtel près de la porte Saint-Honoré.

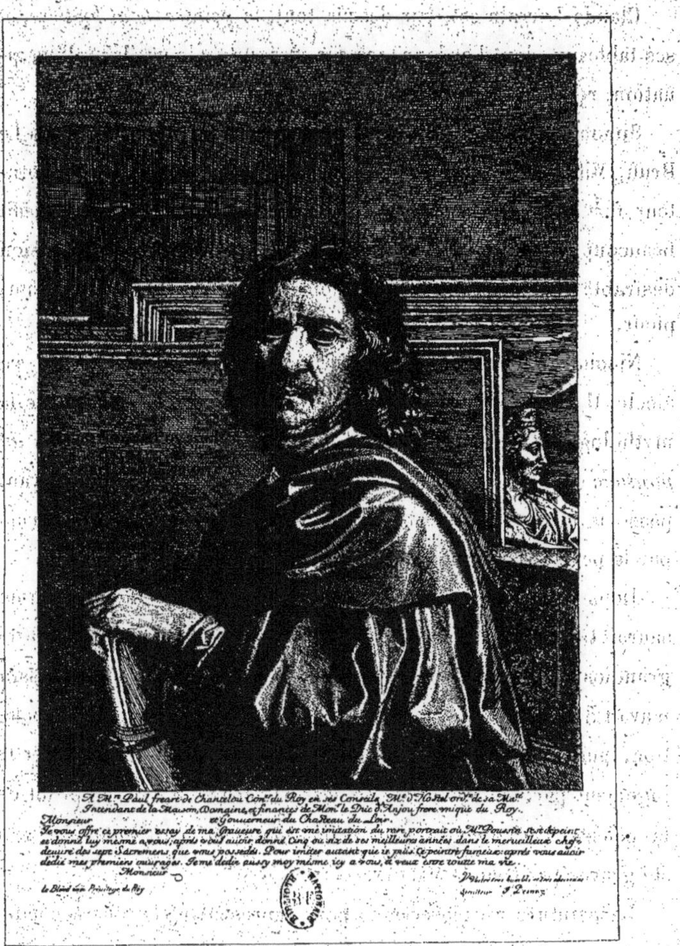

Portrait de Nicolas Poussin, peint par lui-même.

Eustache Lesueur (1617-1655). Son œuvre capitale, qui se trouve au Musée du Louvre, représente la *Vie de saint Bruno*[1], qu'il a exécutée en vingt-deux panneaux, pour les Chartreux qui les lui avaient commandés. Ces tableaux le placent au rang des purs idéalistes.

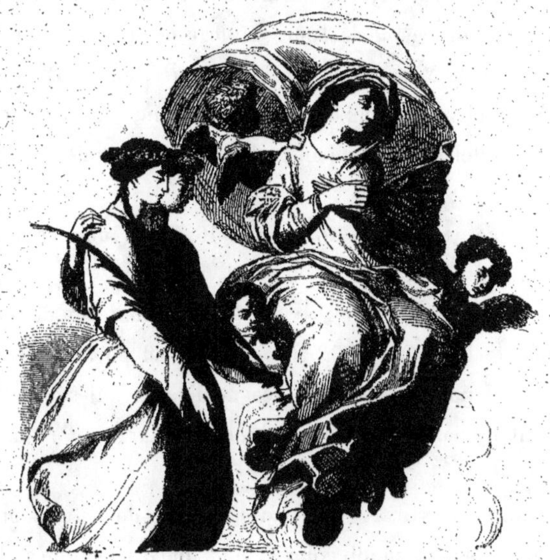

Fragment de l'*Apparition de sainte Scholastique*, par Eustache Lesueur.

On voit aussi au Louvre des décorations qu'il a faites pour l'hôtel Lambert. Cette décoration comprenait deux salles, dites la *Chambre de l'Amour* et le *Cabinet des Muses*. Les figures sont disposées dans une ordonnance si exquise, elles ont une tournure si charmante, des mouvements si justes et si gracieux tout à la fois, qu'on comprend facilement l'effet qu'elles devaient produire lors-

1. Les dessins de ces panneaux sont aussi au Musée du Louvre.

qu'elles étaient placées, avec les ornements qui les accompagnaient, dans les salles pour lesquelles elles avaient été peintes.

Citons aussi parmi les œuvres du Louvre appartenant à Eustache Lesueur : l'*Apparition de sainte Scholastique à saint Benoît*, tableau provenant de l'abbaye de Marmoutiers, près de Tours ; la *Messe de saint Martin,* évêque de Tours, tableau peint en 1651 pour le même monastère de Marmoutiers, près de Tours, fondé par saint Martin. Dans ce tableau curieux on voit saint Martin, tourné à droite, qui officie à l'autel pendant qu'un globe de feu apparaît au-dessus de sa tête [1].

Philippe DE CHAMPAIGNE (1602-1674) fut un des plus grands portraitistes du siècle [2].

Parmi les artistes du xvııᵉ siècle, n'oublions pas de mentionner :

Claude LEFEBVRE (1632-1675), un grand portraitiste. Le Musée du Louvre possède deux de ses meilleures toiles représentant un portrait d'homme très expressif et les portraits d'un maître et de son élève.

Blain DE FONTENAY (1654-1715), peintre de natures mortes dont les œuvres sont d'un joli coloris, ainsi que le témoigne au Louvre son *Vase d'or avec des fleurs et des fruits.*

A la suite des portraitistes du xvııᵉ siècle, il faut citer les miniaturistes Claude DERVET, les DU GUERRIER, le PÈRE SAILLANT, GRIBELIN et surtout PETITOT.

PETITOT avait été joaillier à la cour d'Angleterre et était venu se

1. Il existe au Musée de Tours une répétition de ce tableau, également peinte par Lesueur.

2. Ne pas oublier, au Musée du Louvre, le beau portrait de Philippe de Champaigne, représentant *Jean-Antoine de Mesme*, président à mortier au Parlement de Paris, une merveille de rendu et d'expression.

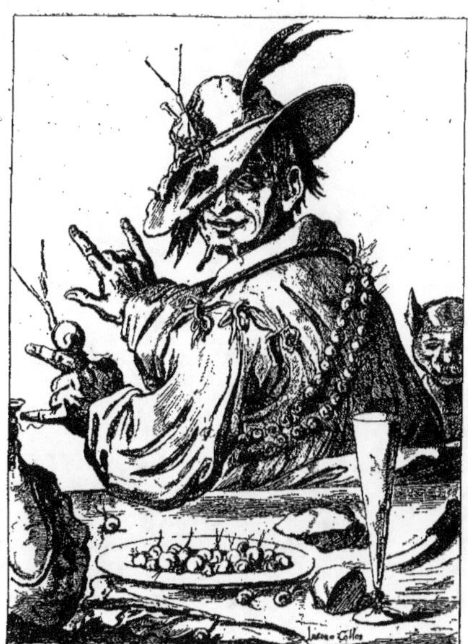

L'Homme aux escargots, gravure de CALLOT,

fixer à Paris en compagnie de son beau-frère Bordier, émailleur comme lui.

Petitot a exécuté sur émail un très grand nombre de petits portraits d'une grande finesse et d'une remarquable ressemblance. On lui confiait l'exécution des portraits du roi qu'on donnait aux ambassadeurs venant prendre congé.

En France, l'art de la gravure ne fut pas développé aussi de bonne heure qu'en Italie, en Allemagne et dans les Pays-Bas.

« Dès le commencement du xviᵉ siècle, il est vrai, et même un peu auparavant, la gravure en bois est pratiquée en France avec une certaine habileté. Les *dansés macabres*, traité de morale si fort en vogue à cette époque, les *livres d'heures* ornés, d'autres recueils encore imprimés avec fleurons et figures, à Paris ou à Lyon, permettent déjà de pressentir les prochains chefs-d'œuvre que feront paraître en ce genre Geoffroy Tory, Jean Cousin lui-même et divers dessinateurs ou graveurs en bois appartenant au règne de François Iᵉʳ ou à celui de Henri II ; mais des gravures au burin ou à l'eau-forte, telle qu'elle est pratiquée alors par des orfèvres comme Jean Duvet et Etienne Delaune, par des peintres de l'École de Fontainebleau comme René Boyvin et Geoffroy Dumoustier, la gravure n'est encore qu'un moyen de populariser les imitations à outrance de la manière italienne. Les estampes de Nicolas Beatirzet, qui d'ailleurs aurait été à Rome l'élève d'Agostino Musi, celles d'un autre graveur lorrain dont le nom a été italianisé, Nicolo della Casa, semblent avoir pour objet unique d'ériger en doctrine l'esprit de contrefaçon et d'imposer aux graveurs français cette religion négative à laquelle nos peintres s'étaient si malheureusement laissé convertir sous l'influence des Italiens appelés par François Iᵉʳ.

« Pendant tout le xvie siècle et au commencement du siècle suivant, l'École française de gravure n'avait donc ni méthode ni tendances qui lui fussent propres; et pourtant, la mode s'en mêlant, chacun se mit à manier le burin ou la pointe. A partir du règne de Henri II jusqu'à celui de Louis XIII, qui ne grave pas en France? Des orfèvres comme Pierre Woériot, des peintres comme Claude Corneille et Jean de Gourmont, des architectes comme du Cerceau, des gentilshommes, des femmes même, — Georgette de Montenay entre autres, qui dédia à la reine Jeanne d'Albret un recueil de devises et d'emblèmes, gravé, dit-on, au moins en partie par elle, — tout le monde prétendit creuser tant bien que mal le bois ou le cuivre; encore une fois, les estampes de cette époque ne sont pour la plupart que des œuvres d'emprunt, des copies tantôt maigres, tantôt emphatiques, des modèles venus de l'étranger. Ce n'est qu'après une longue période de servitude que les graveurs français commencent à se soustraire au joug de l'art italien pour se créer une manière et constituer enfin une école.

« L'honneur de ce progrès, préparé d'ailleurs par deux graveurs de portraits et de pièces historiques, Thomas de Leu et Léonard Gaultier, appartient principalement à Jacques Callot. »

Citons : Célestin Nanteuil (1623-1678), qui fut un admirable graveur de portraits dont plusieurs sont des chefs-d'œuvre.

Jacques Callot (1594-1663), qui naquit à Nancy.

« Scarron du crayon, sobre comme Labruyère, Français par sa

---

1. Emeric David, parlant des portraits de Nanteuil, disait : « Quelle précision, quelle fermeté dans les saillies, quelle âme dans les regards! quel heureux accord entre les points, les tailles, les travaux réguliers et irréguliers que cet habile artiste sait employer avec un soin exquis! quelle simplicité, quelle sagesse dans son faire, malgré cette variété ! »

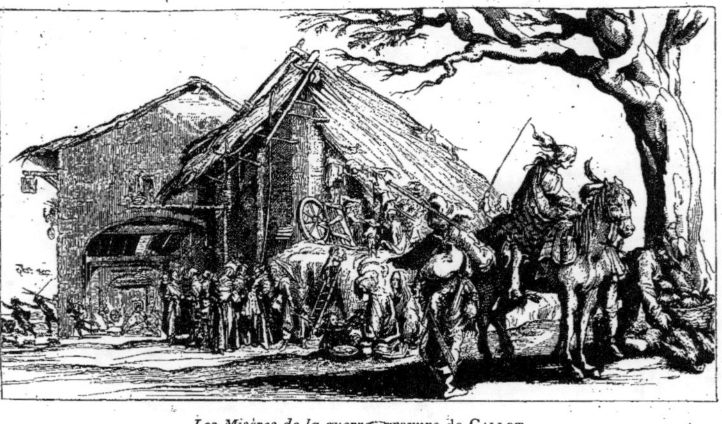

Les Misères de la guerre, gravure de CALLOT.

méthode, dit M. Laurent-Pichat, Callot représente l'esprit du burin, le rire de la ligne ; mais comme il n'y a point d'art sans mélancolie, une sorte de tristesse philosophique est au fond. Il dessine des sujets religieux, des combats, des rues de Paris, des carrousels. Les *Misères de la guerre* sont une épopée sinistre ; sa *Tentation de saint Antoine* est un poème, une furie de fantômes, un sabbat de son œuvre entière. »

Ses types de mendiants sont inoubliables[1].

A côté de Jacques Callot, il convient de placer le graveur Abraham Bosse, dont l'œuvre considérable est précieuse à consulter pour l'étude de l'histoire et des mœurs du règne de Louis XIII.

Cet artiste a laissé un Traité sur la gravure.

Ses eaux-fortes sont reconnaissables en ce sens qu'il a cherché à imiter les tailles du burin.

Parmi ses meilleurs ouvrages, il faut citer la *Noblesse française à l'église* et le *Jardin de la noblesse française*[2].

Les trois grands sculpteurs du siècle sont :

Jacques Sarrazin (1583-1666), qui a fait les grandes cariatides du pavillon de l'Horloge, au palais du Louvre ; les Anguier et Pierre Puget (1622-1694).

Jacques Sarrazin a aussi fait des sculptures pour Saint-Nicolas-des-Champs, Saint-Germain, l'église Saint-Louis.

Il fut l'un de ceux qui jetèrent les fondements de l'Académie ;

François Anguier (1604-1669) a laissé pour chef-d'œuvre le

---

1. On ne connaît que deux tableaux peints par Jacques Callot : une *Foire de village*, au Musée de Vienne, et une *Exécution militaire*, au Musée de Dresde.

2. D'après les dessins de Jean de Saint-Igny.

Mausolée d'Henry de Montmorency. Il a fait pour l'oratoire rue Saint-Honoré le *Tombeau du cardinal de Bérulle ;*

Son frère Michel ANGUIER (1612-1686) exécuta pour le Val-de-Grâce de vastes compositions, entre autres le groupe en marbre de la *Nativité*[1].

Pierre PUGET[2] est devenu populaire avec son *Milon de Crotone* du Musée du Louvre. C'est au Louvre, d'ailleurs, que l'on peut apprécier ses grandes qualités de puissance, de force, d'émotion, de vie énergique. Il fut aussi peintre et architecte ; les belles *cariatides* de l'Hôtel de Ville de Toulon sont de lui. Son *Persée délivrant Andromède* est aussi une œuvre populaire connue de tous.

Mentionnons aussi Étienne LEBORGNE (1628-1690), dont on voit de belles œuvres à Versailles ; Jacques BUIRETTE (1630-1699), dont on voit au Louvre son morceau de réception à l'Académie : *Union de la Peinture et de la Sculpture.*

---

1. C'est Michel Anguier qui a sculpté, d'après les dessins de Lebrun, les ornements de la porte Saint-Denis (autrefois arc triomphal) et le superbe *Christ en croix* qui se trouve au Calvaire de l'église Saint-Roch.

2. Pierre Puget a eu un fils, *François Puget* (1660-1707), qui fut peintre de tableaux d'église et de portraits ; le Musée du Louvre possède le portrait de Pierre Puget, par François Puget.

Pierre Puget a été aussi peintre. Le Musée de Marseille possède plusieurs tableaux de lui, entre autres le *Baptême de Clovis*, le *Baptême de Constantin* et son propre portrait.

L'ART FRANÇAIS

AU XVIIIe SIÈCLE

U XVIIIe siècle, l'architecture française perd sa pureté et sa noblesse[1] et va chercher en Italie ses modèles.

« Depuis Louis XIV, dit Viollet-le-Duc, les architectes qui paraissaient présenter le plus d'aptitude, envoyés à Rome sous une direction académique, jetés ainsi, en sortant de l'école, dans une ville dont ils avaient entendu vanter les innombrables merveilles, perdaient peu à peu cette franchise d'allures, cette originalité native, cette méthode expérimentale qui distinguaient les anciens maîtres des œuvres; leurs cartons pleins de modèles amassés sans ordre et sans critique, les architectes revenaient étrangers au milieu des ouvriers qui, jadis, étaient comme une partie d'eux-mêmes, comme leurs membres. »

Deux tendances s'étaient montrées parallèlement pendant le règne de Louis XV : l'une un peu contournée qui avait eu OPPENORD pour chef; l'autre, d'un style beaucoup plus classique, dont Louis GABRIEL et SOUFFLOT ont donné les types les plus complets sous Louis XVI.

---

1. On a donné au style Louis XV le nom de style *Rococo*. Ce style s'est répandu, en s'exagérant, de France en Espagne, en Italie, en Allemagne et même en Autriche. C'est en Espagne et en Italie surtout que ce style fut maniéré à l'excès.

Sous Louis XVI le style de l'architecture a différé du style Louis XV, plus contourné, plus maniéré. Sous Louis XVI, on retrouve encore les traces de ce style maniéré dans les ouvrages de Ledoux, et notamment dans les bâtiments de l'octroi que cet architecte avait élevés à toutes les barrières de Paris. Mais on peut dire qu'en général ce style fut abandonné et fit place à un goût plus simple, dont l'École de médecine élevée par Gondoin vers la fin du siècle dernier nous offre un remarquable exemple. Néanmoins il est difficile de déterminer les traits distinctifs de l'architecture sous Louis XVI, parce qu'en général elle n'a fait que continuer, en les modifiant surtout dans le sens de la simplicité, les traditions de l'époque précédente.

Si les édifices ne nous montrent pas un désir bien vif d'innovations dans leur aspect décoratif, on n'en peut pas dire autant des jardins, dont la disposition aussi bien que les détails répondent à un goût entièrement nouveau. Les grandes charmilles, les ifs de forme grotesque et les bordures de buis régulièrement taillées disparurent complètement, et furent remplacés par des bosquets disposés irrégulièrement sur les pelouses et toujours accompagnés de ruisseaux qui serpentent, de petits ponts rustiques, et de chaumières affectant les allures de celles qu'on voyait alors dans les plus pauvres hameaux. Les fameux jardins de Trianon peuvent être regardés comme le type le plus complet de ce style que nous nommons anglais et qu'on appelait alors *chinois*. Ces jardins étaient tout aussi apprêtés, tout aussi conventionnels dans leur décor que l'avaient été précédemment ceux des successeurs de Lenôtre, mais comme ils passaient pour être un retour à la nature par opposition aux goûts et manières de la période précédente, ils indiquent une tendance que nous retrouverons également dans la sculpture et dans la peinture et qui à ce titre méritent d'être signalés.

La découverte des ruines de Pompéi fut aussi cause d'une réaction en faveur de l'antiquité vers la fin du règne de Louis XVI.

La décoration architecturale fut sous Louis XVI un retour au goût antique, réaction à laquelle les découvertes des ruines d'Herculanum et de Pompéi ne furent pas étrangères. On abandonna les lignes contournées de l'époque précédente pour revenir à des formes plus simples, sans cesser pourtant d'être riches.

Il y a, dans l'ornementation du style Louis XVI, un caractère absolument particulier et typique. C'est le goût des pastorales qui se traduit par les houlettes entrelacées de rubans, par les chapeaux de paille des bergères, par la présence de petits moutons bêlant qui se mêlent, il est vrai, aux palmettes et aux lyres de la tradition grecque, mais qui n'en impriment pas moins à l'ornementation du temps un caractère qui lui est bien propre.

La tenture du célèbre boudoir de Marie-Antoinette, à Trianon, avec ses chalumeaux, ses oiseaux contemplant leur nid, et ses paniers de fleurs, caractérise bien le style dit style Louis XVI qui n'a plus rien de la grâce trop maniérée de l'époque précédente.

La peinture décorative des appartements qui avait pris une grande importance dans le style Louis XV disparut presque, ou devint insignifiante sous le règne de Louis XVI. La principale raison en fut que les glaces, dont la fabrication avait reçu de grands perfectionnements, au moins sous le rapport de l'étendue, se substituaient partout aux trumeaux et aux peintures qu'on plaçait, dans l'époque précédente, au-dessus des portes d'appartements et au-dessus des cheminées. Ce fut donc dans les petits objets portatifs que la peinture décorative fut obligée de chercher un asile, et cette période, si pauvre en peinture monumentale, devint au contraire très riche sous le rapport de la décoration des vases ou des plaquettes de porcelaine, des tabatières, qui constituent à elles seules un genre assez important, et surtout des miniatures qui prirent une grande extension.

Les architectes principaux du xviii° siècle sont :

GABRIEL (Jacques) (1607-1742), qui donna les plans de la place de la Concorde (primitivement place Louis XV), ainsi que ceux de l'École militaire.

LE BLOND (1679-1719), qui a publié des ouvrages sur l'architecture et qui devint le premier architecte de l'empereur de Russie, Pierre le Grand.

OPPENORD (Gilles), qui a travaillé aux constructions de l'église de Saint-Sulpice et au Palais-Royal.

COUTANT D'IVRY qui a aussi travaillé au Palais-Royal et dessiné les premiers plans de la Madeleine.

MOLLER, qui a fait élever pour le comte d'Évreux le palais de l'Élysée.

LEMAIRE qui, en 1706, a fait construire l'hôtel du prince de Soubise, aujourd'hui hôtel des Archives[1]

DE BOFFRAND (Germain) (1607-1754), qui devint le premier architecte du duc de Lorraine

ANTOINE (Jacques-Denis), l'architecte de l'hôtel des Monnaies ; il a aussi aidé à la reconstruction du Palais de Justice[2].

DESMAISONS, qui reconstruisit aussi le Palais de Justice en collaboration avec Antoine et Descoutures.

1. Où se trouvent les Archives nationales et le Musée des archives.
2. Il avait été incendié en 1776.

Soufflot (1713-1500), l'architecte de l'Ecole de droit et du Panthéon [1].

Rousseau qui, en 1786, a construit le charmant palais du prince de Salm qui devint par la suite le palais de la Légion d'honneur [2].

Hardi, qui a construit la belle église de la Pamade, à Toulouse.

Chalgrin, auquel on doit l'église Saint-Philippe-du-Roule, une des tours de l'église Saint-Sulpice et le Collège de France.

Louis, l'architecte du Théâtre-Français, du théâtre de Bordeaux et des galeries du Palais-Royal.

LES SCULPTEURS DU XVIIIe SIÈCLE.

Les sculpteurs de cette époque furent assez nombreux.

Le sculpteur Pigalle (1714-1785) fut un sculpteur réaliste. Son œuvre la plus remarquable est le tombeau du maréchal de Saxe, commencé en 1777. Le héros est devant une pyramide avec des trophées. La Mort entr'ouvre un cercueil et lui fait signe d'y descendre, malgré les supplications de la France éplorée qui essaie de le repousser. Hercule, placé vis-à-vis de la Mort, semble plongé dans la douleur. D'un côté du maréchal on voit l'aigle d'Autriche, le lion belge et le léopard anglais abattus sur leurs drapeaux brisés. De l'autre côté et derrière la statue allégorique de la France, l'Amour tient son flambeau renversé.

1. Soufflot avait fait lui-même son épitaphe qu'on a placé au bas de son portrait :

> Pour tout maître en son art, il n'eut que la nature ;
> A son divin talent, il joignit la droiture ;
> Plus d'un rival jaloux qui fut son ennemi,
> S'il eût connu son cœur, eût été son ami.

Le Musée du Louvre possède le portrait de Soufflot, par Vanloo.

2. Il a été incendié par les communards en 1871.

On doit aussi à Pigalle la fameuse statue de *Voltaire*[1] qui est placée dans la bibliothèque de l'Institut. Il a représenté Voltaire absolument nu et avec tous les signes de la décrépitude.

Un des plus grands sculpteurs du XVIIIᵉ siècle, c'est HOUDON[2] (1741-1828), élève de Pigalle, réaliste comme son maître, mais ayant beaucoup plus de goût. Il a fait des bustes remarquables, d'une étonnante vitalité parmi lesquels nous pouvons citer le buste de *Voltaire* qui se trouve placé aujourd'hui au Théâtre-Français. Houdon passa dix ans à Rome. Il fit pour l'église Sainte-Marie-des-Anges, une statue de saint Bruno dont le pape Clément XVI a dit : « Si la règle de son ordre ne lui prescrivait point le silence, elle parlerait. »

PAJOU, qui si souvent a été nommé le *Restaurateur de la sculptur e française*, s'est inspiré de l'antiquité.

Par ses petits ouvrages, il se rapproche du style de Clodion. Beaucoup de ses grands ouvrages ont été détruits pendant la Révolution, mais ceux qui sont restés, notamment les statues en marbre de *Descartes, Bossuet, Turenne, Pascal*, la *Psychée abandonnée*

---

1. Quand Pigalle s'était rendu à Ferney pour faire le portrait de Voltaire, celui-ci écrivit aussitôt à d'Alembert :

> « Vous qui chez la belle Hypathie
> Tous les vendredis raisonnez
> De vertu, de philosophie,
> Et tant d'exemples en donnez,
> Vous savez que dans ma retraite
> Est venu Phidias Pigal
> Pour dessiner l'original
> De mon vieux et mince squelette. »

La belle Hypathie, dont parle Voltaire, était Mᵐᵉ Necker, dont le salon servait de rendez-vous aux philosophes de l'époque.

2. Le peintre Gérard a peint la tête de Houdon, cette tête chauve et pleine de caractère, dans son tableau de l'*Entrée d'Henri IV à Paris*. Houdon représente un des magistrats qui portent les clefs de la bonne ville de Paris.

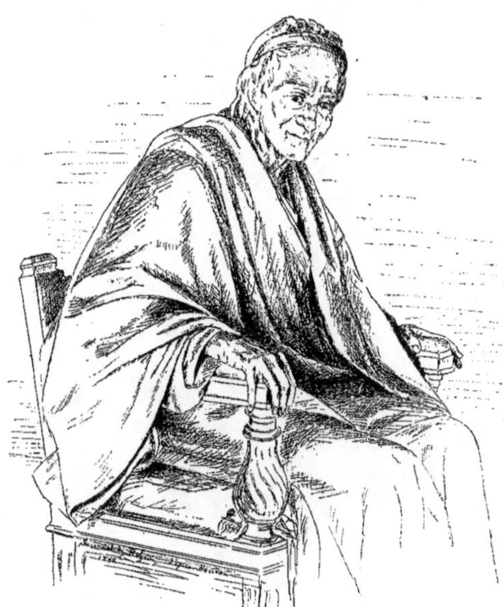

Buste de Voltaire, par Houdon.
(Dessin de Serendat de Belzim.)

par l'Amour, les beaux bustes de *Buffon*, *Du Barry* et plusieurs autres, où la vie et le caractère individuel sont exprimés avec un rare bonheur, comptent parmi les ouvrages les plus remarquables de la sculpture française[1].

Coyzevox (1640-1720), né à Lyon, est l'auteur des deux chevaux ailés, portant l'un un Mercure et l'autre une Renommée, qui se trouvent à l'entrée du jardin des Tuileries du côté de la place de la Concorde.

Guillaume Coustou (1678-1746), né à Lyon, son élève, devint membre de l'Académie en 1704. — On lui doit les chevaux de Marly qui sont à l'entrée des Champs-Élysées à Paris. Son frère Nicolas Coustou (1658-1733) était le neveu de Coyzevox. On lui doit une belle statue de Louis XV.

Clodion (Claude) (1745-1814), né à Nancy, qui a fait un grand nombre de petites statuettes, a su imposer à la sculpture une délicatesse exquise.

Dans un très petit genre, il fut un merveilleux artiste, ses *Bacchantes et Satyres*, sa *Toilette de Vénus*, ses *Jeunes filles jouant avec des tourterelles*, ses statues si délicieusement cambrées et ses adorables petits groupes d'enfants en feront toujours un maître hors ligne, d'une grâce charmante. On l'a souvent copié et autant imité. Il a fait aussi de la statuaire monumentale, mais c'est surtout par ses petits ouvrages qu'il est devenu populaire. Il a décoré de superbes cariatides la cheminée du boudoir de la marquise de Serilly, qui se trouve au Musée de Kensington, à Londres.

Chaudet (Antoine-Denis) (1773-1810), s'est rendu populaire avec

---

1. De *Pajou*, le Musée du Louvre possède les bustes de Bossuet, de Mme Dubarry et du grand naturaliste Buffon.

son groupe du *Berger emportant le jeune OEdipe* et son *Amour saisissant un papillon*, symbole de l'âme.

LEMIRE a fait de nombreuses petites statues. Il avait plus de soixante ans lorsqu'il exposa son *Amour tendant son arc*, qui fut fort apprécié et figure maintenant au Musée du Louvre. Il fit successivement un *Génie de la Musique*, un *Berger*, un *Jeune Enfant qui cherche à attraper un canard*. Mais ce fut seulement dans sa vieillesse que Lemire fit de grands ouvrages en marbre, et c'est surtout par des applications de la sculpture à l'industrie qu'il s'est fait un nom dans l'histoire de l'art français.

MARIN s'est fait connaître par des terres cuites d'une grande finesse et des bustes parmi lesquels il faut citer celui de Mme Élisabeth (1791).

HOUZEAU a été un des sculpteurs qui ont le plus contribué à la décoration du parc de Versailles.

On lui doit un grand nombre des statues qui décorent les bassins, ainsi qu'à TUBY, LEGUS, REGNAUDIN, VON CLÈVE, LEBOUGRE.

GIRARDON (Edme) (1698-1762), est, après Puget, un des plus célèbres sculpteurs du siècle de Louis XIV. Son chef-d'œuvre est le *Tombeau du cardinal de Richelieu* dans l'église de la Sorbonne[1].

ALLEGRAIN est bien connu par sa statue de *Baigneuse* et GILLET par son *Paris*.

---

1. N'oublions pas de mentionner la fontaine de la rue de Grenelle.

Girardon a aussi exécuté un *buste de Boileau*, qui, à cette occasion, a écrit les vers suivants :

> Grâce au Phidias de notre âge,
> Me voilà sûr de vivre autant que l'univers ;
> Et ne connût-on plus ni mon nom ni mes vers,
> Dans ce marbre fameux, taillé sur mon visage,
> De Girardon, toujours, on vantera l'ouvrage.

Ce buste se trouve au Musée du Louvre.

LES PEINTRES DU XVIIIe SIÈCLE.

Parmi les peintres de cette époque mentionnons :

Charles MEYNIER (né à Paris le 24 novembre 1768, mort en 1832), fut élève de Vincent. En 1789, il concourut avec Girodet pour le grand prix qu'il remporta et partagea avec lui [1].

La même année il partit pour Rome. Mais on sait que la Révolution dispersa les élèves de l'École de Rome.

Meynier passa quelque temps à Florence et vint ensuite à Paris. Il a exécuté des peintures monochromes imitant les bas-reliefs aux sommités et à la voûte de la salle principale de la Bourse.

Meynier a aussi décoré une des salles du premier étage du Louvre où il a représenté *Rome donnant à la Terre le Code des lois de Justinien;* les deux plafonds ornant l'un la salle qui précède la salle des Bijoux et l'autre le grand escalier. Le premier de ces plafonds a pour sujet l'*Apothéose de Lesueur, Lebrun* et *Nicolas Poussin;* le second représente *La France, sous les traits de Minerve, recevant l'hommage des Beaux-Arts.* Le Musée du Louvre possède aussi de cet artiste un tableau : *Le berger Phorbas présentant Œdipe enfant à Péribée, femme de Polybe, roi de Corinthe.*

François-Guillaume MÉNAGEOT (né à Londres de parents français en 1744, mort à Paris en 1816), fut élève de Boucher et d'Augustin. Il remporta le premier prix de Rome en 1766. Nommé académicien en 1780, il fit pour sa réception l'*Étude arrêtant le Temps,* au Musée du Louvre. En 1787 le roi lui donna la direction de l'Académie de France à Rome; pendant la Révolution il montra une

---

1. Le sujet était *Joseph reconnu par ses frères;* on voit ce tableau au Musée de l'École des Beaux-Arts.

conduite digne d'éloges en sauvant les artistes français que les Italiens voulaient massacrer. En 1809 il devint membre de l'Institut.

Hubert ROBERT (né à Paris en 1733, mort en 1808), fut l'un des plus grands paysagistes et peintres d'architecture du xviiie siècle. Ses parents voulaient lui faire embrasser l'état ecclésiastique, et ce fut à l'intercession de Michel-Ange Sloodtz, sculpteur, qu'il dut de pouvoir suivre sa vocation pour les arts et la permission de partir pour Rome. L'éloge que de jeunes artistes revenant de cette ville firent de son talent, engagea M. de Marigny, surintendant des bâtiments du roi, à écrire à M. de Choiseul, ambassadeur auprès du pape, pour demander à Robert un tableau de sa composition. Il fut si satisfait de la peinture que celui-ci lui envoya, qu'il lui accorda la pension d'élève sous le directorat de Natoire. Lorsque Jean-Claude Richard, l'abbé de Saint-Non, vint à Rome en 1759, il se lia avec cet amateur distingué, et l'accompagna, ainsi que Fragonard, dans son voyage qu'il fit dans toute l'Italie et la Sicile. Pendant douze ans Robert ne cessa de dessiner et de peindre les plus précieux et les plus beaux monuments de l'Italie, et le nombre de ses études, durant cette période, est immense. Son ardeur pour le travail et sa témérité l'exposèrent plusieurs fois aux plus grands dangers. Il escalada les murs du Colisée de Rome, fit une excursion sur la corniche de Saint-Pierre et manqua périr dans le labyrinthe des Catacombes. C'est ce dernier événement qui inspira à Delille l'épisode qui termine le quatrième chant du poème de l'*Imagination*. De retour en France, il fut reçu à l'Académie le 26 juillet 1766, comme peintre d'architecture, et donna pour sa réception le tableau inscrit sous le n° 484. L'impératrice Catherine II l'invita, en 1782 et 1791, à venir s'établir à Saint-Pétersbourg; mais malgré les offres avantageuses de l'impératrice, il ne put se décider à quitter sa patrie, et lui envoya des ouvrages qui furent magnifiquement payés.

Robert était garde des tableaux du roi, conseiller de l'Académie et dessinateur des jardins royaux. C'est d'après les plans qu'il avait faits qu'ont été construits les bains d'Apollon qui ornent le parc de Versailles, et on lui doit l'arrangement d'un grand nombre de jardins, entre autres de ceux de Méréville.

A la Révolution il perdit toutes ses places et fut emprisonné pendant dix mois. Durant sa captivité, son incroyable énergie et son amour pour l'art ne se démentirent point. On lui refusa d'abord des toiles et des couleurs; il trouva le moyen de se faire passer les couleurs dans des manches de poêlons de terre, et peignit sur les grossières assiettes destinées à son repas. Plus tard, ayant obtenu plus de liberté, il exécuta cinquante-trois tableaux et une foule de dessins qu'il distribua à ses compagnons d'infortune. Il fit le portrait que le poète Roucher envoya à sa compagne le jour de sa mort, et seul, d'une tranquillité parfaite au milieu de terribles événements, quand la nuit, à la lueur vacillante et lugubre des torches, on transporta, dans des charrettes découvertes, les prisonniers de Sainte-Pélagie à Saint-Lazare, il s'amusa à dessiner cette effrayante scène et en fit un tableau des plus remarquables. Un hasard providentiel permit qu'il conservât sa tête sur ses épaules; un autre pauvre diable de prisonnier, qui portait le même nom que lui, fut guillotiné à sa place.

Son œuvre, qui est immense, a été gravée par Saint-Non, Liénard, Janivet, Châtelain, Le Veau, Martini, etc.

Ses principaux tableaux du Louvre sont les suivants : *Vue du port de Rippetta à Rome* (tableau de réception à l'Académie, 16 juillet

1766); la *Maison carrée à Nîmes*, le *Temple de Jupiter à Rome*, l'*Ancien Portique de Marc-Aurèle*, etc.

MACHY (Pierre-Antoine de) (né à Paris en 1721, mort en 1809) fut à la fois peintre et graveur.

Il était élève de Servandoni, fut reçu à l'Académie comme peintre d'architecture le 30 septembre 1758, nommé conseiller en 1777, et professeur de perspective à l'Académie royale de peinture le 1ᵉʳ avril 1786, à la place de Le Clerc, décédé.

Il peignit trois vues perspectives sur le grand escalier du Palais-Royal, construit sous la direction de Content. Il a souvent travaillé avec CLERISSEAU et Hubert ROBERT. On a de lui plusieurs planches gravées à l'imitation du lavis.

De Machy eut un fils sur lequel on n'a pas de détails biographiques. Il a aussi gravé en couleurs plusieurs ouvrages de son père.

Mˡˡᵉ Constance MAYER (née à Paris en 1778, morte en 1821) est représentée au Louvre par la *Mère heureuse* et la *Mère abandonnée*.

Elle fut d'abord élève de Suvée, reçut des conseils de Greuze, connut Prud'hon en 1805, et à partir de cette époque travailla avec lui jusqu'au jour où, dans un accès de sombre mélancolie, causée par un état maladif, elle mit fin à ses jours.

Mˡˡᵉ Mayer imita habilement la manière de son dernier maître, peignit sous son inspiration des compositions allégoriques, et fit un grand nombre de portraits à l'huile et au pastel qui sont renommés. Elle obtint une médaille en 1806.

Jean-Baptiste OUDRY (né à Paris le 17 mars 1686, mort à Beauvais en 1755) est connu à la fois comme peintre d'ornement et comme graveur. Il fut élève de son père Jacques Oudry qui était établi sur le pont Notre-Dame où il faisait le commerce des tableaux

Il prit ensuite des leçons de De Serre, peintre des galeries du roi à Marseille, puis de Largillière... Ce dernier eut pour lui des soins paternels ; il le faisait venir près de son chevalet lorsqu'il avait des têtes intéressantes à peindre, et l'instruisit des motifs de ses procédés dont chaque coup de pinceau devenait la démonstration. Sous un tel maître les progrès d'Oudry furent rapides.

Le 21 mai 1708, son père le fit entrer, ainsi que ses deux frères, à la maîtrise de Saint-Luc, dont il était directeur ; mais il ne présenta son *chef-d'œuvre*, c'est-à-dire son tableau de réception, que le 19 juillet de la même année. Ce chef-d'œuvre représentait saint Jérôme en buste tenant un livre et appuyé sur une tête de mort.

Oudry se livra d'abord à la peinture de portraits. Des fruits, des animaux, qu'il aimait à introduire comme accessoires dans ses compositions et rendait avec beaucoup d'habileté, attirèrent l'attention de Largillière, qui lui donna le conseil d'abandonner le portrait pour se livrer uniquement à la représentation des animaux et de la nature morte. Quoique décidé à suivre ce conseil, la nécessité le força à accepter tous les travaux qui se présentaient...

C'est ainsi qu'à cette époque il peignit une *Nativité* et un *Saint Gilles* pour le chœur de Saint-Leu, et un *Adoration des Mages* pour le chapitre de Saint-Martin-des-Champs.

Au mois de mai 1714, il fut nommé adjoint en la maîtrise, et le 1er juillet 1717 élu professeur. Le 26 juin de la même année, il se présenta à l'Académie royale, qui l'agréa. Reçu académicien comme peintre d'histoire, le 25 février 1719, il donna pour sa réception un tableau représentant l'*Abondance* avec ses attributs. Ce sujet lui avait été imposé, suivant l'usage, par le directeur. Enfin il obtint le grade d'adjoint à professeur, le 4 juin 1739, et celui de professeur en septembre 1743. Oudry n'était point encore parvenu à ces charges académiques, lorsqu'il eut occasion de faire un portrait en pied de Pierre Ier. Le czar fut tellement satisfait de cette peinture, qu'il lui proposa de l'emmener en Russie. Le duc d'Antin détermina l'artiste à ne pas quitter la France en lui commandant les tableaux d'une tenture des chasses du roi.

Après avoir eu longtemps la fortune contraire, Oudry put enfin mettre en évidence les ressources de son talent flexible. Son ami MASSÉ, habile miniaturiste, lui fit connaître le marquis de Beringhen, premier écuyer du roi, qui le présenta à Louis XV. Le monarque lui commanda plusieurs ouvages, lui donna un atelier dans la cour des Princes, aux Tuileries; puis, plus tard, un logement dans les galeries du Louvre. Fagoné, intendant des finances, fut aussi un des protecteurs d'Oudry. Il lui commanda une suite d'ouvrages considérables pour sa terre de Vauri et pour sa maison à Fontenay-aux-Roses. La réputation d'Oudry allait augmentant de jour en jour.

Le roi l'appelait fréquemment à la Cour, lui faisait peindre en sa présence ses chiens favoris, lui envoyait à copier tous les animaux rares qu'il recevait avant de les faire porter au cabinet d'histoire naturelle. L'artiste suivait les chasses de Louis XV, et faisait de continuelles études dans les forêts, afin de donner à ses tableaux toute l'exactitude possible. Les ouvrages d'Oudry furent extrèmement recherchés à étranger. Ses tableaux d'animaux se trouvent dans tous les musées d'Europe.

Le Musée du Louvre est très riche en tableaux de ce genre. On peut citer entre autres : *Mignonne et Sylvie*, levrettes de la meute de

Louis XV; *Blanche*, chienne de la meute de Louis XV; la *Chasse au Loup*[1], etc.

Henri-François RIESENER (né à Paris le 19 octobre 1767, mort en 1828) est le fils du célèbre ébéniste Riesener, ébéniste du roi Louis XVI, si connu pour ses admirables meubles en marqueterie Après avoir étudié la peinture chez Vincent, puis chez David, à l'époque de la Révolution, il abandonna les arts pour suivre la carrière militaire. Les événements ayant ruiné sa famille, il quitta le service, reprit les pinceaux, et fit des portraits en miniature et à l'huile.

Ses ouvrages furent très remarqués aux Salons et lui méritèrent une médaille d'or. Un portrait de l'empereur Napoléon Ier, qu'il avait terminé, d'après nature, pendant son déjeuner, eut un tel succès qu'il dut en exécuter plus de cinquante copies. En 1816, Riesener, privé de travaux, partit pour la Russie. Arrivé à Varsovie, il eut occasion de connaître le grand-duc Constantin, qui le recommanda à l'impératrice mère et à l'empereur Alexandre. Il fit le portrait de ce souverain, et pendant sept années passées à Saint-Pétersbourg et à Moscou, il peignit les personnages les plus importants de l'empire. Il revint à Paris en 1823. Son talent y fut également apprécié, et il peignit, depuis cette époque jusqu'à sa mort, un grand nombre de portraits d'artistes, peintres, sculpteurs, musiciens, acteurs, amateurs, fabricants.

PATER (Jean-Baptiste-Joseph), né à Valenciennes en 1696, mort à Paris en 1736, fils d'un sculpteur, fut envoyé à Paris par son père.

---

1. Voici le renseignement donné au sujet de ce tableau dans le livret d'exposition de 1746 : « Un grand tableau, en largeur de 11 pieds sur 8 de haut, représentant un loup monstrueux qui a été forcé, proche Versailles, par les quatre chiens qui l'environnent, appartenant au roi, dont les deux à grands poils viennent du royaume de Naples, et l'un des deux lévriers d'Irlande. Ce tableau destiné pour être posé dans l'appartement de Sa Majesté à Choisy. »

Il entra à l'atelier de son compatriote Watteau ; mais l'humeur diffi-cile et le caractère impatient du maître ne lui permirent pas d'y rester longtemps. Dans les derniers moments de sa vie, Watteau se repentit de son injustice, avoua même qu'il avait redouté le talent de son élève et le fit travailler près de lui ; mais Pater ne put profiter qu'un mois d'une bienveillance si précieuse. La mort mit fin à ses leçons, les seules profitables qu'il dit avoir reçues. Jamais artiste ne fut plus assidu au travail que Pater. Uniquement préoccupé de la crainte de devenir infirme avant d'avoir pu amasser une somme qui lui assurât une existence facile, il se mettait au travail dès la pointe du jour et passait les soirées d'hiver à ébaucher les tableaux qu'il finissait le lendemain dans la matinée. Cette occupation incessante épuisa sa santé, et il mourut à 40 ans.

Le Musée du Louvre possède son tableau de réception à l'Aca-démie de peinture (le 31 décembre 1728). Ce tableau représente une *Fête champêtre*.

Porte (Jean-Baptiste-Marie), né à Paris en 1713, mort à Paris en 1789, montra de remarquables dispositions pour les arts dès l'âge le plus tendre. Élève de Valérie, il remporta le premier prix de l'Aca-démie, en 1734 ; le sujet du concours était *Dalila coupant les cheveux à Samson*.

Après ce succès, il se rendit en Italie comme pensionnaire du roi, et continua ses études, sous la direction de Troy, alors directeur de l'École de Rome. Sa facilité d'exécution, le pittoresque de ses agencements, la vivacité de sa couleur, qui rappelaient la manière de son maître, enfin son esprit enjoué et ses manières dis-tinguées, contribuèrent considérablement à sa fortune. L'Académie le reçut le 31 mars 1742, sur un tableau représentant *Diomède tué*

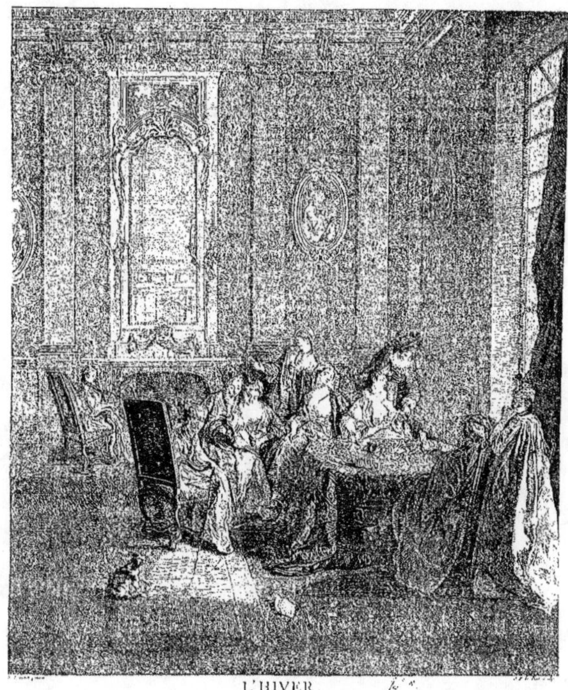

L'HIVER.

L'Hiver, tableau de LANCRET.

par Hercule et mangé par ses propres chevaux (maintenant au Musée de Montpellier). Il fut élu adjoint à professeur le 28 mars 1744, professeur le 6 juillet 1748, adjoint à recteur en janvier 1768, directeur le 7 juillet 1770. Il succéda à Coypel comme premier peintre du duc d'Orléans, et à Boucher comme premier peintre du roi, dont il rendit les fonctions inhérentes à celles de directeur de l'Académie. Enfin, il obtint la place de surinspecteur des Gobelins.

Ses principaux ouvrages sont la *Décollation de saint Jean-Baptiste*, au Musée du Louvre; *Saint François*, à l'église Saint-Sulpice; la coupole de la chapelle de la Vierge, à Saint-Roch, et *Saint Pierre guérissant un boiteux*, à Saint-Germain-des-Prés.

Regnault (Jean-Baptiste), né à Paris le 15 octobre 1754, mort en 1829, eut une vie très aventureuse. Il était à peine âgé de 10 ans que son père l'emmenait en Amérique. A peine arrivé, il s'enrôla comme volontaire sur un vaisseau marchand et voyagea pendant quatre années. Regnault le père étant mort, sa femme rentra en France, et ce ne fut pas sans peine qu'elle put avoir des nouvelles de son fils, qu'elle rappela alors à Paris. Il avait alors 15 ans. M. de Montval, amateur éclairé, qui avait remarqué les dispositions du jeune Regnault pour la peinture, le confia à Bardin, sur le point de partir pour Rome. Après quelque temps de séjour dans cette ville, il revint à Paris, obtint au concours de 1775 un deuxième prix à l'Académie, et en 1776 remporta le premier. Le sujet était la *Rencontre d'Alexandre et de Diogène*. Il retourna à Rome comme pensionnaire, et un tableau du *Baptême du Christ* qu'il y peignit obtint les suffrages des maîtres d'alors.

Revenu à Paris, il se présenta à l'Académie, fut agréé en 1782, sur un tableau représentant *Andromène délivrée par Persée*, et reçu le 25 octobre 1783. Il donna dans cette circonstance le tableau de l'*Éducation d'Achille, par le centaure Chiron*, ainsi que sa *Descente de Croix*.

Il a peint de grandes compositions historiques, des allégories et quelques petits tableaux de chevalet. Son école fut rivale de celle de David ; mais l'influence de ce maître finit par prédominer [1].

Le Musée du Louvre possède son tableau de réception l'*Éducation d'Achille par le centaure Chiron*, que la gravure a popularisé [2].

Greuze (1726-1805) fut plein de grâce et de naïveté. Certaines toiles, comme la *Cruche cassée* et l'*Accordée du village* (qui sont au Musée du Havre, l'ont rendu universellement populaire)[3]. Son talent est très grand et s'il charge quelquefois la note du drame intime dans quelques ouvrages un peu maniérés, comme le *Fils maudit;* il est d'une simplicité touchante dans les sujets plus simples, comme le *Gâteau des Rois*, l'*Accordée de village*, la *Mère bien-aimée*, etc. Dans ses jeune filles représentés à mi-corps, et dans ses têtes d'enfants, il sait trouver des expressions d'une exquise candeur.

Diderot a eu aussi beaucoup d'enthousiasme pour Greuze qu'il trouve aussi moraliste que peintre. « Voici votre peintre et le mien,

1. Ses principaux élèves furent Guérin, Crespin, Robert Le Febre, Menjaud, Lafitte, Boisselier et Blondel. Regnault était membre des ordres de Saint-Michel et de la Légion d'honneur, professeur recteur aux écoles spéciales de peinture et de sculpture, et membre de l'Académie royale des Beaux-Arts de l'Institut. Il a exposé aux Salons de 1783, 1785, 1787, 1789 et de 1795.

2. Bervic en a fait un chef-d'œuvre.

3. Le Musée du Louvre possède le portrait de Greuze, par lui-même. L'artiste s'est représenté de trois quarts.

dit-il, c'est le premier parmi nous qui se soit avisé de donner des mœurs à l'art. »

Ailleurs, il dit encore :

« Il serait bien surprenant que Greuze n'excellât pas. Il a de l'esprit et de la sensibilité; il est enthousiaste de son art; il fait des études sans fin ; il n'épargne ni soins ni dépense pour avoir les modèles qui lui conviennent. Rencontre-t-il une tête qui le frappe, il se mettrait volontiers aux genoux du porteur pour l'attirer dans ses ateliers. Il est sans cesse observateur dans les rues, dans les églises, dans les marchés, dans les spectacles, dans les promenades, dans les assemblées publiques.

« Médite-t-il un sujet, il en est obsédé, suivi partout. Son caractère même s'en ressent ; il prend celui de son tableau ; il est brusque, doux, insinuant, caustique, galant, triste, gaie, froid, chaud, sérieux ou fou, selon les choses qu'il projette. Outre le génie de son art qu'on ne lui refusera pas, on voit encore qu'il est spirituel dans le choix et la convenance des accessoires. Dans le tableau du *Paysan qui lit l'Écriture sainte à sa famille*, il avait placé dans un coin à terre un petit enfant qui, pour se désennuyer, faisait les cornes à un chien. Dans ses *Fiançailles*, il avait amené une poule avec toute sa couvée. Dans le *Paralytique*, il a placé, à côté du petit garçon qui apporte à boire à son père infirme, une grosse chienne debout qui a le nez en l'air et que ses petits tètent toute droite; sans parler de ce drap qu'il a étendu sur une corde et qui fait le fond de son tableau. On lui reprochait de peindre un peu gris; il s'est bien corrigé de ce défaut. Quoi qu'on en dise, Greuze est mon peintre. »

Parlant du si joli tableau de Greuze, l'*Accordée du village*, que possède le Musée du Louvre, Diderot dit encore : « Le peintre a donné à sa fiancée une figure charmante, décente et réservée ; elle est vêtue à merveille. Ce tablier de tulle blanc fait on ne peut pas mieu:: ; il y a un peu de luxe dans sa garniture : mais c'est un jour de fiançailles. Il faut voir comme les plis de tous les vêtements dcc ette figure et des autres sont vrais. Cette fille charmante n'est point droite ; mais il y a une légère et molle inflexion dans toute sa figure et dans tous ses membres qui la remplit de grâce et de vérité. Elle est jolie vraiment et très jolie..... Elle a le bras à demi passé sous celui de son futur époux, et le bout de ses doigts touche et appuie doucement sur sa main ; c'est la seule marque de tendresse qu'elle lui donne, et peut-être sans le savoir elle-même ; c'est une idée délicate de pureté. »

Si Greuze a du sentiment, il n'en est pas de même de François BOUCHER (1713-1770), qui est le chef des peintres galants[1]. C'était le peintre qu'il fallait à Louis XV et à ses courtisans pervertis.

Diderot, trouvant que BOUCHER s'éloignait trop de la vérité, au point de vue de la couleur, parla de lui à propos de son tableau le *Sommeil de l'enfant Jésus :*

« ..... Mais la couleur ? Pour la couleur, ordonnez à votre chimiste de vous faire une détonation ou plutôt déflagration de mine par le nitre, et vous la verrez telle qu'elle est dans le tableau de Boucher, c'est celle d'un bel émail de Limoges. Si vous dites au peintre : Mais, monsieur Boucher, où avez-vous pris ces tons de couleur ? Il vous répondra : Dans ma tête. — Mais ils sont faux. — Cela se peut, et je

---

1. « Les tableaux de François Boucher, a dit M. Marius Chaumelin, ne font que refléter les mœurs de la cour de Louis XV : une coquetterie minaudière, une grâce factice, une élégance pleine d'afféterie, l'idylle changée en madrigal et en ballet, la nature remplacée définivement par le décor, l'artifice se substituant à l'art, la raison et le bon goût insultés et bafoués, la luxure levant le masque, et le dévergondage s'étalant partout avec des raffinements d'impudence. »

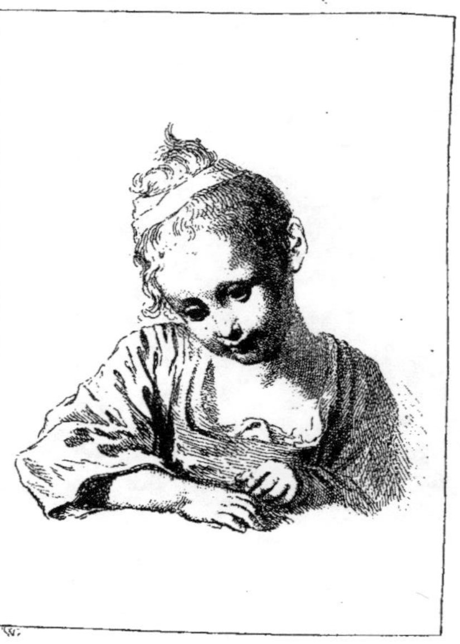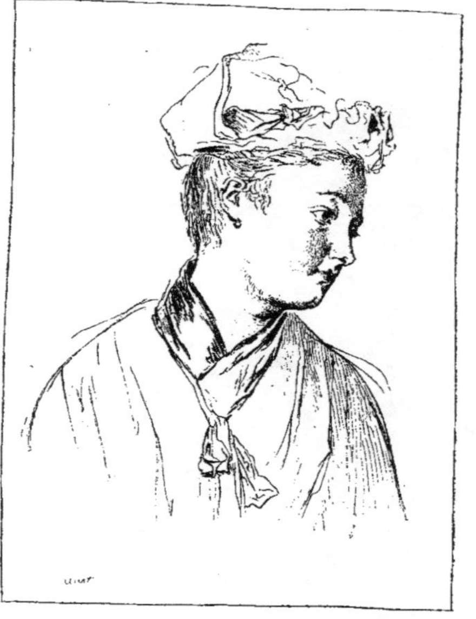

Têtes de jeune fille, par Antoine WATTEAU.

ne me suis pas soucié d'être vrai. Je peins un événement fabuleux avec un pinceau romanesque. Que savez-vous ? La lumière du Theln et du Paradis sont peut-être comme cela. Avez-vous jamais été visité la nuit par des anges ? — Non. — Ni moi non plus, et voilà pourquoi je m'essaye comme il me plaît dans une chose qui n'a point de modèle en nature. — Monsieur Boucher, vous n'êtes pas bon philosophe, si vous ignorez qu'en quelque lieu du monde que vous alliez et qu'on vous parle de Dieu, ce soit autre chose que l'homme. »

A sa suite vient toute une série de peintres, qu'on a appelés les peintres des fêtes galantes : Antoine WATTEAU (1684-1711) ; Nicolas LANCRET (1690-1743); Jean-Baptiste PATER (1695-1736).

Le *Pèlerinage à Cythère* fit entrer Watteau à l'Académie. Il est le peintre en titre des *bergères en satin* qu'il peint d'une touche moelleuse.

« Ses compositions, dit M. Villot, recherchées de tous, ornèrent les cabinets des *curieux*, les palais des grands seigneurs, les chambres de la bourgeoisie. Tant d'enthousiasme disparut tout à coup pour faire place à une réprobation méprisante. L'antique, bien ou mal compris, régna seul à son tour; des dieux et des héros de marbre chassèrent impitoyablement les bergers en habits de satin, les pierrots, les arlequins. Ceux-ci sont vainqueurs maintenant ; chaque âge a ses idoles. Pourquoi ne pas rendre justice, en tout temps, quel que soit le genre, quelle que soit la forme, à l'originalité, à la force, au sentiment, en un mot au vrai génie ? Watteau est à la fois fin, spirituel, poétique. Son dessin, vif et savant, conserve toujours un sentiment naïf de la nature au milieu du monde de comédiens et de bergers de convention dont il aime à s'entourer. Paul Véronèse et Rubens lui ont révélé les secrets d'une couleur éclatante, harmonieuse. Sa touche précise et moelleuse égale

31

en légèreté celle de Teniers et de Metzu. Aucun Flamand, aucun Hollandais n'a su mieux que lui faire étinceler une prunelle, chatoyer le satin. Ses paysages sont pleins de profondeur et de mystère. »

LANCRET a un talent plus fade ; il peint les élégances maniérées, les minauderies de la noblesse, mais toujours avec une grande élégance de style [1].

Lancret fut reçu à l'Académie le 24 mars 1719, comme peintre de fêtes galantes, et nommé conseiller le 24 mars 1735. Dans ses promenades à la campagne, il faisait des croquis de tout ce qui le frappait, et ce n'est que dans ses dernières années que ses amis obtinrent de lui de ne point aller dessiner à l'Académie l'hiver, d'après le modèle, avec les autres élèves. Lancret a peint un nombre immense de tableaux de genre, des noces de villages, des bals, des foires. Il a fait aussi quelques portraits et des compositions historiques.

On voit de lui, au Musée du Louvre : le *Printemps*, l'*Été*, l'*Automne*, l'*Hiver*, le *Nid d'oiseaux*, les *Tourterelles*.

PATER peignit des scènes de cabaret, des comédiens de bas étage et des compositions d'après le *Roman comique*.

Combien il fait bon, après avoir vu les œuvres de cet artiste, de se retremper dans la vue de celle de JOUVENET (Henri) (1644-1717) !

La *Résurrection de Lazare*, que possède le Musée du Louvre, est une des plus belles toiles de Jouvenet ; Diderot a dit de ce tableau : « Si vous voulez être étonné, allez à Saint-Martin-des-Champs voir la *Résurection de Lazare*, par Jouvenet. Quelle vie ! quels regards !

1. Les plus habiles graveurs du xviiie siècle ont reproduit les œuvres de Nicolas Lancret.

quelle force d'expression ! quelle joie! quelle reconnaissance ! Un assistant lève le voile qui couvrait cette tête étonnante et vous la montre subitement. Quand on a vu une fois la scène de Jouvenet, on ne l'oublie jamais. »

Antoine COYPEL (1661-1722) a su mettre en scène de grandes pages. Il eut un fils peintre aussi, Charles COYPEL (1694-1752).

Antoine Coypel était aussi poète, et quand son fils, Charles Coypel voulut se faire aussi peintre, il composa pour son instruction un poème sur la peinture qui débute ainsi :

> Enfin, vous le voulez, ma résistance est vaine,
> Un ascendant plus fort malgré moy vous entraine,
> Et de l'art du dessin votre cœur tout épris
> Veut dans l'Académie en disputer le prix.
> Suivez donc les transports de cette ardeur extrême,
> Mais écoutez, mon fils, un père qui vous aime.
> Sur cet art peu connu, les divers sentiments
> Peuvent vous entrainer dans des égarements ;
> Cet embarras confus rendant l'étude vaine
> Fait suivre en chancelant une route incertaine.
>
> . . . .
> . . . .

Voltaire disait de Coypel :

> On dit que notre ami Coypel
> Imite Horace et Raphaël :
> A les surpasser il s'efforce,
> Et nous n'avons point aujourd'hui
> De rimeurs peignant de sa force
> Ni peintre rimant comme lui.

FRAGONARD (Henri-Jean) (1732-1808) a laissé une œuvre immense : il a peint, gravé, dessiné. Il se rapprocha plus de Greuze que de Boucher, car s'il est aussi parfois un peintre galant, il a aussi composé beaucoup d'œuvres aux pensées chastes et pures...

Natoire (Charles) (1700-1777) a aimé la mythologie. Jean-Marie Nattier (1685-1766) a su admirablement bien rendre les jolies femmes et les jolies étoffes.

Lantara (1745-1778) a été un Flamand égaré parmi nous. Il a aimé, comme Teniers[1], peindre les cabarets et les buveurs.

Les Vanloo ont formé une nombreuse famille de peintres :

Carle Vanloo (1705-1765), Michel Vanloo (1707-1771), son neveu.

Desportes (1661-1713) fut le premier grand peintre d'animaux ; certains de ses tableaux du Louvre sont des chefs-d'œuvre.

Oudry (1686-1735) fut le successeur de Desportes.

La nature morte a été dignement représentée par Siméon Chardin (1699-1779), qui a peint comme un Hollandais ayant en plus la grâce française.

Si Diderot a abîmé François Boucher en disant qu'il était un faux coloriste, il a louangé au contraire Chardin qui lui arrache des cris d'admiration. Voici ce qu'il en dit dans ses comptes rendus du Salon de 1763 :

« ..... C'est celui-ci qui est un peintre ; c'est celui-ci qui est un coloriste ! Il y a au Salon plusieurs petits tableaux de Chardin ; ils représentent presque tous des fruits avec les accessoires d'un repas. C'est la nature même ; les objets sont hors de la toile et d'une vérité à tromper les yeux. Celui qu'on voit en montant l'escalier mérite surtout l'attention. L'artiste a placé sur une table un vase de vieille porcelaine de la Chine, deux biscuits, un bocal rempli d'olives, une corbeille de fruits, deux verres à moitié pleins de vin, une bigarade avec un pâté... C'est que ce vase de porcelaine

---

1. Consulter pour les maîtres flamands, mon *Histoire des Beaux-Arts*. E. Bernard, éditeur.

est de la porcelaine, c'est que ces olives sont réellement séparées de l'œil par l'eau dans laquelle elles nagent, c'est qu'il n'y a qu'à prendre ces biscuits et à les manger, cette bigarade à l'ouvrir et la presser, ce verre de vin de le boire, ces fruits de les peler, ce pâté d'y mettre le couteau.... On n'entend rien à cette magie. Ce sont des couches épaissies de couleurs appliquées les unes sur les autres, et dont l'effet transpire de dessous en dessus. D'autres fois, on dirait que c'est une vapeur qu'on a soufflée sur la toile ; ailleurs, une écume légère qu'on y a jetée. Rubens[1], Berghem[2], Greuze, Lontherbrung vous expliqueraient ce faire bien mieux que moi, tous en feront sentir l'effet à vos yeux. Approchez-vous, tout se brouille, s'aplatit, disparaît ; éloignez-vous, tout se recrée et se reproduit. On m'a dit que Greuze, montant au Salon et apercevant le morceau de Chardin que je viens de décrire, le regarda et passa en poussant un profond soupir. Cet éloge est plus court et vaut mieux que le mien. Qu'est-ce qui payera les tableaux de Chardin, quand cet homme rare ne sera plus ? Il faut que vous sachiez encore que cet artiste a le sens droit et parle à merveille de son Art.... Ah ! mon ami, crachez sur le rideau d'Apelles et sur les raisins de Zeuxis.

« On trompe sans peine un artiste impatient, et les anciens sont mauvais juges en peinture.

« N'avons-nous pas vu les oiseaux du Jardin du Roi aller se casser la tête contre la plus mauvaise des perspectives ! Mais c'est vous, que cet unique Chadin trompera quand il voudra. »

Vernet (Joseph) (1712-1789) a été le plus grand paysagiste du xviiiᵉ siècle.

1. Célèbre peintre flamand, natif d'Anvers (1577-1640).
2. Peintre paysagiste de l'École hollandaise, né à Harlem (1624-1983).

Il a rendu avec une étonnante vérité les aspects si variés de la mer et du ciel, a peint des ports, des orages, des clairs de lune, des brouillards, des soleils couchants, et il a animé ses tableaux avec tout un peuple de petites figurines, très spirituellement indiquées, et toujours très vivantes par la tournure.

Le Louvre possède de lui des paysages et des marines de toute beauté.

Lantara (1729-1778) a su traduire avec une grande vérité les effets du crépuscule.

Un des plus étonnants portraitistes du xviii⁰ siècle fut Louis Tocqué [1] (né en 1696, mort au Louvre le 10 février 1772). Élève de Nicolas Bertin, il se fit remarquer tout jeune encore par son talent à peindre des portraits. Nommé académicien en 1734, il fut chargé de peindre le portrait du Dauphin, Louis de France [2] (fils de Louis XV, âgé de 10 ans). Il fit ensuite ce merveilleux portrait de Marie Leczinska [3], reine de France, que possède le Musée du Louvre et qui est daté de 1740. Ce portrait est tout empreint de la grâce et du charme du xviii⁰ siècle. La reine est représentée debout, les cheveux poudrés. Elle porte une robe à grandes fleurs et montre d'une main une couronne posée sur un coussin fleurdelisé.

La réputation de Tocqué était grande à l'étranger. Appelé par l'impératrice, il se rendit à Saint-Pétersbourg, où il fit le portrait de la souveraine. Il alla ensuite à Stockholm, en 1758, puis en Danemarck où il fit les portraits de la famille royale.

De Troy (François) (1645-1730) a peint avec grand talent des

1. Son père était un peintre d'architecture distingué.
2. Au Musée du Louvre.
3. 1703-1768.

tableaux de genre, un nombre considérable de portraits et des compositions importantes.

DE TROY (Jean-François) (1679-1752) a été aussi un portraitiste habile, ainsi que le témoigne son tableau du Louvre représentant le premier chapitre de l'ordre du Saint-Esprit, tenu par Henri IV dans l'église du couvent des Grands-Augustins, à Paris, le 8 janvier 1595 [1].

On y voit le roi, assis sur son trône, recevant comme chevalier Henri de Bourbon, duc de Montpensier, et Henri d'Orléans.

Maurice QUENTIN DE LA TOUR (1704-1788), fut en même temps que peintre de portraits un des plus grands pastellistes français. Il a laissé des chefs-d'œuvre au pastel.

En quelques traits largement écrasés sur le papier, en quelques touches de blanc vivement posées sur le front, sur les pommettes, sur le manteau, en quelques hachures de crayon brun, qui se croisent dans les ombres et que piquent çà et là le carmin et le vermillon, La Tour sait enlever une figure ; de près, ce n'est qu'un chaos de couleur, de loin, c'est l'image de la vie.

C'est au Musée de Saint-Quentin qu'il faut l'admirer.

C'est devant ces portraits d'artistes ou de littérateurs, jetés sur le papier en une séance, dans le feu d'une discussion artistique, dans le sans-gêne de l'atelier, qu'il faut étudier ce délicieux peintre.

N'est-ce pas devant une de ces étonnantes préparations que le portraitiste Gérard, qui s'y connaissait, disait malicieusement :

« On nous pilerait tous dans un mortier, Gros, Girodet, Guérin, moi et tous les G, qu'on ne tirerait pas de nous un morceau comme celui-là. »

1. Ce tableau se voyait autrefois dans le chœur de l'église du couvent des Grands-Augustins.

Parmi les peintres du xviii° siècle, citons encore :

Le chevalier Antonin DE FAVRAY (1706-1791), qui est représenté au Louvre par une de ses meilleures petites toiles de genre : *Dames de Malte se rendant visite.*

Mme WALLAYER COSTER (Anne) (1744-1818), qui eut une grande vogue avec ses natures mortes [1] peintes avec une grande habileté.

RESTOUT (Jean), né à Rouen en 1692, mort à Paris en 1768, ayant perdu son père très jeune, fut confié aux soins de de ses oncles. L'un d'eux, Eustache Restout, le conduisit à Paris chez son oncle maternel, le peintre Jean Jouvenet. Il fut agréé à l'Académie le 29 mars 1717, sur le tableau qu'il avait exécuté pour le grand prix de Rome. Ce tableau représentait *Vénus demandant à Vulcain des armes pour Énée.* Cette distinction flatteuse le détourna de se rendre en Italie. L'Académie le reçut définitivement le 27 janvier 1720. Il donna lors de sa réception une peinture ayant pour sujet *Aréthuse se dérobant aux poursuites d'Alphée* (qui était à Saint-Cloud), et parvint successivement à toutes les dignités académiques. On le nomma adjoint à professeur le 6 mai 1730, professeur le 28 novembre 1733, adjoint à recteur le 26 mars 1746, recteur le 27 mai 1752, directeur le 5 juillet 1760, ancien directeur et chancelier le 1er août 1761. Il fut aussi membre des Académies de Rouen et de Caen.

Restout a exécuté un grand nombre de tableaux d'église, des plafonds, entre autres le plafond de la bibliothèque Sainte-Geneviève, des tableaux destinés à être reproduits en tapisseries. Il avait un logement dans les galeries du Louvre.

VINCENT (François-André), né à Paris en 1746, mort en 1815, était

---

1. On a d'elle au Musée du Louvre les *Attributs de la Musique.*
2. Ce tableau est au Musée du Louvre.

fils de François-Élie Vincent, peintre en miniature. Placé d'abord chez un banquier, il ne tarda pas à quitter le métier pour entrer dans l'atelier de Vien. Quoiqu'il fût protestant, il remporta en 1768 le grand prix qui donnait alors droit à trois ans de la pension du roi à Paris et trois ans à Rome. Le sujet du concours était *Germanicus haranguant ses troupes*, et Vincent dut au talent dont il fit preuve en cette circonstance qu'on ne fît pas attention à la religion à laquelle il appartenait.

Revenu à Paris en 1776, après avoir fait son temps à Rome sous la direction de Natoire, il fut agréé à l'Académie le 31 mai 1777, sur un tableau représentant un *Saint Jérôme*, et reçu définitivement seulement en 1782. Il donna pour sa réception l'*Enlèvement d'Orythie par Borée*. L'Académie le nomma adjoint à professeur le 24 septembre 1785, et professeur le 31 mars 1792. Ce fut la dernière nomination de ce corps, renversé par la Révolution.

Il peignit ensuite un *Bélisaire demandant l'aumône*, sujet traité plus tard par David, et un *Alcibiade recevant les leçons de Socrate*, dont le style et l'exécution, tranchant avec les doctrines alors en vogue, firent une vive sensation. Ce succès lui valut une commande du roi : il reçut l'ordre de peindre le *Président Molé saisi par les factieux* (Salon de 1779), et de faire pour la famille royale une répétition de cette peinture, reproduite ensuite en tapisserie aux Gobelins. Pendant sa longue carrière, Vincent ne cessa d'exposer. Il fut de la création de l'Institut, chevalier de la Légion d'honneur et professeur à l'École polytechnique.

Sous la Restauration, il fit partie de l'Académie des beaux-arts.

TARAVAL (Hugues), né à Paris en 1728, mort à la manufacture des

Gobelins en 1787, était le fils de Thomas-Raphaël Taraval[1], peintre de la cour de Stockholm. Il remporta le premier prix à l'Académie en 1756 (le sujet du concours était *Job exposé aux reproches de sa femme*), et fit le voyage de Rome comme pensionnaire du roi. De retour à Paris, en 1764, il jouit de la réputation de peintre habile et fit un portrait de Louis XV qui eut du succès. Il entreprit un voyage en Danemark et en Suède. De retour à Paris, il fut agréé en 1765, reçu à l'Académie le 29 juillet 1769, et peignit pour sa réception un plafond représentant le *Triomphe de Bacchus*, tableau qui fait encore partie de la décoration de la galerie d'Apollon au Louvre. Il devint adjoint à professeur en 1778, et professeur le 3 septembre 1785. Il était surinspecteur de la manufacture des Gobelins et membre de l'Académie des arts de Stockholm. Taraval a peint des portraits, des sujets historiques et des petits tableaux de genre d'un joli coloris.

Le Musée du Louvre possède un *Triomphe d'Amphitrite* qui lui avait été commandé par le roi.

VALENCIENNES (Pierre-Henri), né à Toulouse en 1750, mort à Paris en 1819, avait été destiné à la musique. Mais cédant à sa vocation, son père l'envoya à Paris à l'atelier de Doyen. Entraîné par son goût pour le paysage historique, il alla en Italie. De retour en France, il fut reçu membre de l'Académie de peinture le 28 juillet 1789, et donna comme tableau de présentation celui que possède actuellement le Musée du Louvre sous le titre de *Cicéron étant questeur en Sicile*,

---

1. Thomas-Raphaël TARAVAL, mort à Stockholm en 1750, étudia la peinture à Paris, fit des portraits et devint peintre du roi de Suède. Il eut un deuxième fils nommé Louis-Gustave, né à Stockholm en 1737, peintre graveur, qui vint à Paris, après la mort de son père, avec son frère Hugues. On connaît encore un Jean-Gustave TARAVAL, son neveu, né à Paris, qui obtint le grand prix en 1782 (la même année que Carle Vernet), à l'âge de 17 ans.

découvre le tombeau d'Archimède, que les Syracusains assuraient ne pas posséder sur leur territoire. Valenciennes eut un grand nombre d'élèves ; presque tous les paysagistes de la fin du xviii° siècle et du commencement du xix° furent ses élèves. Il a aussi écrit un *Traité de Perspective et de l'Art de paysages* (1800 et 1824), ouvrage remarquable. Il a peint aussi à la gouache.

LES GRAVEURS DU XVIII° SIÈCLE

Au xviii° siècle, l'*Art de la gravure* fut très développé en France.

Il y eut deux groupes parmi les graveurs français : les uns continuèrent les sévères traditions des graveurs français du xvii° siècle, les autres cherchèrent surtout à s'inspirer des œuvres des peintres gracieux, galants, Pater, Watteau, Boucher, et eurent surtout des intentions de faire du joli, de la grâce, plutôt que la stricte imitation du vrai.

Voici d'abord Pierre Drevet, qui fut successivement élève de Germain Audran à Lyon et d'Antoine Masson à Paris. Il ne grava guère que des portraits dont les plus célèbres sont ceux de *Louis XIV en pied*, du roi *Louis XV enfant*, du *Comte de Toulouse*, du *Cardinal de Fleury*. Par l'habileté de main, la science du savoir faire et surtout par la vraie imitation des peintures originales, Pierre Drevet appartient au premier groupe dont j'ai parlé.

Son fils, Pierre-Hubert Drevet, fut encore plus habile que son père. A 16 ans il traçait au burin le superbe *Portrait en pied de Bossuet.* Il faut aussi citer ceux d'*Adrienne Lecouvreur* et du *Cardinal*

Dubois. Il faut voir avec quelle délicatesse, quel moelleux ont rendues les étoffes, les dentelles.

« A ne parler que de la gravure, dit M. le vicomte Henri de Laborde, les estampes publiées en France à cette époque sont, pour la plupart, des modèles d'esprit et de délicatesse, comme celles qu'ont laissées les maîtres du siècle de Louis XIV sont des modèles d'exécution savante et de vigueur dans les intentions. Encore, sous ces formes si peu sévères qu'affecte la gravure française au XVIII⁵ siècle, quelque chose survit encore de l'habileté magistrale et de la science des devanciers. Laurent CARS ne se souvenait-il pas des exemples de Gérard Audran et ne réussissait-il pas à les continuer à sa manière, quand il gravait d'après Lavergne *Hercule et Omphale* ou la *Délivrance d'Andromède?* Là même où il s'agissait pour lui de reproduire soit des scènes toutes de fantaisie comme la *Fête vénitienne* de Watteau, soit de modestes scènes bourgeoises comme les *Amusements de la vie privée* et la *Serinette* d'après Chardin, n'avait-il pas l'art de suppléer par les ressources que lui fournissait son propre goût à ce qui pouvait manquer à ses modèles en force véritable ou en dignité? N'était-ce pas aussi en s'appropriant les procédés d'Audran, — c'est-à-dire en mélangeant librement comme lui les travaux du burin et ceux de la pointe, — que Nicolas de LEBASANNESSIN, LÉPINE, AVELINE, DUFLOS, DUPUIS, produisirent leurs charmantes estampes d'après Pater, Laurent, Boucher lui-même, — malgré ses impertinences, sa manière et les mensonges déplaisants de son coloris, — et surtout d'après Watteau, celui de tous les peintres du XVIII⁵ siècle qui a eu le privilège d'être le mieux compris et le plus brillamment traduit par les graveurs?

« Comment aussi ne pas mentionner à côté des planches d'histoire ou de genre, ces innombrables vignettes pour les romans, les recueils de fables ou de chansons, pour les publications de toute espèce, dont l'ensemble atteste si bien la *fécondité et la grâce de l'art français à cette époque ?*

« Comment ne pas rappeler ces aimables graveurs, dessinateurs bien souvent des petites compositions qu'ils reportaient sur le cuivre, de ces *poetæ minores*, ou, si l'on veut, de ces vaudevillistes de la gravure, qui depuis Cochin jusqu'à Moreau, nous ont laissé tant de pièces empreintes de l'imagination la plus abondante et la plus souple, ou de l'esprit d'observation le plus fin ? Artistes inventifs et ingénieux entre tous, au goût délicat même dans les inventions les plus capricieuses, *et dont l'habileté exquise*, très savante sous des apparences frivoles, *ne trouverait son équivalent dans les œuvres d'aucune autre époque ni dans l'école d'aucun pays.* »

Il y eut en particulier deux *graveurs de petits portraits* qui eurent un grand succès et dont les œuvres sont encore recherchées des amateurs. C'étaient Augustin DE SAINT-AUBIN et FICQUET.

Augustin de Saint-Aubin, dans ses portraits de petite dimension, a montré une largeur et une fermeté de modelé remarquable [1]. De plus ses planches ont été exécutées d'après des originaux.

Les petits portraits gravés par FICQUET sont au contraire d'un grand fini tout en n'étant presque toujours que des copies réduites de gravures publiées antérieurement par d'autres graveurs tels que

---

1. On peut citer comme un des plus remarquables, le *Portrait de Rameau*, d'après J.-J. Caffieri.

Edelinck, Nanteuil, etc... Malgré cela, ces petits portraits gravés ont eu un succès considérable [1].

C'était un vrai type que ce Ficquet, travaillant parfois et à ses heures et lorsque cela lui disait. Son *Portrait de Mme de Maintenon* rappelle une curieuse anecdote qui peint bien le xviiie siècle d'ailleurs. Je laisse la parole à M. le vicomte Henri Delaborde :

« Le graveur Ficquet, dit-il, ne se préoccupa nullement des questions religieuses et sacrifia à ses plaisirs tous les moments qu'il ne donna pas à son art ; toujours à court d'argent d'ailleurs, toujours poursuivi par ses créanciers qui, de guerre lasse, finissaient ordinairement par l'installer chez eux, pour l'achèvement de quelque planche.

« C'est ainsi qu'il passa près de deux mois dans la maison de Saint-Cyr, et qu'il grava, au sein même de la communauté, le *Portrait de Mme de Maintenon*, d'après Mignard. Ce portrait, intégralement payé depuis longtemps, n'avançait pas, et, pour en voir la fin, la supérieure, à bout de sollicitations et de reproches, crut devoir s'adresser à l'évêque métropolitain. Elle obtint de lui la permission de faire venir l'artiste dans la maison qu'elle dirigeait, et de l'y garder jusqu'à l'entier accomplissement de sa tâche ; mais les choses n'en allèrent ni mieux, ni plus vite. Ficquet, ennuyé de sa réclusion, dormait pour abréger le temps et ne touchait pas le burin. Un jour, il fit appeler la supérieure et lui déclara que, dût-il rester éternellement à Saint-Cyr, il ne travaillerait pas dans la solitude où

1. « Plusieurs de ses petits portraits, destinés pour la plupart à orner des livres, se distinguent par la précision du dessin, par la finesse de la physionomie, et si ce travail était, en général, un peu moins compliqué, un peu moins chargé de demi-teintes, on pourrait les classer, comme miniature au burin, à côté des émaux de Petitot. »

Vicomte Henri Delaborde.

on le laissait; qu'il lui fallait des distractions et, à défaut d'autres, celle de la conversation des religieuses; qu'en un mot, il ne terminerait le portrait que si quelques-unes de celles-ci venaient, chaque jour, lui tenir compagnie. On accepta ses conditions. Pour surcroît d'encouragement, des pensionnaires se joignirent aux religieuses et vinrent faire de la musique dans la chambre du graveur. Enfin, la planche tant attendue allait être livrée, lorsque Ficquet, mécontent de son ouvrage, le détruisit, et ne voulut consentir à le recommencer que sur la promesse d'une mise en liberté immédiate et d'une somme d'argent plus forte que la somme déjà reçue. Moyennant cet accommodement, les religieuses de Saint-Cyr arrivèrent à posséder enfin l'image de leur bienfaitrice, et le petit *Portrait de Mme de Maintenon*, — le *chef-d'œuvre* peut-être de Ficquet, — les dédommagea des bizarres exigences qu'elles avaient subies. »

Parmi les graveurs paysagistes du xviiie siècle, il nous faut citer Vivarès et Balechon. Ces graveurs durent l'inspiration à Joseph Vernet qui donna à l'art de la gravure une heureuse impulsion.

Vivarès grava, à Paris, quelques planches d'après les maîtres et en particulier d'après Joseph Vernet. Il alla ensuite se fixer à Londres où il fonda cette école de graveurs paysagistes qui firent tant d'honneur à l'École de gravure anglaise.

Balechon, élève de Lépicié, avait primitivement gravé des portraits, dont le plus remarquable fut celui d'*Auguste III*, roi de Pologne. Ce portrait en pied lui valut de nombreux ennuis.

Accusé d'avoir détourné et vendu les premières épreuves de cette gravure, Balechon fut rayé de la liste des graveurs de l'Académie. Il se retira alors dans sa ville natale, Arles, puis à Avignon. Dans cette dernière résidence, il s'adonna à la gravure de paysage. Ce fut là qu'il signa ses plus belles estampes, d'après Joseph Vernet : la *Tempête* (son chef-d'œuvre)[1], le *Calme*, les *Baigneuses*.

C'est à deux artistes graveurs français que l'on doit aussi la découverte, au XVIIIe siècle, de la *gravure en manière de crayon*[2] et de la gravure en couleur.

Le premier genre eut pour inventeur Jean-Charles FRANÇOIS, né à Nancy en 1717.

Gilles DEMARTEAU propagea beaucoup ce procédé.

Demarteau reproduisit, par ce procédé, les études de Boucher et de Fragonard. Ce procédé remplaça la *gravure au pointillé*[3] dont on s'était beaucoup servi au commencement du règne de Louis XVI.

Ce fut LEBLOND[4] qui découvrit le procédé de la *gravure en couleur* auquel il avait primitivement donné le nom de *gravure au pastel*[5]. Cette invention, comme beaucoup d'inventions d'ailleurs, n'enrichit pas Leblond qui mourut de misère, à l'hôpital, en 1741.

Une des plus belles gravures que Leblond ait exécutées en ce genre est un grand portrait de Louis XV, en buste.

Quelques années après l'apparition de la gravure en couleur, un autre artiste français, Jean-Baptiste LEPRINCE, inventa un nouveau

1. Un graveur anglais, Woollett, disait que lorsqu'il travaillait à sa planche de la *Pêche*, il avait sous les yeux une estampe de la *Tempête*, par Balechon.

2. La *Gravure en manière de crayon* a pour objet d'imiter l'effet produit par le crayon noir ou la sanguine sur un papier grenu. Les épreuves spécimens de ce genre de gravure furent présentés à l'Académie royale de peinture en 1757.

3. Ce genre de gravure avait été découvert par un orfèvre hollandais, *Jean Lutmer*.

4. Il était né à Francfort de parents français.

5. Au XVIIe siècle, le Hollandais *Lastman* et le Flamand *Seghers* avaient fait des essais dans ce genre.

procédé dit la *gravure au lavis*, la *gravure à l'aqua-tinta*, comme on dit aujourd'hui[1].

C'est grâce à DEBUCOURT[2] que ce procédé devint populaire. On le voit, la gravure a été, au XVIIIe siècle, une des gloires de l'art français. Les graveurs français ont inventé plusieurs procédés, certains genres tels que la *gravure de vignettes* ont été exclusivement pratiqués en France.

Donc, la gravure était appréciée, aimée et encouragée par tous. Les graveurs amateurs étaient devenus aussi nombreux que les graveurs de profession. A la Cour et à la ville il devint de mode de manier la pointe. Le régent, lui-même, avait donné, l'un des premiers, le ton en gravant des vignettes pour une édition de la *Pastorale* de Longus. On vit se mettre à graver des hommes de robe tels que le président de Grenelle, des financiers comme Watelet, des érudits et des écrivains tels que d'Argenville, le comte de Caylus, Campanella, de grands seigneurs comme le marquis de Coigny et le duc de Chevreuse. Les femmes, elles-mêmes, se mêlaient de graver : la reine, Mme de Pompadour[3], la duchesse de Luynes, Mlle Reboul[4], Mme d'Épinay, gravaient avec goût.

1. *Leprince* avait, en 1880, présenté son procédé à l'Académie royale de peinture, sous ce titre : *Plan du traité de la gravure au lavis*. Ce procédé a été beaucoup perfectionné par les artistes anglais.

2. *Debucourt* est l'auteur de ces gravures en couleur, si connues et si recherchées : l'*Escalade*, la *Promenade aux Tuileries*, le *Jardin et la Galerie de bois au Palais-Royal*.

3. Mme de Pompadour avait fait une petite gravure : le *Génie des Arts protégeant la France*, que se disputaient les courtisans.

4. Mlle Reboul devint l'épouse du peintre Vien.

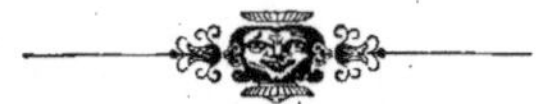

L'ART FRANÇAIS

AU COMMENCEMENT DU XIXE SIÈCLE

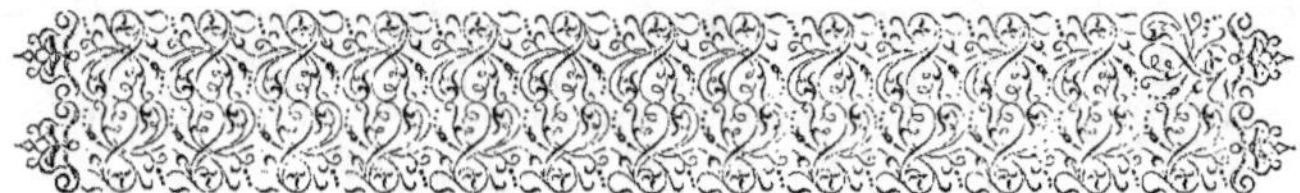

SOMMAIRE

L'art français au commencement du XIX° siècle. — Influence de l'École de David. — Les grands peintres : Ingres, Delacroix, Flandrin, Delaroche, Gros, Gérard, etc. — Le graveur Henriquel-Dupont. — Les grands sculpteurs. — Leurs œuvres principales.

ILS sont très nombreux, les peintres artistes et les sculpteurs de talent qui ont honoré l'histoire de l'Art français depuis le commencement de ce siècle. Pour parler de tous, il faudrait la matière de dix volumes. Dans le cadre restreint de ce travail, nous serons donc obligé de nous limiter et de ne parler que de quelques-uns des maîtres, et des plus marquants, afin de donner une idée de notre belle École française, si vivante, et à laquelle ne peut se comparer actuellement aucune autre école étrangère.

L'Art français, qui était tombé bien bas après la première moitié du XVIII° siècle, sous les pinceaux légers, frivoles, faux des successeurs de Boucher, de Watteau, de Lancret, de Fragonard, changea complètement de direction et prit un essor nouveau vers la beauté, avec Louis DAVID (1748-1825), le représentant le plus grand en France de la peinture académique.

Léonidas aux Thermopyles, les *Sabines*, sont des tableaux où la beauté académique le dispute au sentiment. Un des principaux dessins de cet artiste est le *Serment du Jeu de Paume*, œuvre remarquable où l'artiste passionné a bien rendu l'expression des personnages : c'est la magnifique représentation de cette heure solennelle où l'ardeur glorieuse de nos ancêtres a ouvert une ère nouvelle de justice et de patriotisme [1]

On peut dire de Louis DAVID qu'il a été le restaurateur de l'anti-quité.

Citons encore le *Sacre* et le *Couronnement* qui est son chef-d'œuvre [2]. Tous les personnages qui assistent au sacre sont des portraits et David lui-même s'est représenté debout dans une tribune dessinant sur des tablettes. Le portrait de *Madame Récamier*, au Musée du Louvre, le représente aussi dignement.

David était un excellent professeur. « Le moyen infaillible de captiver son affection paternelle, dit un de ses élèves, Auguste COUDER [3], c'était l'ardeur et le succès de l'émulation ; pour ceux-là, il lui arrivait parfois de les emmener au musée ; ce n'était pas sans un certain étonnement que l'on voyait le peintre austère et fier, l'auteur d'œuvres du plus haut style, apprécier le mérite, admirer les beautés d'art de peintres tels que Van Ostade, Teniers, Rembrandt, et, parmi les peintres français, tels que Subleyras et autres, tous si opposés

---

1. David était l'élève de Vien. Vien avait dit de lui : « Je n'ai fait qu'entr'ouvrir la porte, c'est M. David qui l'a ouverte toute grande. »

2. Un pieux biographe du maître, Délécluze a longuement raconté l'histoire de cette composition célèbre, que David avait mis quatre années à exécuter. La curiosité publique était surexcitée par le mystère prolongé dont le peintre enveloppait son travail. Lorsque le tableau fut achevé, l'Empereur se rendit pour le voir en grande pompe, précédé de musiciens et de cavaliers, entouré de toute sa maison. « Le programme donné à David et scrupuleuse-ment suivi par lui était de montrer Napoléon déjà couronné, imposant le diadème sur la tête de Joséphine, devant le pape qui n'assistait là que comme témoin. »

Après un long examen, l'empereur satisfait s'avança vers l'artiste et, se découvrant, le salua d'une de ces phrases sonores que lui suggérait si merveilleusement à propos son génie.

Ce tableau a été mis au Louvre, en 1890.

3. *Considérations sur le but moral des Beaux-Arts*, page 106.

pourtant à son propre talent. David savait découvrir et goûter les diverses beautés de l'art, si cachées qu'elles fussent, tant il aimait tout ce qui est beau et tant il était loin d'être exclusif.

Le *Serment des Horaces*, que possède le Louvre, fut exécuté à Rome dans l'espace de quinze mois. Quand il fut terminé, en août 1785, David le fit exposer dans son atelier où une foule immense alla l'admirer. Le Pape avait demandé qu'on lui fît porter ce tableau au Vatican, mais David ne put le faire à cause de l'ordre de le transporter à Paris qui arriva[1].

Parmi les principaux élèves de David, nous pouvons citer GÉRARD et GROS.

Le peintre d'histoire, baron François GÉRARD, était né à Rome en 1770. Fils de l'intendant de l'ambassade française à Rome, il entra d'abord dans l'atelier de Pajou, puis dans celui de Brenet. En 1786, il commença à prendre des leçons de David. Il débuta au Salon de 1795 par son *Bélisaire*, tableau popularisé par la gravure. En 1794, il fit ce charmant tableau de *Psyché*, un des plus beaux ornements du Musée de Louvre. Il exposa en 1810, au Salon, la *Bataille d'Austerlitz*, qui faisait l'admiration de Napoléon Ier. Sur l'invitation de Louis XVIII, il fit et termina, en 1829, sa célèbre toile, l'*Entrée de Henri IV à Paris*[2]. Il ne faut pas oublier non plus son *Sacre de Charles X*.

1. Le chef de l'Académie de peinture à Rome, le sieur Pompéo Battini, avait été si enthousiasmé de cette toile qu'il proposa à David de lui donner sa succession comme chef de l'Académie.

2. On a placé dernièrement, au Musée du Louvre, un des plus beaux portraits du baron Gérard, celui de la marquise Visconti.

L'*Entrée d'Henri IV à Paris le 12 mars 1594*, par Gérard, que possède le Louvre, n'est que la répétition réduite du tableau que le même peintre a fait en 1817 et qui est au Musée de Versailles.

Géricault (Jean-Louis-Théodore)[1], né à Rouen le 26 septembre 1791 et mort à Paris en 1824, fut un peintre doublé à la fois d'un penseur et d'un poète. Il a été non seulement un peintre d'histoire, mais aussi un peintre d'animaux hors ligne. Il débuta dans l'atelier de Carle Vernet et ensuite entra dans celui de Guérin.

En 1811, il exposa son *Chasseur de la garde,* tableau plein de fougue et de mouvement, et, en 1814, l'émouvant tableau du *Cuirassier blessé*, que la gravure a popularisé.

En 1819, il exposa au Salon cette toile admirable, ce chef-d'œuvre, le *Radeau de la Méduse,* qui le place parmi un des premiers maîtres de l'École française. Nul, sauf Delacroix, n'a su pousser le pathétique, l'émouvant à un si grand et si beau degré de perfection. Quelle perfection et dans le dessin, et dans la couleur, et dans le sentiment ! C'est grand et émotionnant.

On connaît cette histoire du radeau de la *Méduse* : « La frégate la *Méduse,* accompagnée de trois autres bâtiments : la corvette l'*Écho,* la flûte la *Loire* et le brick l'*Argus,* quitta la France, le 17 juin 1816, portant à Saint-Louis (Sénégal) le gouverneur et les principaux employés de cette colonie. Il y avait à bord environ 400 hommes marins ou passagers. Le 2 juillet, la frégate tombait sur le banc d'Arguin, et, après cinq jours d'inutiles efforts pour remettre le navire à flot, un radeau fut construit et 149 victimes y furent entassées, tandis que tout le reste se précipitait dans les canots Bientôt les canots coupèrent les amarres et le radeau qu'ils devaient traîner à la remorque resta seul au milieu de l'immensité des mers.

---

1. « S'il n'était pas mort à trente-cinq ans, dans la force de son génie et avant d'avoir pu le discipliner, dit M. Alfred Deberle, nous aurions eu par lui une peinture moderne et nationale. »

Alors la faim, la soif, le désespoir armèrent ces hommes les uns contre les autres. Enfin, le douzième jour de ce supplice surhumain, l'*Argus* recueillit 15 mourants. » (Extrait de la Relation de M. Corréard.)

M. Corréard, le bras étendu, indique au chirurgien Savigny, debout, adossé au mât, et aux matelots placés près de lui, le brick l'*Argus*, qui passait à l'horizon. Un matelot et un nègre, montés sur un tonneau à l'extrémité du radeau, agitent leurs mouchoirs en signe de détresse, tandis que leurs compagnons, parmi lesquels se trouve l'aspirant de marine Coudin, se traînent vers eux. A gauche, un vieillard tenant sur ses genoux le cadavre de son fils expirant. Derrière lui un passager, dans un accès de désespoir, s'arrache les cheveux. Sur le devant du radeau plusieurs cadavres.

On raconte que, pour faire ce tableau, Géricault passait de longues heures dans les hôpitaux pour peindre ou dessiner des cadavres ou des mourants.

En 1825, il exposa deux toiles, le *Cheval sortant de l'écurie* et l'*Écurie*, qui montrent qu'il savait peindre les chevaux d'une façon admirable ; certains de ses dessins de chevaux font penser au beau dessin de Léonard de Vinci, où des cavaliers se disputent autour d'un drapeau. Il suffit pour s'en convaincre d'aller admirer au Musée du Louvre le *Grand Derby d'Epsom*, d'un dessin si savant et d'un effet si superbe.

« L'influence de Géricault, a dit M. Ch. Clément, a été très grande et elle dure encore. Il a puissamment agi sur nos peintres de genre et sur nos paysagistes. »

Le baron Gros (Antoine-Jean), qui a été en fait un des premiers réalistes de l'École française du XIXᵉ siècle, était né à Paris en 1791 et est mort en se suicidant le 25 juin 1835. A l'âge de 14 ans, il était entré dans l'atelier de David.

Son premier tableau d'histoire, les *Pestiférés de Jaffa*, exposé au Salon de 1804, est un véritable chef-d'œuvre, à la fois de sentiment et de réalisme. En 1806, il exposa la *Bataille d'Aboukir*, et, en 1808, la *Bataille d'Eylau*, qui est au Musée du Louvre.

En 1812, Gros fut chargé de décorer la coupole du Panthéon qu'il termina en 1825. Ce travail lui valut le titre de baron et 100,000 francs.

Ses principales qualités sont la pureté du dessin et la noblesse d'expression. Ayant été vivement critiqué pour ses œuvres en 1832, 1833, 1835, il se noya dans la Seine, près de Meudon. Il a fait un grand nombre de portraits très remarquables parmi lesquels on peut nommer ceux de *Louis XVIII*, de *Charles X*, du *Général Lassalle*, de l'*Impératrice Joséphine*, de *Chaptal*. C'est lui qui a fait au Musée du Louvre la décoration de la salle d'introduction du musée de tableaux et les plafonds du musée égyptien.

« Gros n'est pas un homme de génie, il n'a pas la puissance du cerveau qui domine, ordonne, centralise et gouverne ses instincts.. Il lui reste un très grand titre de gloire : il a le premier introduit l'émotion idéale dans la vie moderne, la puissance d'émotion dans la puissance de la vie »

Nous ne devons pas oublier de mentionner un des élèves de David, ISABEY (1767-1855), le célèbre miniaturiste dont les œuvres sont si appréciées des amateurs délicats ; il n'a fait guère que suivre, mais toutefois en les adoucissant, les sévères principes de David.

CHARLET (1792-1845), qui a été surtout dessinateur, a excellé dans la représentation des scènes militaires, des types de vieux soldats.

Il a su souvent allier le comique et le jovial au dramatique dans ses compositions.

Prud'hon (René) (1758-1825) était un doux poète qui estompait

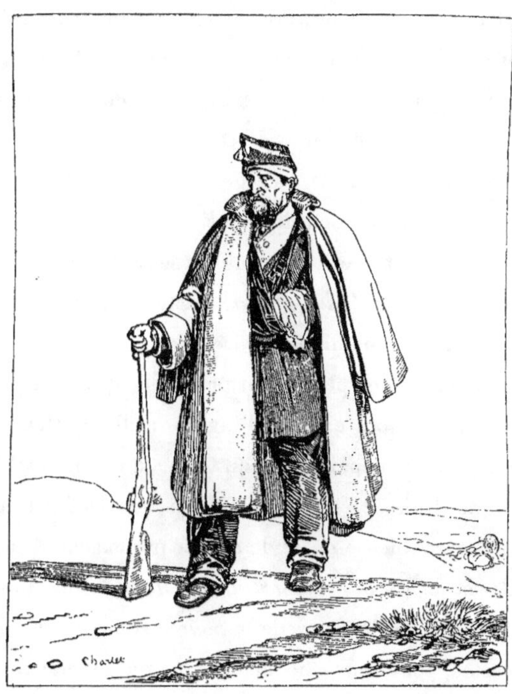

Pendant la retraite de Russie (Dessin de Charlet).

le nu avec tant de charme, enveloppait de mystère ses madones et ses belles déesses. Qui ne connaît sa *Justice punissant le Crime* qui se trouve au Musée du Louvre[1], ainsi que son *Christ en Croix* (1822),

1. Ce tableau était destiné au Palais de Justice.

qui avait été commandé pour la cathédrale de Metz. Au plafond de la salle des antiques du Louvre, il a peint *Diane implorant Jupiter*.

Prud'hon, dans ses compositions mythologiques, a surtout cherché à évoquer dans des figures toujours gracieuses et presque flottantes de doux rêves. Son œuvre païenne tout entière, caressée par un immense sourire, fait de mystère et de grâce, me semble plutôt inspiré par le souvenir des œuvres de Léonard de Vinci que par les visions académiques de David.

Il a su faire aussi de l'allégorie officielle. Mme VIGÉE-LEBRUN a peint d'admirables portraits sous l'influence du beau talent de Prud'hon. On peut citer en particulier ses portraits de *Carle Vernet*, d'une *Jeune mère et de son enfant*, au Musée du Louvre.

INGRES (Jean-Dominique), né en 1781, mort en 1861, a été une des personnalités les plus remarquables de l'Art français.

« La carrière tout entière d'Ingres, a dit M. Henri de Laborde, depuis le point de départ jusqu'au terme, a eu l'inflexible continuité d'une ligne droite.... A ne considérer que la diversité des sujets traités et la souplesse du style adopté par chacun d'eux, le peintre d'*Homère* et de la *Chapelle Sixtine*, du *Martyre de saint Symphorien* et du *Maréchal de Berwick*, de la *Source* et du portrait de *M. Bertin*, défie, certes, tout reproche de raideur ou de monotonie dans le talent... Doué d'un sentiment de la grâce et de la beauté classique plus ample, plus instinctif que le goût un peu exclusif et le sentiment érudit avant tout de David ; aussi sincèrement ému et souvent plus audacieusement véridique en face de la réalité qu'aucun des narrateurs naturalistes, M. Ingres personnifie et résume les traditions les plus nécessaires de l'Art ancien, en même temps que les besoins les mieux justifiés et les conquêtes les plus légitimes de l'Art moderne...

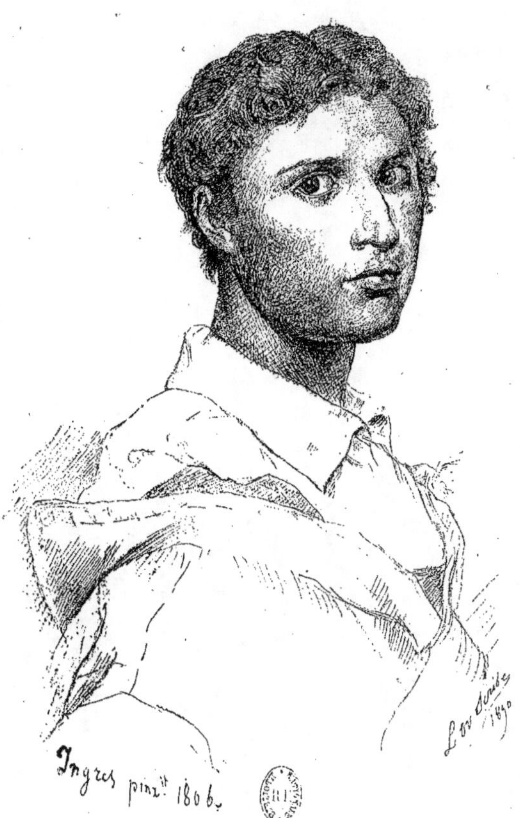

Portrait d'Ingres (Dessin de L. Ov. Scribe).

Quelles que soient les aptitudes de son talent à renouveler dans la pratique, les principes et les termes de l'Art grec, ses affinités semblent plus directes, plus intimes encore avec le génie florentin à l'époque de la Renaissance. »

L'*Apothéose d'Homère*, aujourd'hui au Musée du Louvre, a été peinte par Ingres en 1827 pour la décoration d'une des salles du musée Charles X ; c'est la noble représentation d'une belle scène. L'École française n'avait jusqu'alors rien produit de semblable à ce tableau, véritable et incomparable mélange d'ampleur et de finesse.

« L'*Apothéose d'Homère*, dit M. Delaborde, appartient par le fond des intentions à la même famille que le *Testament d'Eudamidas* de Poussin, et que la *Mort de Socrate* de David. »

Parmi les autres œuvres remarquables de cet artiste, citons : le *Vœu de Louis XIII*, *Don Pedro de Tolède*, l'*Odalisque*, la *Source*, *Œdipe et le Sphinx*, le *Maréchal de Berwick*, l'*Entrée à Paris de Charles V*, la *Stratonice*, la *Vierge et l'Hostie*, le *Portrait de Chérubini*, le *Portrait du duc d'Orléans*, l'*Apothéose de Napoléon I*[er].

Ingres a été un des plus grands dessinateurs ; son dessin a toujours été pur et correct. C'est lui qui a prononcé ces belles paroles que l'on a inscrites sous son buste à l'École des Beaux-Arts :

« Le dessin, c'est la probité de l'Art. »

Il a fait d'admirables dessins au crayon, à la mine de plomb.

Il disait à ses élèves : « Prenez-moi du papier à envelopper de la chandelle, un morceau de charbon et faites-moi de beaux dessins. »

Parmi les œuvres d'Ingres, le *Saint Symphorien* brille d'un incomparable éclat. Cette toile a soulevé des critiques passionnées.

En le peignant, Ingres a su faire passer dans son œuvre comme un souffle chrétien

Il a mis sur les lèvres du néophyte un peu de la tendre prière de Polyeucte : « Saintes douleurs du Ciel, adorables idées. »

Comme l'inflexible époux de la malheureuse Pauline, rien ne le retient plus à la terre. Il marche au supplice comme d'autres courent au plaisir et les exhortations de sa mère sont bien inutiles, car on lit dans ses yeux l'invincible appétit du martyre.

C'est, assurément, un des meilleurs tableaux du maître que ce *Saint Symphorien ;* tous les mouvements et gestes des personnages de la composition sont célèbres par leur recherche et leur science de dessin.

C'est aussi un intéressant portrait que celui de l'*Homme tenant une statuette antique*, et un vrai régal que celui de la *Belle Zélie*, fraîche comme une fraise des bois, laissant voir ses dents blanches à travers le sourire de ses lèvres mignonnes.

Ingres a exécuté les dessins ou cartons des magnifiques rosaces qui décorent la chapelle de Saint-Ferdinand aux Ternes [1], ainsi que les cartons ou modèles des dessins des vitraux de la chapelle royale de Dreux [2].

---

1. Cette chapelle, élevée à la mémoire du duc d'Orléans, sur l'emplacement de la maison où il mourut des suites d'une chute de voiture, le 13 juillet 1842, fut consacrée par la reine Marie-Amélie, sa mère, à Notre-Dame de la Compassion, le 13 juillet 1843, premier anniversaire de la mort du prince royal.

Treize de ces vitraux représentent les saints patrons de la famille du roi Louis-Philippe ; les autres figurent : la *Foi*, l'*Espérance*, la *Charité*, etc.

2. Cette chapelle royale de Dreux a été destinée à la sépulture des princes et princesses de la maison d'Orléans. Le duc de Penthièvre, grand-père du roi Louis-Philippe, avait désigné la collégiale de Dreux pour recevoir les restes des princes de sa famille ; lui-même y fut inhumé en 1793. Lorsque sa fille, la duchesse douairière d'Orléans, revint en France après 1814, elle racheta les ruines de la collégiale qui avait été aliénée et détruite pendant la Révolution, et entreprit la construction de l'église actuelle qui a été terminée sous le règne de Louis-Philippe.

Tous ces dessins appartiennent au Louvre.

Flandrin (Hippolyte), né en 1809 et mort en 1864, élève d'Ingres, a suivi sa tradition quant à la pureté du dessin. Il a été le peintre mystique et religieux le plus élégant du xixe siècle.

Les peintures d'Hippolyte Flandrin entraînent l'âme dans la sphère des vérités cachées, dans le pur domaine des idées réligieuses ; elles font de mystérieux appels à la piété, elles excitent la ferveur, elles parlent des choses du Ciel et invitent à ne contempler que la grandeur idéale.

Cet artiste a été le Fra Angelico de la France.

Ses peintures de Saint-Germain-des-Prés, de Saint-Vincent-de-Paul, Saint-Séverin, à Paris, sont de toute beauté ; l'Art chrétien ne s'est jamais élevé plus haut dans l'expression de la foi pure et religieuse. Les peintures de Saint-Séverin représentent la *Cène, Saint Jean*, le *Baptême du Christ*, etc.

Les vitraux du chœur et les peintures à la cire de Saint-Germain-des-Prés représentent les *Prophètes*, l'*Entrée de Notre-Seigneur Jésus-Christ à Jérusalem*, un *Portement de Croix*[1].

Troyon a été l'un des plus grands peintres d'animaux du xixe siècle. Il a été le Paul Potter de la peinture française. Il était né à Sèvres, le 28 août 1816. Sa peinture a eu un caractère rustique. C'étaient les troupeaux de moutons, les vaches rouges et blanches, les taureaux, les véritables et belles campagnes, les maisons couvertes de chaume, qu'il aimait à peindre d'un coloris ferme et

---

1. Flandrin a laissé deux fils : l'un est attaché au département des estampes à la Bibliothèque nationale ; l'autre, Jean-Paul Flandrin (né à Lyon en 1811), est un peintre de paysage distingué qui a dessiné aussi un grand nombre de portraits au crayon qui rappellent les dessins d'Ingres.

puissant. Il savait rendre la nature prise sur le fait : ses belles vaches semblent vivantes tellement elles sont réelles. Troyon savait aussi admirablement bien le dessin, d'un crayon large et juste, dédaignant les détails, mais sachant rendre avec bonheur les grandes masses du paysage.

S'il a existé un dessinateur aquarelliste, lithographe remarquable et populaire, c'est à coup sûr RAFFET, l'auteur du *Réveil*, du *Champ de bataille de Novare*. Né le 1ᵉʳ mars 1804, il eut des débuts difficiles; il fut élève de Charlet.

Les scènes militaires ont été ses sujets de prédilection, et ses compositions les plus célèbres ont été celles qu'il a consacrées aux soldats de la première République.

Sa meilleure page est sans contredit la *Grande Revue* où César décédé passe en revue les vieux soldats, — fantastique vision.

Nul doute que Raffet n'eût fait, s'il l'avait voulu, de grands tableaux. Mais, comme le dit M. Paul Mantz : « Que demander de plus à un artiste qui nous a donné le *Voyage dans la Russie méridionale*, le *Siège d'Anvers*, la *Retraite de Constantine*, la *Grande Revue*, l'*Expédition de Rome* et tant d'autres lithographies, tant d'autres aquarelles exquises par l'exécution, émouvantes par le sentiment ? Dessinateur impeccable, il a, dans ses souvenirs de voyage, la divination des races, la notion du type, le sens intime de la géographie locale. Dans ses croquis militaires, il allie la réalité à l'héroïsme, et son œuvre, où l'on viendra plus tard apprendre ce que furent les soldats de notre temps, a réconcilié la poésie avec l'histoire. »

Le peintre HEIM (François-Joseph) (1787-1865), membre de l'Académie, est devenu populaire grâce à son tableau du Louvre représentant *Le roi Charles X distribuant aux artistes les récompenses*, du Salon de 1827. Il s'y est montré grand peintre de portraits[1].

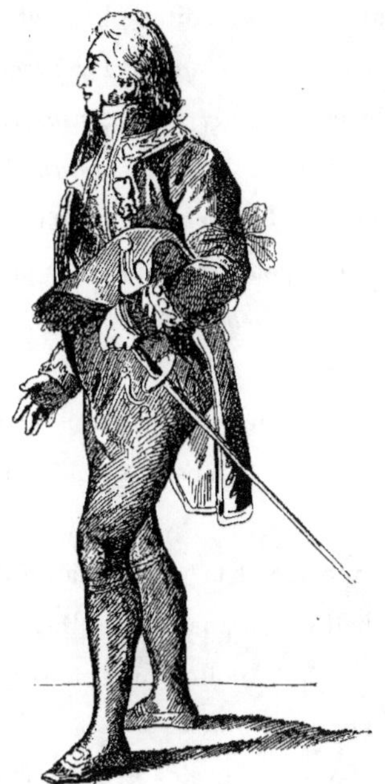

Portrait du baron Gros peintre français (Dessin de HEIM).

[1]. Le Musée du Louvre possède 75 dessins de cet artiste.

Ce sont des portraits pour les études du tableau que nous venons de citer et les portraits de membres de l'Institut. A la suite du succès qu'obtint, au Salon de 1827, le tableau représentant *Charles X distribuant des récompenses aux artistes*, le vicomte de la Rochefoucauld, chargé du ministère des Beaux-Arts dans la Maison du roi, avait commandé à Heim trois tableaux dans lesquels devaient figurer les membres des différentes sections de l'Institut de France. Les études pour ces compositions, qui n'ont pas été faites, portent presque toutes la date 1828. Après des années d'oubli, les œuvres de jeunesse de Heim reparurent avec éclat à l'Exposition Universelle de 1855, et l'artiste entreprit, en 1856, une nouvelle suite de cinquante-huit crayons, d'après ses collègues de l'Institut.

Delacroix (Eugène) (1799-1863), fut l'un des plus fougueux représentants du romantisme en peinture. Chez lui, il n'y eut rien de classique.

Parmi ses œuvres on peut citer : le *Pont de Taillebourg*, qui est un de ses chefs-d'œuvre ; l'*Esquisse du Sardanapale*, où il lutte de coloris avec Rubens ; *Hamlet et Polonius*, le *Centaure*, l'*Œdipe*, *Jésus dormant pendant la tempête*, *Lady Macbeth*, la *Médée*, le *Combat de tigres*, les *Corsaires*, lumineux comme une page des *Orientales*, montrent à peu près toutes les faces de son talent.

Dans le *Pont de Taillebourg*, Delacroix a véritablement mis le meilleur de lui-même.

On l'y retrouve tout entier avec son imagination ardente, ses raffinements de lettré, ses audaces de praticien et ses magnificences de coloriste.

C'est la plus emportée et la plus savante de ses compositions[1].

Une des plus belles compositions d'Eugène Delacroix se trouve à la voûte de la galerie d'Apollon au Louvre ; elle représente *Apollon vainqueur du serpent Python*.

Devéria (1805-1865) fut un des grands peintres du romantisme.

---

1. « Persuadé que la couleur est un langage, a dit M. Paul Mantz, Delacroix est à la hauteur des plus grands coloristes ; il n'est pas moins magistral dans la question du clair-obscur. Pour peindre les joies et les drames de la lumière, il a connu toutes les subtilités. Les *Disciples d'Emmaüs*, le *Massacre de l'évêque de Liège* s'enveloppent de mystère et d'épouvante. Rembrandt aurait aimé ces peintures où le rayon devient le véhicule d'une pensée.

« Faut-il rappeler les scènes de la vie africaine, souvenir persistant du beau voyage que Delacroix avait fait au Maroc en 1832 ? Ici l'artiste est un inventeur et un ancêtre. Pour la lumière, que l'École moderne étudie avec un zèle si heureux, il a donné des leçons éternelles. Ainsi que le disait Fromentin, il a, au lendemain de cette promenade au pays des transparences, imaginé une sorte de jour élyséen, doux, tempéré, égal, qu'on peut appeler le clair-obscur des campagnes ouvertes. »

Sa *Naissance d'Henri IV*, au Musée du Louvre, est devenue populaire.

Quand parut cette œuvre de Devéria, l'enthousiasme qu'elle souleva approcha du délire.

On compara le jeune peintre à Delacroix. Ses camarades de l'atelier Hersent firent en son honneur une manifestation qui est restée célèbre dans les ateliers.

« Ces jeunes iconoclastes, raconte Charles Blanc, brisèrent tous les plâtres de l'atelier. Ils n'épargnèrent aucun moulage, pas même la Vénus de Milo qui était venue depuis peu révéler un art grec bien supérieur à celui du Laocoon et de l'Apollon.

« Ce fut une immolation générale! Que s'était-il passé, cependant? Un peintre avait représenté un sujet historique, la naissance d'Henri IV, et il l'avait représenté avec les costumes du temps. On y voyait, non seulement de jolies femmes, mais des bourgeois, des manants, un nain grotesque, un gros chien, un fond d'architecture gothique, des habits de soie, des pourpoints à crevés, des toques de velours, tout ce que l'art classique, en ses rigides enseignements, avait relégué avec dédain dans la peinture de genre. »

Ce vandalisme artistique, cet enthousiasme, peignent à ravir les passions du moment.

Alfred de Dreux a été un admirable peintre de chevaux. Il a été le peintre de sport par excellence.

Nul n'a su peut-être rendre mieux que lui les allures des chevaux de race, des chevaux de luxe. Et de quels paysages splendides il accompagne ces animaux! Il y a dans ses toiles des effets de soleil d'une intensité étonnante.

A côté de ces peintres remarquables, il faut mentionner une des gloires de l'art français, le graveur Henriquel-Dupont, qui est un maître dans l'acception la plus haute du mot. Les grands graveurs du XVIIᵉ siècle eux-mêmes n'ont pas laissé de planches plus finement et plus largement traitées tout à la fois que son *Hémicycle des Beaux-Arts*, d'après Paul Delaroche, le *Marquis de Pastoret*, d'après Paul Delaroche, le portrait d'*Ambroise Tardieu*, d'après Ingres, le *Christ consolateur*, d'après Ary Scheffer.

Un des premiers paysagistes du siècle, c'est Bruandet (1754-1813). Il a été surtout le peintre de Fontainebleau.

« Comme il n'était ni riche ni protégé, raconte un de ses biographes, il ne songea pas au voyage en Italie et se contenta des sites que le bon Dieu avait mis à sa portée. Ses ateliers d'élection c'étaient : Fontainebleau, Vincennes, le bois de Boulogne et les Prés-Saint-Gervais. »

Corot (J.-B.) (1796-1875) a été le grand paysagiste poète du siècle. Il fait rêver d'idylles virgiliennes. Nul n'a su mieux que lui rendre la profondeur mystérieuse des bouquets d'arbres baignés d'ombre légère ; on y sent le frémissement des feuilles.

François Millet (1814-1875) a été le peintre des paysans, des hommes de la glèbe. On connaît la vogue de son tableau l'*Angelus*.

Toute une série de peintres français s'est consacrée à l'Orient. En tête il faut placer Eugène Fromentin qui a été non seulement peintre, mais encore écrivain d'art [1]. Il a su rendre l'Orient surtout avec sa lumière, son parfum, son costume et sa couleur.

Citons parmi ses toiles les meilleures, sa *Chasse au faucon* (que

---

1. Il a laissé deux livres exquis : *Une année dans le Sahel* et *Un été dans le Sahara* où il a montré avec un art exquis qu'il avait un profond sentiment de l'Orient ; un roman intitulé *Dominique*, un livre de haute critique, et les *Maîtres d'autrefois*.

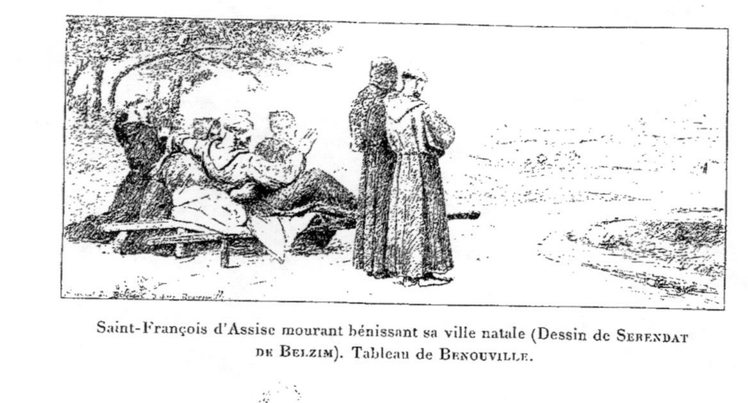

Saint-François d'Assise mourant bénissant sa ville natale (Dessin de Serendat de Belzim). Tableau de Benouville.

la gravure a popularisée), sa *Chasse à la gazelle*, son *Berger kabyle*, le *Fauconnier arabe*, la *Tribu nomade*.

Après Eugène Fromentin il convient de citer MARILHAT et DECAMPS.

DECAMPS a su rendre les sites, les attitudes, les costumes, en un mot toute l'impression et la poésie de l'Orient. Citons son magnifique tableau historique de *Joseph vendu par ses frères*, sa composition magistrale, pleine de fougue, de *Josué arrêtant le soleil*, sa farouche esquisse de la *Défaite des Cimbres*, sa lumineuse et sereine *Rade de Smyrne*, cette débandade turbulente d'une marmaille turque intitulée la *Sortie de l'École ;* une de ses toiles les plus populaires, le *Barbier turc.*

MARILHAT (Prosper)(1811-1847) a eu une éblouissante palette avec laquelle il nous a surtout montré l'*Arabie Heureuse.* Une de ses meilleures toiles est son *Café en Syrie.* Citons encore sa *Vue prise à Tripoli, de Syrie*, sa *Vue du Caire*, etc.

J'ai rarement vu un tableau où soient mieux rendus l'expression mélancolique, le charme du mysticisme, la grâce religieuse du moyen âge que dans le beau tableau du Louvre représentant *Saint François d'Assise mourant bénissant sa ville natale*, par Benouville.

BENOUVILLE (Léon)(1821-1857), élève de Picot, a peint d'autres tableaux d'un grand sentiment chrétien : les *Martyrs entrant à l'amphithéâtre*, un *Prophète de Juda dévoré par un lion.*

Hippolyte BELLANGÉ a été le peintre de la vieille garde, des vieux grognards et des batailles de l'Empire. Sa toile du Louvre, *Un jour de revue sous l'Empire* est un véritable chef-d'œuvre; jamais on n'a

---

1. Cet artiste a eu un frère, peintre de paysages très remarquable.

mieux rendu le type du troupier du commencement de ce siècle. C'est l'histoire familière et anecdotique du soldat français du temps de Napoléon Ier qu'il a écrite dans ses toiles si naturelles, si vivantes et parfois si vibrantes d'émotion.

François-Marius GRANET (né en 1775, mort en 1849), fils d'un maçon, avait retrouvé le genre des intérieurs. Il ornait ses monuments de scènes de la vie humaine. Il a admirablement bien rendu la perspective. Les *Pères de la Merci rachetant des esclaves* et le *Cloître de l'église d'Assise*, que possède le Louvre, sont deux de ses meilleures toiles.

Madame Élisabeth-Louise VIGÉE LE BRUN, née à Paris le 16 avril 1755, morte dans la même ville le 30 mars 1842, n'avait que 12 ans lorsqu'elle perdit son père, peintre de portraits. Briard, artiste médiocre, lui donna quelques leçons, et elle reçut d'excellents conseils de Greuze et de Joseph Vernet. Ses progrès furent rapides, et à 15 ans elle peignait des portraits avec talent. Mlle Vigée épousa fort jeune le Brun, qui faisait un commerce immense de tableaux, et étudia avec fruit les peintures remarquables dont elle était entourée. Admise à l'Académie royale de peinture le 31 mai 1783, elle donna pour sa réception le tableau inscrit sous le n° 81. Effrayée par la Révolution, Mme le Brun se rendit en Italie, où ses succès furent aussi brillants qu'en France.

« Elle séjourna à plusieurs reprises à Rome et à Naples, visita Venise et Milan, s'établit à Vienne pendant près de trois ans, partit pour Prague au mois d'avril 1795, passa par Dresde et Berlin, arriva à Saint-Pétersbourg au mois de juillet de la même année, et ne revint en France qu'en 1801, dit M. Villot. Quelque temps après, elle fit un voyage en Angleterre, où elle resta pendant près de trois

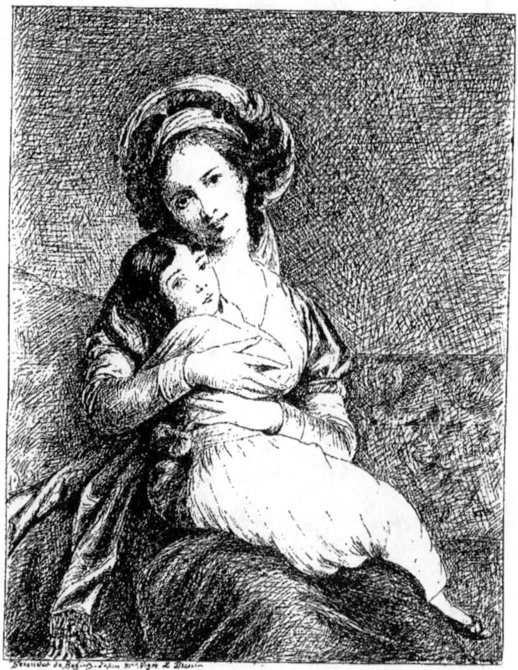

Portrait de Mme le Brun et de sa fille (Dessin de SERENDAT DE BELZIM).

années ; puis elle traversa la Hollande, parcourut deux fois la Suisse, en 1808 et en 1809, et rentra en France pour ne plus la quitter. Mme le Brun, suivant la note laissée par elle-même, a peint 662 portraits, 15 tableaux et près de 200 paysages, tant en Suisse qu'en Angleterre. Elle a fait aussi beaucoup de pastels. Dans tous ses voyages, elle fut accueillie avec distinction par les personnages les plus éminents, et considérée comme une artiste de grand talent. Elle était membre des Académies de Rome, d'Arcadie, de Parme, de Bologne, de Saint-Pétersbourg, de Berlin, de Genève, de Rouen et d'Avignon. Elle a exposé aux Salons de 1783, 1785, 1787, 1789, 1791, 1798 et de 1824. Plusieurs de ses portraits ont été reproduits par la gravure. »

Le Musée du Louvre possède de cette artiste plusieurs admirables portraits dont les plus charmants sont ceux qu'elle a faits d'elle-même et de sa fille. Dans l'un, elle s'est représentée de face avec une écharpe de mousseline blanche roulée dans ses cheveux, un corsage et des manches violets, un jupon de satin jaune. Elle est assise sur un canapé de damas vert, et tient sur les genoux sa jeune fille, qui a la tête vue de trois quarts, tournée à droite, et qui porte une robe blanche[1].

Horace VERNET (né en 1789, mort en 1863) a été un maître fécond. Il a fait des toiles d'une étendue colossale ; on peut l'apprécier au

---

1. Ancienne collection de Louis-Philippe. — Ce tableau fut exposé au Salon de 1787 et légué au Musée du Louvre par l'auteur, en 1842. Mme le Brun, avant d'émigrer, à l'époque de la première Révolution, avait vendu ce portrait et celui de Hubert Robert (n° 85) à M. de Laborde, moyennant la somme de 18,000 francs ; mais à son retour en France, le marché ayant été rompu, ces deux peintures furent rendues à leur auteur. (*Souvenirs de Mme le Brun*, t. II, p. 67.)

Louvre avec ses tableaux : la *Défense de la barrière Clichy*, *Judith et Holopherne*, le *Massacre des Mameluck*, à Versailles, sont ses meilleurs tableaux de guerre, car il est peintre militaire, aimant le troupier et surtout sachant exprimer son caractère.

Paul DELAROCHE (1787-1856), élève du baron Gros, a été un des plus grands peintres du commencement de ce siècle. C'était un peintre dramatique. Son imagination aimait, en effet, à évoquer le souvenir des grandes infortunes, des puissants de la terre déchus du pouvoir, les scènes tragiques des plus sombres pages de l'histoire. Henri Heine disait de lui qu'il était le courtisan des majestés décapitées. Il aurait pu ajouter qu'il en avait été aussi l'avocat, car jamais peut-être peintre ne nous a plus ému, ne nous a plus fait prendre en pitié les malheurs des grands.

Pouvait-on frapper d'une façon plus sanglante cet ambitieux de *Cromwell* en le représentant découvrant le cadavre de sa victime ?

Peut-on trouver page plus éloquente pour émouvoir contre les injustices du sort, contre l'atrocité du crime, que ce beau tableau du Louvre représentant les *Enfants d'Édouard ?*

N'oublions pas de citer un des chefs-d'œuvre de Delaroche : sa *Fresque de l'hémicycle de l'École des Beaux-Arts.*

Au premier plan, on voit la Renommée qui distribue des palmes, des couronnes; au fond, sont assis les trois juges de l'art antique : Apelle, Ictinus, Phidias; au-dessus, les grands arts : l'art grec, l'art romain, l'art du moyen âge et l'art de la Renaissance, sont représentés par quatre femmes. Tous les grands artistes sont là, peints dans des attitudes dignes et variées, entre Paul Véronèse qui forme l'extrémité gauche de l'hémicycle et Nicolas Poussin qui forme l'extrémité droite.

« Delaroche, a dit Alexandre Dumas, a mis cinq ans à écrire cette belle page. »

GAVARNI et DAUMIER ont été deux dessinateurs humoristiques. Gavarni a été l'historien des mœurs parisiennes du XIX⁰ siècle. Son crayon de caricaturiste, on devrait dire de portraitiste, a rendu les ridicules, les vulgarités, les laideurs de son temps. Il a exagéré dans le trivial et dans le comique comme Michel-Ange avait exagéré dans la grandeur et dans la force. Les voyous, les lorettes, les bourgeois ont défilé tour à tour sous son crayon moqueur et moraliste à la fois. Daumier n'a pas eu la même force que GAVARNI. GRANDVILLE, lui aussi, a été caricaturiste, mais il a été plus mesquin que les précédents. L'illustration lui convenait beaucoup mieux.

BRASCASSAT a été à la fois le Potter et le Poussin de la première moitié du XIX⁰ siècle. Né à Bordeaux en 1805, il devint élève de Hersent et de Richard.

Il débuta au Salon en 1827 avec *Mercure et Argus*. Ses toiles les plus remarquables sont : la *Chasse de Méléagre*, *Vue de Cassano*, le *Temple de Vénus à Baïes*, *Lutte de taureaux*, *Parc de brebis*, *Vues de Lozère*, *Vache attaquée par des loups*, *Animaux au repos*, etc. En 1846, il avait été nommé membre de l'Académie des Beaux-Arts où il succéda à Bidault. Troyon avait été puissant dans la peinture des animaux. Brascassat, lui, a été poète : devant ses œuvres, on reste sous le charme. Ses études d'après nature ont été ses meilleures.

Mais si Brascassat se montre, dans ses toiles, peintre d'un grand talent, il devient admirable quand on considère ses dessins dignes de figurer au Louvre à côté de ceux de Poussin, de Claude Lorrain; un amateur, M. Hugues Kraft, possède une collection, unique en son genre, de dessins de Brascassat, qui font voir cet artiste sous un jour nouveau ; ils le montrent comme un maître de l'art français du xix° siècle, un dessinateur vraiment grand, un animalier hors ligne, un paysagiste plein de style et de grandeur; on ne sait trop lesquels préférer de ses dessins de paysages ou d'animaux.

LES SCULPTEURS.

Un des plus grands sculpteurs français du commencement du xix° siècle est sans contredit cet admirable DAVID D'ANGERS (1789-1856), qui a su allier à l'amour de l'art la noblesse de l'âme et l'indépendance du caractère.

Parmi ses plus beaux ouvrages, nous devons mettre en tête ce magnifique *Fronton du Panthéon*, chef-d'œuvre digne d'être comparé aux œuvres de Phidias, et nommer aussi ses belles statues de *Condé* à Versailles, de *Corneille* à Rouen, de *La Fayette* à Washington, de *Philopœmen* dans le jardin des Tuileries, d'*Armand Carrel* à Saint-Mandé; son talent avait une grande analogie avec celui de Puget.

A côté de David d'Angers, il convient de parler de cet artiste au génie éminemment français, François RUDE (né en 1784, mort en 1855), célèbre par son énergique et beau morceau de sculpture, en haut-relief, de l'arc de triomphe de l'Étoile à Paris.

Ce haut-relief a été appelé la *Marseillaise* ou le *Chant du Départ*; c'est l'image vivante de la Patrie qui appelle aux armes ses enfants pour la défendre. Le souffle guerrier de la première République se fait sentir dans cette œuvre empreinte d'un si grand patriotisme. Le Musée du Louvre possède de ce même artiste un *Mercure*, une

Jeanne d'Arc et une charmante œuvre, *Jeune pêcheur iouant avec une tortue*, qui montre la souplesse de son talent.

Parmi les autres sculpteurs français du commencement de ce siècle nous pouvons mentionner Antoine-Denis Claudet (mort en 1810), l'auteur du *Berger Phébus emportant le ieune Œdipe*, qui se ressent de l'influence de David;

Adrien Gros (mort en 1823), qui a fait le buste en albâtre de Corinne, qui est au Musée du Louvre;

P.-L. Roman (1835), le sculpteur du groupe de *Nisus et Euryale*, également au Musée du Louvre;

Cortot (J.-P.) (1787-1843)[1], sculpteur, aimant à faire gracieux et dont le plus beau morceau, *Daphnis et Chloé*, est au Musée du Louvre;

Pradier (James), né en 1794, mort en 1852, l'auteur de la *fontaine Molière*[2] de la rue Richelieu. Le Musée du Louvre possède de lui une *Atalante*, une *Niobe*, une *Psyché;* il savait mettre beaucoup de grâce et de délicatesse dans ses œuvres;

Foyatier (1793-1863), l'auteur du superbe *Spartacus* du jardin des Tuileries.

Nul n'a eu peut-être plus que Carpeaux[3] le don de la vie et du mouvement; nul n'a su mieux amollir le marbre, l'échauffer, l'animer, en faire de la chair qui semble vivre.

Né à Valenciennes en 1827, il était élève de Rude, de Duret et d'Abel de Puget.

---

1. N'oublions pas, de Cortot, l'*Apothéose de l'Empereur symbolisant le Triomphe de* 1810, au côté gauche de l'arc de triomphe de l'Étoile.

2. Il faut voir à la fontaine Molière, à Paris, la *Comédie légère* et la *Comédie sérieuse*, sculptées par Pradier, ainsi que les statues de *Lille* et de *Strasbourg*, sur la place de la Concorde.

3. Voir la biographie de *Carpeaux* que i'ai écrite dans la *Gazette du Dimanche* (1889).

On peut voir tout son talent dans le groupe de la *Danse* à l'Opéra et à la fontaine de l'Observatoire où il représente les *quatre parties du monde soutenant la sphère*. Dans le nombre de ses œuvres, on peut aussi remarquer, *Jeune Pêcheur*, *Ugolin et ses enfants*, le *Prince impérial et son chien Néro*, les portraits de la *Princesse Mathilde*, de *Charles Garnier*, de *M. Jérôme*, le groupe de la *France protégeant l'Agriculture*, la *Science*, au pavillon de Flore.

La mort du sculpteur MÈNE a été une perte pour l'École française de sculpture, car c'était véritablement un animalier d'un bien grand talent.

Il a été un de ceux qui ont le plus contribué à la remettre en honneur ; il a peuplé les intérieurs d'amateurs d'une grande quantité de créations charmantes. Il n'avait peut-être pas la science profonde, l'énergie vitale, le mouvement superbe de BARYE, mais il avait beaucoup d'élégance, de grâce et de finesse, et il traitait toutes ses œuvres avec un soin véritablement scrupuleux sans y mettre pourtant aucune espèce de mièvrerie.

DURET (Joseph) (1864-1865) s'était fait connaître par son joli *Danseur napolitain*, aujourd'hui au Musée du Louvre, et qui a été vulgarisé par un nombre incalculable de reproductions.

L'allégresse du mouvement, la joie de vivre ont été heureusement reproduites par cet artiste

NANTEUIL s'était épris des types grecs ; son chef-d'œuvre, *Eurydice*, qui porte la main à son pied mordu par un serpent, est d'une grande noblesse et d'une véritable pureté.

BARYE (1795-1875) a été le grand sculpteur animalier du siècle.

Tous les musées, toutes les collections possèdent de ses œuvres

Si dans ses sculpteurs le génie était bien rare, il n'en est pas

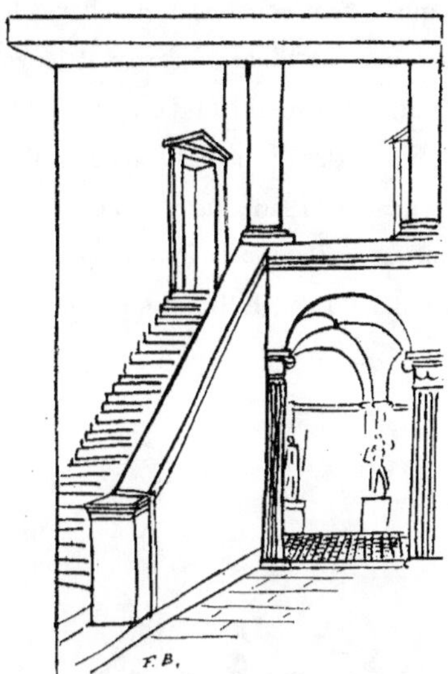

Spécimen d'architecture sous le premier Empire.
(Croquis de M. F. BOURNAND.)

moins vrai que le talent abondait. L'adresse, la science spirituelle, la technique de l'art étaient des qualités inséparables de la jeune École de sculpture française de la première partie de ce siècle.

1. Léon Bonnat a dit de *Barye* : « Quel merveilleux observateur, quel esprit sagace, quel analyste ! Quel instinct extraordinaire, quelle admirable intuition de l'animal ! Qu'il ait à traduire un cerf, un serpent, un aigle ou un jaguar, il en rendra jusqu'aux moindres aspects caractéristiques. Rien ne lui échappe... Barye est un des plus grands artistes du siècle. »

L'architecture subit aussi une transformation au commencement de ce siècle.

Sous le premier Empire et la Restauration, ce fut le classique, imité de la Grèce et de Rome, qui domina en architecture.

C'est alors que furent construits et achevés le Panthéon, par Rondelet, la Madeleine par Pierre Vignon et Huvé; l'arc de triomphe du Carrousel, une des ailes du Louvre par Percier et Fontaine; le palais du quai d'Orsay par Lacornée; l'église Saint-Vincent-de-Paul (commencée en 1826), par Lepère et Hittorf; la colonne Vendôme par Gandouin et Peyre; la fontaine du Châtelet par Brolle; le Corps législatif par Poyet; la Bourse par Brongniart

LE

LOUVRE DANS LES TEMPS MODERNES

LES premiers travaux du Louvre remontent à l'an 1529. On
les doit à l'un des plus grands architectes de la Renaissance française, Pierre LESCOT (1510-1578), qui eut pour
collaborateur le grand sculpteur Jean GOUJON.

La partie du Louvre due à la collaboration de ces deux grands
artistes est celle qui se présente en façade au sud-ouest sur la
grande cour carrée du Louvre, partie qui fut construite en grande
partie sous le règne de Henri II[1].

Cette partie du Louvre élevée par Pierre LESCOT est certainement
un des types des plus parfaits de l'architecture française de la
Renaissance.

Après la mort de Henri II, Catherine de Médicis fit élever une

---

1. Longtemps, on appela cette partie le *Vieux Louvre*. Elle se compose de deux étages
avec avant-corps garnis de pilastres et de colonnes, et ornementés d'un attique orné lui-
même de belles sculptures dues au ciseau de Jean Goujon.

aile par un architecte nommé CHAMBIGES. Cette aile reçut le nom de *Logis de la Reine*[1].

Henri IV fit ajouter un étage en galerie à cette aile et le fit orner de peintures par BUNEL, PORBUS et DUBREUIL. Ce roi eut aussi l'honneur de réunir le premier les Tuileries au Louvre.

C'est à Louis XIII qu'on doit la reprise des travaux de la cour carrée.

L'architecte LEMERCIER (Jacques) (1590-1654), plein de respect pour les travaux de son prédécesseur, Pierre LESCOT, continue la répétition de ce qu'a fait celui-ci. Ce magnifique *Pavillon de l'Horloge* est son œuvre personnelle. C'est à lui qu'est due l'idée de répéter la même façade sur les quatre côtés de la cour carrée, en faisant élever au centre de chacun d'eux un pavillon pareil au premier et paré aussi d'un vestibule à colonnes.

La *Galerie du Louvre*, construite sous Henri IV, au-dessus des appartements de la Reine, avait été détruite par un incendie en 1661. Louis XIV la fit reconstruire sur les dessins du peintre LEBRUN à qui il en confia la décoration. Cette galerie a pris le nom de *Galerie d'Apollon*, du sujet principal de la décoration. « La Galerie d'Apollon, dit M. de Lasteyrie[2], est peut-être le monument le plus complet et le plus parfait du style qui prévalut dans ce siècle de royales splendeurs, style critiquable au point de vue de la pureté des formes, mais vraiment magnifique et décoratif au suprême degré. Rien de riche ni de puissant comme les voussures chargées de hauts-reliefs, rien d'harmonieux comme les lambris dorés et couverts de peintures

---

1. Il renferme la plus grande partie du Musée des Antiques.
2. *Les Palais de Paris.*

et d'emblèmes en camaïeu, rien de mieux proportionné enfin que les dimensions en tous sens et les nombreuses ouvertures de cette incomparable galerie. Ajoutons que de nulle part dans Paris, l'œil n'embrasse un panorama aussi animé et aussi splendide que de ses fenêtres. »

L'architecte qui continua le Louvre sous Louis XIV fut Claude Perrault qui était aussi médecin et ingénieur.

« L'autre entreprise du règne de Louis XIV[1] fut plus hardie et plus considérable. Il s'agissait d'achever le Louvre de Henri II et de Pierre Lescot. Il s'agissait de lui faire une façade monumentale digne du palais lui-même et de la grandeur des rois. A cette occasion, bien des projets furent mis en avant. Tous les architectes de renom s'en mêlèrent; on les y provoquait. On alla jusqu'au fond de l'Italie chercher le plus célèbre et le plus orgueilleux, sinon le plus habile des maîtres de cette époque, le chevalier Bernin. Mais tous les plans de ces grands hommes laissèrent à désirer. Ce fut, ô scandale! ce fut un médecin de profession, ingénieur par goût, Claude Perrault, qui l'emporta sur tous ses concurrents... »

. . . .

La grande colonnade du Louvre, dont Perrault fut l'auteur, n'est pas sans défauts. Elle a d'abord celui de ne s'accorder aucunement, quant au style, avec les autres parties du Louvre. Une telle disparate à l'intérieur n'eût pas été un instant admissible; mais, il faut le reconnaître, l'inconvénient devient beaucoup moindre pour une façade extérieure qui, par sa position même, doit se voir tout à fait isolément. Or, une fois l'indépendance de la donnée admise, on ne

____

1. Dit encore M. de Lasteyrie.

saurait refuser à l'œuvre de Perrault une largeur de parti pris, une puissance et une simplicité de lignes, une vigueur de saillies, qui sont les caractères de la véritable grandeur. La voix publique, en dépit des envieux et des hommes spéciaux, a classé, depuis deux siècles, la *colonnade du Louvre* parmi les plus beaux monuments de Paris...

En même temps que travaillait Claude Perrault, Louis XIV avait confié la direction des autres parties du Louvre à un célèbre architecte, LEVAU.

Sous la direction de LEVAU l'ensemble des bâtiments de la cour carrée fut mené presque partout jusqu'à la hauteur des combles. Malheureusement, dans le cours de ses travaux, Levau, ayant eu à doubler la profondeur de la partie du Louvre qui longe la Seine, fit disparaître une plus ancienne façade qui remontait à Henri II et à Charles IX.

Jusqu'à Louis XIV, le Louvre avait servi de demeure royale. Louis XIV fut le premier qui l'abandonna. La royauté y fut remplacée par d'autres royautés artistiques. L'Académie française y fut logée au premier étage du corps de bâtiment élevé par Lemoine. Au rez-de-chaussée fut logée l'Académie des Inscriptions [1].

Au Louvre se trouvaient aussi installés le *Cabinet des Antiques*, une superbe collection de *dessins de maîtres*, l'Imprimerie Royale, les archives, une collection de médailles et surtout les *logements des artistes célèbres.*

La pensée de la fondation de ces logements des artistes et des artisans célèbres revient à Henri IV. On lit dans ses lettres patentes du 22 décembre 1608 :

---

1. A l'endroit où se trouve aujourd'hui le Musée de la Sculpture moderne.

« Nous avons eu cet égard en la construction de notre galerie du Louvre, d'en disposer les bâtiments en telle forme qui y puissions commodément loger quantité des meilleurs ouvriers et des plus suffisants maîtres qui se pourraient rencontrer, tant de peinture, sculpture, orfèvrerie, horlogerie, insculpture des pierreries, qu'autres de plusieurs et excellents arts, tant pour nous servir d'iceux, comme pour être par ce même moyen employés par nos sujets en ce qu'ils auraient besoin de leur industrie, et aussi pour faire comme une pépinière d'ouvriers de laquelle, sous l'apprentissage de si bons maîtres, il en sortirrait plusieurs qui, peu après, se répandraient partout notre royaume et qui sçauraient très bien servir le public. »

Il serait curieux de voir toutes les célébrités artistiques qui logeaient au Louvre ; citons : les peintres Rigaud, Desportes, Claudine Stella, Coypel ; les gardes généraux des tableaux du roi : Bailly père et fils ; les sculpteurs : Coustou, Girardon, Legros, Cornu, Stoltz, Renaudin, le graveur en médailles Duvivier ; le dessinateur des costumes et des décors de théâtre Bérin ; le décorateur Lemoine ; le dessinateur des fêtes et des troupes royales Messonier ; le célèbre peintre en émail Bain ; le graveur Sylvestre ; le grand ébéniste Boule ; le géographe Sanson ; les grands orfèvres Germain, Bellin, Benier, Balni ; l'arquebusier Rénier, etc.

C'est au XVIII⁰ siècle que commencèrent au palais du Louvre les Expositions de peinture, les Salons ; c'était l'architecte Mansart qui, en 1699, avait obtenu du roi que les ouvrages des peintres et des sculpteurs de l'Académie royale ¹ seraient exposés dans son palais.

---

1. Ce fut à la Révolution seulement que tous les artistes purent prendre part à ces expositions.

Il paraît que le local qui était affecté à ces expositions n'était pas très grandiose, car on avait fait, à ce sujet, des vers qui circulaient dans Paris :

Il est au Louvre un galetas
Où, dans un calme solitaire,
Les chauves-souris et les rats
Viennent tenir leur cour plénière.
C'est là qu'Apollon, sur leurs pas,
Des beaux-arts ornant la barrière,
Tous les deux ans tient ses états
Et vient placer son sanctuaire.

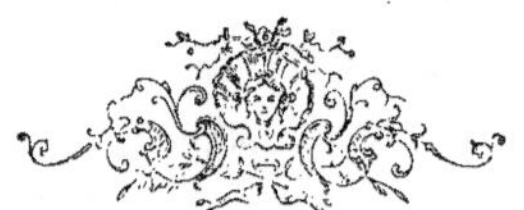

L'ART FRANÇAIS

CONTEMPORAIN

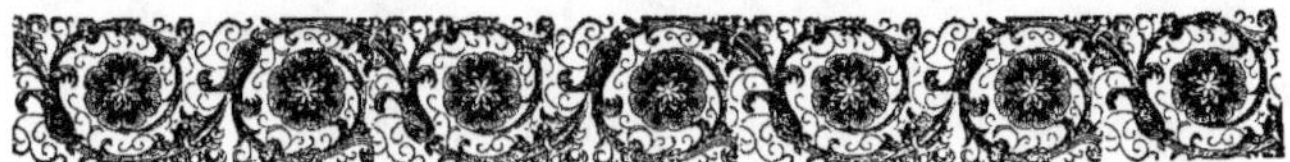

LES SCULPTEURS

UN sculpteur dont l'École française s'honore actuellement,
c'est M. Paul Dubois. Son chef-d'œuvre, qui a été la
gloire du Salon de 1879, est ce beau groupe de la *Charité*, destiné à la décoration du *tombeau du général Lamoricière*.

Ce groupe ne serait, à coup sûr, nullement déplacé dans la chapelle des Médicis, à Florence, car l'art si beau de la Renaissance, en
dehors des œuvres de Michel-Ange, n'a rien produit à la fois de plus
grand et de plus simple, de plus fier et de plus séduisant.

Parmi les autres statues qui décorent ce monument à la cathédrale de Nantes, on doit nommer : le *Courage militaire*, la *Foi*, la
Méditation ; les médaillons en marbre qui décorent les pilastres
d'angles représentent : la *Sagesse*, la *Force*, la *Religion*, l'*Éloquence*,

l'*Espérance*, la *Justice*, la *Prudence*, l'*Histoire*. Ces bustes sont remarquables au point de vue de l'expression.

M. Etex, un élève à la fois d'Ingres, de Pradier et de Duban, a travaillé à l'arc de triomphe de l'Étoile, pour laquelle il a fait les groupes de *1814* et *1815*. Il a fait aussi les tombeaux de *Rossini*, de *Géricault*, les bustes de *Thiers*, de *Berryer*, du *duc d'Orléans*. Il a dessiné aussi d'une façon remarquable, fait de l'architecture, de l'aquarelle, de l'esthétique.

Un autre élève de Pradier, M. Crauk (Gaston), met beaucoup de talent dans ses bustes, parmi lesquels il faut citer ceux de *Dupuy-tren*, de *Niel*, de *Mac-Mahon*.

M. Doublemard, élève de Duret, est l'auteur de la statue du maréchal Moncey, élevée place Clichy.

M. Ernest Barrias, fils du peintre Barrias, qui a fait les *Exiles de Tibère*, s'annonce comme un puissant sculpteur ; il est l'auteur de ce groupe superbe intitulé le *Serment de Spartacus*, aujourd'hui dans le jardin des Tuileries.

M. Mercié est parmi nos sculpteurs contemporains celui que les malheurs de la Patrie ont le plus ému. Son groupe de *Gloria Victis*, exposé au Salon de 1873 et reproduit un nombre incalculable de fois, l'a rendu célèbre. Certes, ce morceau serait digne d'être signé d'un maître de la Renaissance italienne. Jamais peut-être l'auréole glorieuse qui entoure les vaincus de la défense de la Patrie, n'a été symbolisée d'une façon plus vibrante. Cette Gloire, qui soutient dans ses bras ce jeune guerrier, est une œuvre magistrale qui classe au premier rang la sculpture française contemporaine.

Un sculpteur qui s'éloigne considérablement des tendances modernes, c'est M. Gautherin. Il est le sculpteur du moyen âge ; il lui

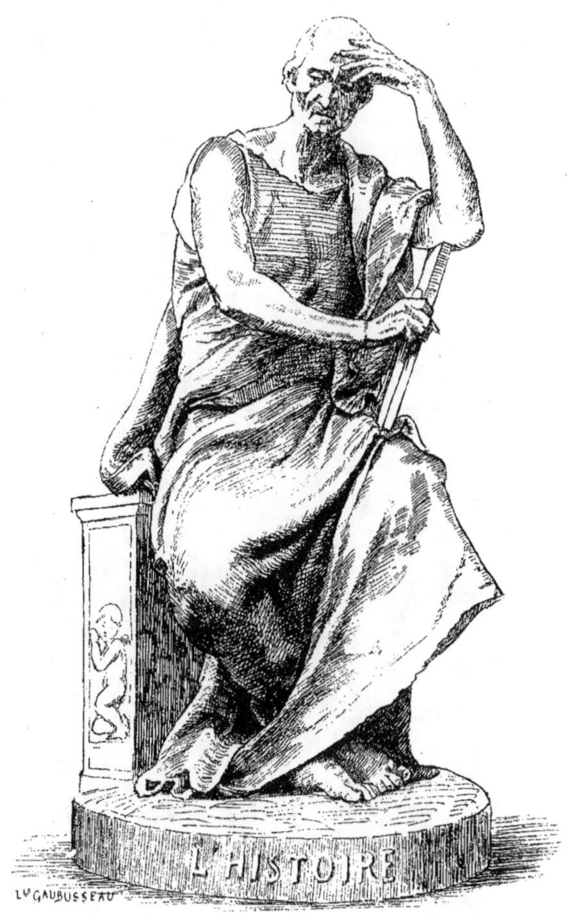

Sculpture de Paul Dubois. (Dessin de Léopold Gaubusseau.)

emprunte toutes ses figures à la physionomie expressive et pleine de tristesse ou de mélancolie. Les sentiments de piété, de douceur ou de tendre résignation ont trouvé en lui un digne interprète. Sa manière de sculpter, un peu raide, rappelle elle-même la manière de travailler des pieux artistes français des XIIIe et XIVe siècles.

Le sculpteur FREMIET s'est fait connaître par la représentation des animaux et des cavaliers de guerre. Les reproductions de ses œuvres, de ses chiens, de ses chevaux, de ses oiseaux de basse-cour, de ses cavaliers gaulois tout bardés de fer, l'ont rendu populaire. La terre cuite, le bronze, l'argent ont servi à faire connaître ses nombreuses et charmantes productions.

M. J. BONHEUR s'est aussi fait un renom avec ses charmantes sculptures d'animaux et spécialement ses chevaux de toute beauté.

M. CAIN est le digne successeur de Barye ; les animaux sauvages et féroces dans l'action, avec leurs instincts sanguinaires, avec leurs mœurs farouches sont les sujets qu'il aime à représenter. On vient de placer, à l'entrée de l'escalier des Tuileries, deux magnifiques groupes en bronze de cet artiste,

C'est à M. CAVELIER (René-Jules) (1814) qu'est due la statue de *Blaise Pascal*, placée au rez-de-chaussée de la tour Saint-Jacques.

M. DUMONT (Augustin-Alexandre) (1801) est l'auteur du *Génie de la Liberté* qui surmonte la colonne de la Bastille.

M. CHAPLAIN (J.-C.), élève de Jouffroy, est un sculpteur et graveur sur médailles d'une grande renommée.

Ses sculptures sont empreintes d'une mâle énergie. Dans le grand

nombre de médailles qu'il a faites, nommons : la médaille commémo-
rative des travaux de la Commission du mètre, la médaille de Minerve
pour la Société d'encouragement des études grecques, la médaille
d'honneur des Salons, la médaille représentant le maréchal de Mac-
Mahon.

Le square de Sainte-Clotilde contient un beau groupe en marbre :
l'*Éducation maternelle*, par M. DELAPLANCHE, auteur de charmantes
statues en marbre.

Le Musée de Luxembourg possède de cet artiste : *Ève après le
péché* et le *Messager d'amour*

N'oublions pas l'auteur du *Génie gardant le secret de la tombe*,
M. René DE SAINT-MARCEAUX, qui est aussi connu par ce beau
morceau de sculpture, le *Curé Mirot, fusillé par les Prussiens* et
l'*Arlequin*. Son talent est viril et plein de sincérité.

M. Charles DEGEORGE fait penser à Lucca Della Robbia dont il a le
mâle talent et dont on retrouve les qualités dans cette magnifique tête
de *Bernardino Cenci* que possède le Musée du Luxembourg. Élève de
Duret, de Jouffroy et d'Hippolyte Flandrin, il rappelle les admirables
sculpteurs primitifs italiens.

M. ALEXANDRE FALGUIÈRE est à la fois sculpteur et peintre. Comme
peintre, il nous a donné les *Lutteurs*, tableau largement peint ; et
comme sculpteur, le *Vainqueur au combat de coqs*, du Luxembourg,
chef-d'œuvre d'énergie et de vie, et *Pierre Corneille*.

M. Charles CORDIER est un sculpteur polychrome, dont les
têtes de Chinoises, d'Arabes, de négresses ont eu de grands
succès.

M. CHAPU peut être placé à côté de Paul Dubois ; c'est un florentin pour la grâce et l'expression. Sa *Jeanne d'Arc en prière* est devenue populaire.

M. BARTHOLDI est l'auteur du *Lion de Belfort*. Il a une exécution virile.

M. Eugène GUILLAUME est un sculpteur grec égaré en France; la majesté et la grandeur du génie grec ont trouvé en lui un digne interprète. Ses bustes sont des chefs-d'œuvre de simplicité et de pureté de dessin.

Dans ses autres œuvres, on ne saurait que louer la délicatesse, le cachet d'élégance et de distinction dont il sait les revêtir. Telle de ses œuvres trouvée dans les ruines du Parthénon pourrait passer pour les œuvres de quelque sculpteur athénien du siècle de Périclès. Citons ses bustes du *Prince Napoléon*, de *Jules Ferry*, de l'*Empereur du Brésil*, etc.

N'oublions pas l'admirable buste de Mᵍʳ Darboy, que M. Eugène Guillaume a sculpté en marbre. C'est un pur chef-d'œuvre où le grand sculpteur a pu, pour ainsi dire, spiritualiser la matière en montrant l'âme sous l'enveloppe mortelle. La tête de l'archevêque de Paris est coiffée de la mitre simple que les évêques portent aux cérémonies funèbres; sur cette physionomie respirent la douceur, la mélancolie, la résignation de la dernière heure, à côté de la finesse et de l'intelligence qui étaient les traits distinctifs de Mᵍʳ Darboy.

Ce sont MM. *Guillaume*, *Mercie* et *Paul Dubois* qui ont mis la Renaissance à la mode. Les œuvres de M. Eugène Guillaume en particulier se distinguent toujours par une saveur de grâce florentine, de pénétrante poésie.

Il sait allier à la forme classique une émotion intime. Il a la simplicité et la passion [1].

Une nouvelle école de sculpture qui a cherché à faire revivre la tradition des Houdon et des Rude et qu'a suivie un artiste de talent, RODIN, a donné une physionomie nouvelle à la sculpture française, en lui ajoutant un caractère qu'elle avait perdu.

A côté de Rodin s'est fait jour un artiste réaliste, BAFFIER, dont les maîtres français du XVIᵉ siècl e se seraient montrés jaloux.

Un des caractères particuliers de la sculpture française contemporaine, c'est la tendance des sculpteurs vers l'*art iconique* [2]. La tête humaine, autrement dit le *buste*, voilà l'objet le plus constant de leurs études. Faire le portrait est leur but principal. Les sculpteurs français sont attirés invinciblement vers l'art iconique, comme les maîtres de l'ancienne Rome, dont le savant et robuste ciseau s'était réfugié sur la tête humaine.

Nombreux sont les bustes exposés chaque année au Salon des Beaux-Arts. C'est un signe de force, car la traduction de la vie qui rayonne sur le visage de l'homme est toujours difficile.

On a eu de sérieux motifs pour redouter la décadence de la sculpture française. Mais, depuis quelques années, quelques grands artistes, affirmant leur personnalité par des œuvres magnifiques, montrent que l'on peut encore compter sur l'École française de peinture.

---

1. Comme l'a si bien dit M. Paul Mantz : « Ceux qui se tiennent fiers, ce sont les artistes simples, ceux qui ont une passion. Aujourd'hui, comme autrefois, c'est l'enthousiasme qui fait la virilité. Laissons sourire les gens d'esprit. Contons naïvement notre rêve et arrangeons-nous de façon à garder au cœur un peu de printemps. »

2. L'art des bustes, du grec *eikôn*, image.

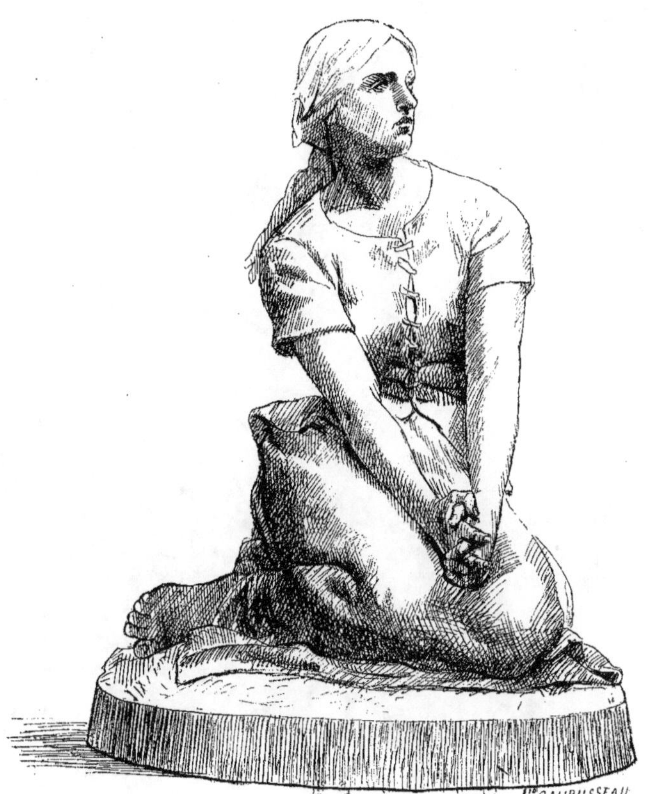

Jeanne d'Arc en prière, par Chapu. (Dessin de Léopold Gaubusseau.)

Quant à la sculpture, elle est en pleine floraison ; laissons à ce sujet la parole à M. Henry Houssaye, dans son beau livre, l'*Art français depuis dix ans* :

« L'avenir de notre sculpture ne ranime pas ces craintes, dit-il ; d'une part, la sculpture ne porte pas en elle les germes morbides de la peinture : elle est restée fidèle à la tradition, elle a conservé le culte du beau sans sacrifier aux odieuses tendances contemporaines ; d'autre part, en ce dernier temps, la mort a frappé moins souvent, sinon plus cruellement, dans les rangs des sculpteurs que dans ceux des peintres. L'art statuaire a perdu Carpaux et Barye, deuil douloureux, mais il lui reste Paul Dubois, Chapu, Guillaume, Clésinger, Cavelier, Franceschi, Frémiet, Aimé Millet, Falguière, et la jeune génération met en ligne Lanson, Idrac, Delaplanche, Marqueste, enfin Mercier, Saint-Marceaux, qui ont débuté avec l'éclat des levers du soleil. Quand une école a produit en dix ans une quarantaine d'œuvres de la plus haute valeur, entre autres, le *Tombeau de Lamoricière*, la *Jeunesse*, le *Gloria Victis*, le *Génie de la Tombe*, cette école n'a rien à envier au passé, rien à craindre dans l'avenir. Jamais peut-être la sculpture française n'a eu une heure plus belle, jamais elle n'a présenté une cohorte plus compacte et mieux unie, ayant à un tel point le respect du grand style et le culte des grands sentiments. »

LES PEINTRES

Après avoir parlé des sculpteurs, parlons des principaux peintres

M. Ernest MEISSONIER est né à Lyon, en 1813. Il suivit les leçons

de Léon Cogniet, mais ne s'enrôla point sous sa bannière, car, avant
tout, il avait un caractère original, suivant son chemin sans s'in-
quiéter des autres, ne tenant aucun compte ni du romantisme ni du
classique.

Ce qui fait encore si grande son originalité, c'est qu'il a toujours
tenu en grand honneur et pratiqué l'étude consciencieuse de la
nature.

Il imite les Flamands et les Hollandais le plus souvent, et quelquefois quelques rares artistes français du xviiie siècle. Il fait en
réalité de la peinture de genre historique.

Chose curieuse, la précision du détail n'a jamais nui chez Meissonier, à l'effet général, car, lorsqu'on regarde ses peintures, c'est
l'ensemble qui frappe d'abord. Il faut s'appliquer à regarder pour
apercevoir ensuite les détails. On connaît ses principales toiles :
1807, la *Retraite de Russie*, ses toiles représentant les *Épisodes du
premier Empire*, ses portraits de *M. Hetzel, Napoléon III à Sol-
férino*.

Henner a un idéal attendri ; il a un langage aux palpitantes mor-
bidesses. Il a, lui aussi, puisé aux sources lombardes. Il est le Corrège
français. Toutes ces qualités se retrouvent dans ses belles toiles,
dans *Fabiola*, le *Christ en croix*, *Andromède*, le *Saint Sébastien*, ses
superbes *Portraits*.

M. Ribot s'est épris des vieux maîtres d'Espagne et de Hollande ;
il sait modeler avec une grande vigueur. Sa peinture se distingue
presque toujours par ses tons noirs, lugubres presque. Les idées
tristes, lugubres, vieilles, ont trouvé en lui un digne interprète.

M. Jules Breton est plus doux ; il a un art plus exquis. Il fait frais
et pur ; sa peinture s'attaque plutôt aux sentiments tendres et déli-

cats. Ses paysannes, ses paysans sont doux, timides, animés de bons sentiments.

M. Gérôme est un grand dessinateur et un grand coloriste. Il a su évoquer savamment les scènes du passé : son *Gladiateur mourant dans l'arène*, *Phryné*, le *Roi Candaule* ne sont-ils pas des scènes où le savoir, la sincérité le disputent à la beauté du dessin et à la vérité archéologique ? L'Orient l'a aussi fasciné ; il en connaît admirablement bien les secrets.

M. Bouguereau dessine avec une rare perfection. Son coloris a toujours une grande fraîcheur, et beaucoup de finesse. On peut admirer de lui, au Musée du Luxembourg, la *Vierge consolatrice*. Il déteste la mise en scène ; peu de choses lui suffisent pour faire un tableau. Quant à ses portraits, ils sont toujours très élégants.

Certes, M. Cabanel a été un grand dessinateur. La pureté et la vérité dans le dessin ont été toujours ses guides. On trouve toujours dans ses toiles la grâce et le charme. Quoi de plus séduisant que ce ravissant tableau du *Conteur florentin* ?

Les peintures décoratives du nouvel Opéra de Paris ont immortalisé Paul Baudry[1], qui a été aussi un des maîtres du portrait.

M. Tony Robert-Fleury est le peintre populaire du *Massacre de Varsovie*, cette page sanglante, jetée à la face du brutal vainqueur. C'est, d'ailleurs, un de nos plus grands peintres d'histoire : il a toujours protesté, dans l'éloquente toile, pour les victimes des calamités publiques.

Mlle Rosa Bonheur (née en 1822), élève de son père, Raymond Bonheur, est une artiste distinguée qui a fait d'admirables choses

---

[1]. M. Paul Dubois a fait un superbe buste de *Paul Baudry*.

en paysages, natures mortes et animaux. Elle a été décorée de la Légion d'honneur le 10 juin 1865. Parmi ses principaux tableaux, citons : *Labourage nivernais*, au Musée du Luxembourg; *Lapins et Chèvres*, *Marché aux Chevaux*, grande toile qui a été le succès du Salon de 1853; la *Fenaison en Auvergne*, *Razzia* (souvenir d'Écosse). Elle fait aussi de bien beaux dessins d'animaux et de paysages.

M. BONNAT s'est fait une renommée comme peintre de portraits; il imite la manière de REMBRANDT, réservant la lumière pour un seul endroit, qui est chez lui la tête, et laissant tout le reste de la toile dans l'ombre, faisant ainsi reporter toute l'attention sur le visage de ceux qu'il représente.

Ses portraits les plus remarquables sont ceux de *Thiers*, de MM. *Grévy, Carnot, de Lesseps*.

Parmi ses autres toiles remarquables, nommons : le *Christ de la Cour d'assises*, *Saint Vincent de Paul*, *Job*, le *Barbier turc*, qui dénotent chez lui une admiration pour les maîtres hollandais.

M. GUILLAUMET s'est fait un nom par sa belle *Vue de Laghouat*, que possède le Musée du Luxembourg; il a beaucoup de talent pour rendre la lumière éblouissante du soleil d'Afrique, la demi-transparence poussiéreuse des villes africaines.

M. LHERMITTE est vraiment un bien grand artiste; il est le peintre et le dessinateur des travailleurs. Il sait à la fois exprimer la noblesse du travail et le faire aimer. Les robustes paysans ou travailleurs de M. LHERMITTE font songer à ceux du regretté MILLET. Tout le monde connaît les admirables dessins au fusain de M. LHERMITTE : dessins si beaux, si pleins de vie, qu'il semble qu'on aperçoive les couleurs sous le noir et le blanc, la majesté du paysage; la profondeur des bois, les aspects variés des animaux, ne pourront certes être jamais rendus avec plus de bonheur.

M. Hébert est un peintre de genre très distingué; il excelle surtout à renfermer dans un petit cadre le charme et les souvenirs de la terre étrangère. Tout le monde connaît son beau tableau de *Cervarolles*, au Luxembourg. Son dessin est élégant et sa couleur fine et délicate.

M. Vollon a été considéré, jusqu'à ce jour, comme un de nos maîtres en natures mortes, qu'il peint très largement, tandis que M. Blaise Desgoffes y met un soin minutieux.

M. Alfred Magne tient à côté de MM. Vollon et Monginot une place très honorable dans la peinture de fleurs et d'animaux, morts ou vivants[1].

M. Gustave Doré a été un compositeur merveilleux, un dessinateur original et puissant. Il avait une fécondité surprenante et un grand goût pour le pittoresque. Il semblait faire pour ainsi dire en se jouant, les compositions les plus compliquées, les plus confuses, où cependant tout était en proportion et exactement à sa place. Doré a été un des premiers dessinateurs de France, et ses illustrations, ses vignettes pour les livres, l'ont placé parmi les maîtres du dessin.

La mort avait, en janvier 1871, frappé brutalement un peintre plein d'avenir, et sur lequel se fondaient les plus grandes espérances, Henri Regnault, ajoutant un deuil aux deuils déjà si pénibles de la France agonisante. Celui-là était un amant de la couleur que le talent du célèbre coloriste Fortuny avait fasciné. La couleur éblouis-

---

1. Sous le nom d'*Hortense Richard,* Mme *Alfred Magne* signe des œuvres de premier ordre en peinture sur porcelaine.

sante, voilà quel était son rêve. Tout le monde connaît ses tableaux principaux : *Salomé*, *Une Exécution à Tanger*, le portrait du *Maréchal Prim*, qui l'a classé parmi les grands portraitistes, le charmant portrait de *M*^{me} *de Burck*, que possède le Louvre. Mais si REGNAULT était un grand coloriste, il était aussi un savant dessinateur et un adorable aquarelliste. Ses aquarelles, véritables débauches de couleurs, enchantent tous les regards.

Quant à ses dessins, ils comprennent tous les genres, tous les

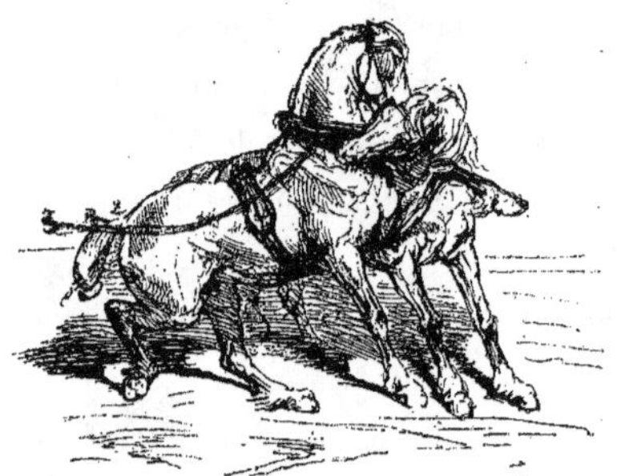

Étude de chevaux. (Dessin d'Henri REGNAULT.)

sujets d'études ; on voyait que cet artiste aimait la nature et qu'il voulait en décorer ses dessins.

Un des jeunes chefs de l'École réaliste contemporaine, BASTIEN-LEPAGE, a fait beaucoup parler de lui. Il était né à Damvillers (Meuse). Il avait fait ses débuts au Salon de 1874, avec le portrait de son grand-père, qui commençait à établir promptement sa jeune renommée. En 1875, il donnait au Salon un tableau d'une fine couleur intitulé la *Communiante* et le portrait de *M. Wallon*. En 1878, il exposait les *Foins*, tableau qui commença la série de ses études champêtres, et auquel succédèrent le *Bûcheron*, d'un si beau faire, et l'*Amour au village*, idylle charmante. Nommons aussi sa *Jeanne d'Arc* et les *Voix*, où il s'affranchissait de parti pris de toutes les règles de convention, tout en gardant une merveilleuse habileté dans l'exécution.

Les portraits qu'il a faits resteront justement célèbres; ils semblent par leur facture appartenir aux premiers maîtres de l'École française du xv° siècle. Nommons, parmi les plus remar-quables ceux d'*André Theuriet*, le doux poète, de *M. Albert Wolff*, de *Mme Drouet* et de *Mme Sarah-Bernhardt*, portraits remplis de caractères originaux et qui avaient placé Bastien-Lepage parmi les célébrités contemporaines.

M. Fourcaud, qui connaissait beaucoup Bastien-Lepage, le dépeint d'une manière très vivante. Il avait interrogé le peintre sur sa philosophie d'art, sur son esthétique et celui-ci lui avait répondu : « Il n'y a de bon que la vérité. Il faut peindre ce que l'on connaît et ce qu'on aime. Je suis d'un village de Lorraine, je peindrai, d'abord, les paysans et les paysages de mon pays, comme ils sont. Je ferai aussi une *Jeanne d'Arc*. Une *Jeanne d'Arc* vraie, qui sera de notre coin de terre et non de mon atelier. Plus tard, quand j'aurais suffi-samment observé les Parisiens, je m'essayerai dans les scènes de Paris, mais bien plus tard. Mes camarades ont de l'estime pour mes portraits. J'en suis fier, car je pense qu'on doit tout traiter en por-trait, même un arbre, même une nature morte. On ne trouve jamais deux objets parfaitement semblables; le talent consiste à démêler et à rendre ce qui est particulier à chacun. C'est toute ma théorie. »

On retrouve cette théorie dans toutes ses œuvres.

« Bastien-Lepage, dit un critique, fut surtout un grand portrai-tiste; cette qualité domine dans toutes ses toiles. Comme portraitiste il a atteint le point culminant de son art. Son dernier portrait, celui de Mme Drouet, peut être placé dans n'importe quel musée à côté des HOLBEIN et des DURER les plus acclamés. On peut dire de BASTIEN, et c'est là ce qui donne une si haute valeur à ses portraits, qu'il dépouillait ses modèles jusque dans les moelles et qu'il ne signait ces petites merveilles que lorsqu'il n'y pouvait plus apporter aucune perfection.

« Ce qui établit la gloire de ce jeune peintre à jamais, c'est qu'il fut vraiment artiste dans l'âme; on peut dire de lui qu'il n'a pas perdu un seul instant de sa courte vie dans les jongleries combinées pour éblouir le spectateur. De même que dans ses portraits on peut lire au fond de l'âme des modèles, on peut pénétrer dans la plus intime pensée de l'artiste par son œuvre. »

Le talent de M. Jean-Paul LAURENS est tragique comme l'a été celui de Paul DELAROCHE. Il semble aimer les cadavres, les choses tristes, les scènes lugubres ou dramatiques et il sait rendre le caractère des scènes tragiques de l'histoire.

Sa réputation a été consacrée par des tableaux funèbres tels que l'*Interdit*, le *Duc d'Enghien*, le *Pape Formose*, *Isabelle de Portugal*, les *Emmurés de Carcassonne*, le *Cadavre du général Marceau devant l'État-major autrichien*, les *Derniers moments de l'empereur Maximilien*. Cet artiste a le talent de la composition qu'il sait faire simple et belle, il a aussi l'exécution ferme, mais sa touche est lourde, dure même, et son coloris trop froid et trop sombre. On peut dire de lui qu'il est un véritable romantique.

M. PUVIS DE CHAVANNES est le plus grand représentant, en France, de la peinture décorative. Il est autant poète que peintre, car il sait nous parler comme en rêves des beautés idéales des temps évanouis;

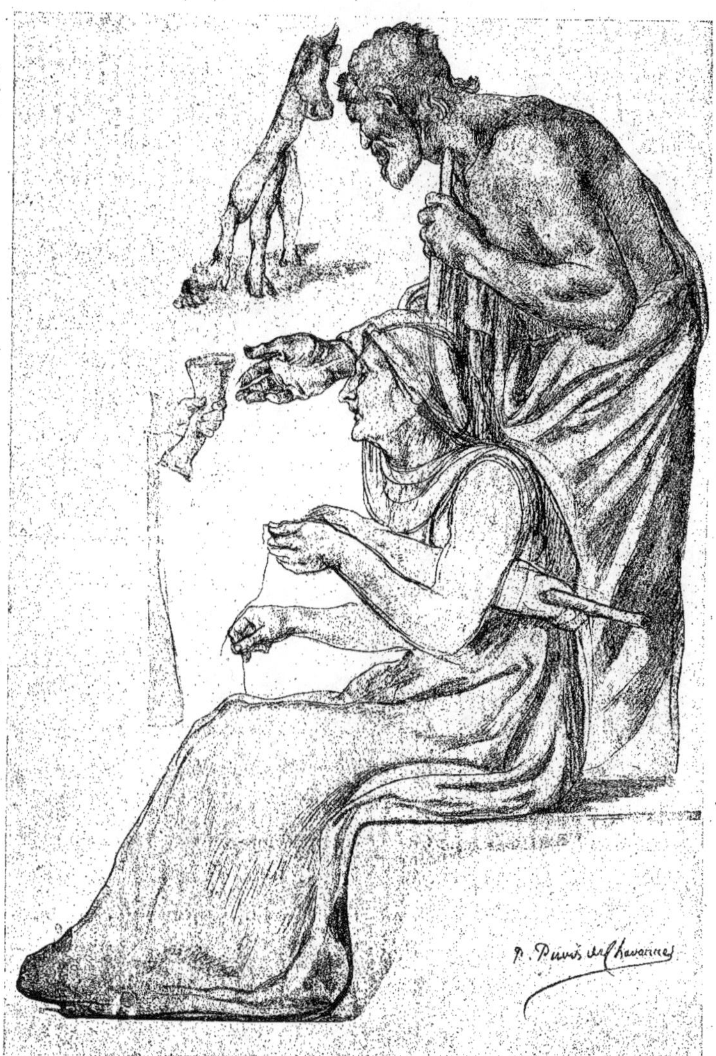

Étude par Puvis de Chavannes

41

c'est une impression poétique de tranquillité, de bonheur, de doux recueillement que l'on ressent devant ses œuvres.

M. Puvis de Chavannes est un puissant coloriste et un vigoureux dessinateur; non pas un coloriste peignant avec des couleurs éclatantes comme Delacroix, mais un coloriste posant des tons justes et harmonieux; il affectionne d'ailleurs la tonalité mate et claire de la fresque, et il sait rendre avec peu de couleur une suave harmonie. Ses toiles les plus remarquablss sont : *Pro Patria*, *Doux pays*, l'*Enfant prodigue*, le *Pauvre pêcheur*. C'est surtout au Panthéon qu'on peut juger de son admirable talent, dans la fresque représentant l'*Enfance de sainte Geneviève*.

M. Bida connaît bien l'Orient et on peut mettre son nom à côté de ceux de Decamps et de Marilhat. M. Bida est surtout connu comme dessinateur. Ses dessins sont des œuvres remarquables. Tout le monde connaît ce beau dessin du *Mur de Salomon*, que la gravure a reproduit un grand nombre de fois. Il est plus vrai que Gustave Doré, il sait mettre dans ses œuvres beaucoup de poésie tout en restant sincère. Il sait aussi être dramatique, témoin son beau dessin du Musée du Luxembourg représentant le *Massacre des Mamelucks* ; il a fait un grand nombre d'illustrations de toute beauté parmi lesquelles nous pouvons citer : les illustrations de la Bible, celles des œuvres d'Alfred de Musset. Ses dessins sont toujours corrects, on sent qu'il dessine ce qu'il voit avec franchise.

Depuis 1870, ont surgi quelques magnifiques talents de peintres militaires.

N'est-ce pas, d'ailleurs, à l'Art de rappeler éternellement, comme un devoir, les souvenirs à la fois navrants et glorieux de la défaite, à montrer les dévouements obscurs et souvent sublimes de ces braves Français tombés pour la Patrie? Si on pouvait oublier ces choses inoubliables, l'Art serait là pour montrer dans son magnifique langage que les défaites d'un grand peuple sont souvent plus glorieuses que les victoires et que les hauts faits des défenseurs de la Patrie peuvent aussi bien inspirer les grands artistes que les souvenirs de la Grèce, de Rome ou de Florence.

Parmi ceux qui ont fait revivre, pour la gloire de la Patrie française, les épisodes glorieux et sacrés de nos combats, les horreurs sanglantes des vainqueurs, on doit placer au premier rang MM. DE NEUVILLE, DETAILLE, PROTAIS, etc.; à leur suite, comme une glorieuse phalange, BERNE-BELLECOUR, MÉDARD, etc.

M. Alphonse DE NEUVILLE a été le vrai peintre du troupier. Nul ne savait mieux que lui le représenter dans l'action du combat, au milieu de la bataille. Il a connu les mœurs, les instincts des soldats; on dirait qu'il a vécu de leur vie, tellement est grand le naturel avec lequel il les a représentés.

DE NEUVILLE fait aimer la guerre; il a entouré les soldats français d'une auréole de gloire, et stigmatisé d'une façon sanglante les vainqueurs pour lesquels il n'a jamais assez de mépris. On peut dire qu'il a rendu la philosophie de la guerre franco-allemande avec toutes ses cruautés, toutes ses scènes atroces. Tout le monde connaît ces toiles émues qui font encore davantage aimer le soldat français : les *Dernières cartouches*, la *Bataille de Forbach* (on n'y distingue pas un seul Prussien; n'est-ce pas le caractère philosophique de cette guerre où les soldats français tombaient sans voir l'ennemi?), un *Combat sur une voie ferrée*, l'*Espion*, *Attaque par le feu d'une maison crénelée*, le *Départ du bataillon*, *Combat dans une église*, le *Déserteur*, etc.

M. Édouard DETAILLE, élève de Meissonier, est aussi un de nos

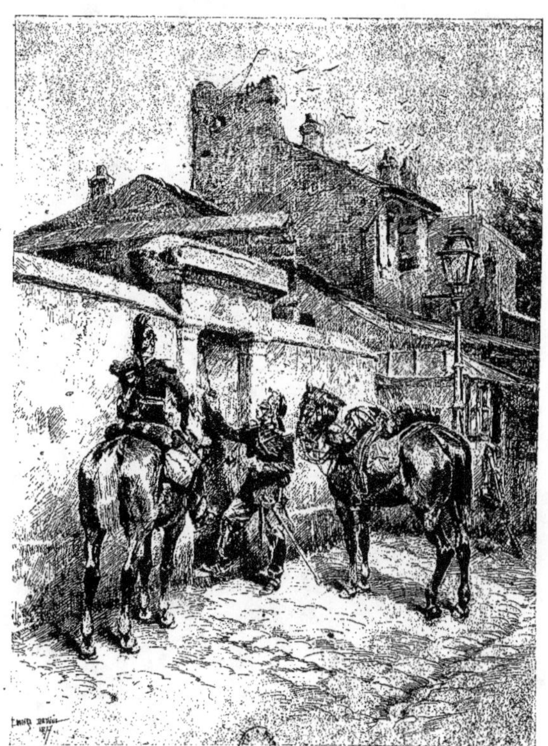

Dessin d'Édouard DETAILLE.

premiers peintres de soldats ; ses œuvres seront plus tard utiles à consulter pour l'histoire du costume militaire. Ce qui distingue les soldats de de Neuville de ceux de Detaille, c'est que les soldats du premier sont toujours rendus avec un grand naturel, sales, dégoûtants, pleins de boue, de poudre ; ceux de Detaille, au contraire, sont propres, coquets comme à la parade.

Dans la grande quantité des œuvres de Detaille, nous pouvons distinguer : l'*Alerte*, la *Halte*, un *Parlementaire*, *Vedette*, *Charge de cuirassiers*, *Souvenir des grandes manœuvres*, *En retraite*, les *Ambulanciers*, *Surprise dans un château*, le *Régiment qui passe*, etc.

Les soldats de M. Berne-Bellecour sont ordinairement des portraits.

M. Leblant a peint les scènes militaires de la chouannerie.

M. Armand Dumaresq, comme de Neuville, peint les troupiers dans le feu de l'action ; ses toiles et ses dessins seront précieux à consulter. Il a peint aussi avec talent de nombreux épisodes des combats de la Grande Armée.

M. Protais est le peintre ému des batailles. On connaît le succès populaire de sa *Garde du Drapeau*, des *Vainqueurs*, des *Prisonniers de Metz*.

M. H. Dupray aime à peindre les troupiers en temps de paix.

M. André Brouillet tient ferme le drapeau de Bastien-Lepage dont il est le digne successeur. Ses tableaux sont d'une vérité frappante, plusieurs occupent la meilleure place dans nos musées. Citons : *Une leçon du docteur Charcot à la Salpétrière*, le *Paysan blessé* (au Musée du Luxembourg), l'*Exhumation de l'évêque d'Ussel* (au Musée de Poitiers), des *paysages*, l'*Ambulance de la Comédie-Française en 1870*, etc.

M. Henri Pille occupe le premier rang parmi nos illustrateurs contemporains. Dans ses dessins à la plume il fait revivre le moyen âge avec ses personnages si curieux et aux pittoresques costumes.

M. Olivier Merson s'est fait un nom connu comme peintre religieux et illustrateur hors ligne. Nul mieux que lui ne sait nous rendre les types du moyen âge, les scènes de ces temps passés. Ses dessins, ses compositions sont toutes empreintes de la poésie douce et mélancolique de cette époque

Un des plus beaux tableaux de M. Olivier Merson, c'est son *Arrivée à Bethléem,* dont il a emprunté le sujet à un noël populaire. Ecoutons ce noël qui a bien du charme :

SAINT JOSEPH

Passons par l'autre rue,
La cour est à vis-à-vis;
Tout devant votre vue
J'y vois un grand logis.

LA SAINTE VIERGE

Allez-y seul, de grâce,
Je ne puis plus marcher;
Je me trouve si lasse,
Que je ne puis chercher.

SAINT JOSEPH

Ma bonne et chère dame,
Dites, n'auriez-vous point
De quoi loger ma femme
Dans quelque petit coin?

L'HÔTESSE

Les gens de votre sorte
Ne logent pas céans,
Allez à l'autre porte,
C'est pour les pauvres gens.

Avec la donnée de ce noël si naïf, si simple et cependant si touchant, M. Merson a fait un chef-d'œuvre. La sainte Vierge lasse, n'en pouvant plus, est restée au milieu de la route, une auréole entoure sa tête charmante ; saint Joseph parlemente avec l'hôtelière, qui a l'air de le repousser d'un geste et d'un air peu avenants.

Le paysage est splendide ! Les étoiles brillent au firmament, de grands chiens ont suivi les voyageurs et s'arrêtent, en flairant, à une certaine distance. Il y a quelque chose de doux, de calme, de solennel dans cette petite toile. Pour moi, M. Merson est actuellement l'un de nos plus grands peintres religieux, il sait mettre dans ses œuvres une foi profonde, il comprend admirablement bien toute la poésie des scènes religieuses. Quant à sa manière de dessiner, je ne saurais trop répéter qu'il dessine comme un grand maître.

Parmi les animaliers contemporains, M. VAYSON occupe le premier rang et à un double point de vue, car il se trouve être en même temps grand paysagiste. Nombreuses sont ses toiles que possèdent nos musées.

M. Joseph WENCKER est à l'heure actuelle un de nos plus grands portraitistes.

M. Honoré UMBRICHT s'est fait un nom avec ses portraits qui rappellent le faire de Bonnat, toutefois avec un coloris plus frais et plus vigoureux. Cet artiste a aussi signé des toiles de genre remarquables, parmi lesquelles il faut citer le *Souvenir à la Patrie*, un *Attelage dans les Vosges*, etc.

Parmi les peintres de nature morte, il nous faut citer M. KREYDER, dont les roses sont un régal pour les yeux, et dont les fruits sont si savoureux ; M. Ch. SCHULLER, qui peint les fleurs en plein air avec un réel talent ; Mlle Jeanne GERDÈRES, dont les fleurs ravissantes sont rendues avec grâce et délicatesse; Joseph BAIL, qui peint de main de maître les bibelots, ainsi que le témoigne son tableau du Musée du Luxembourg.

M. GEOFFROY est le peintre aimé des enfants pauvres ; on peut citer de lui : le *Collier de misère* (Musée de Cambrai), les *Infortunés* (Musée du Luxembourg), les *Affamés*, cette toile d'une si puissante émotion, d'un réalisme étonnant.

M. L. LHERMITTE est à la fois très connu comme fusiniste et comme peintre. Il a collaboré à la décoration de la Sorbonne.

M. FRIANT est un artiste qui a des portraits d'une infinie délicatesse, des scènes d'une intimité parfaite, scrupuleusement vues et rendues.

M. DAGNAN-BOUVERET est célèbre avec la *Vaccination*, la *Bénédiction des mariés*, le *Pardon* et des portraits. On y reconnaît ses qualités d'observation minutieuse, sa rare science des valeurs, sa recherche du caractère expressif et l'acquit prodigieux qu'il possède. Ce sont des toiles de grand maître.

Depuis 1870, la peinture décorative ainsi que la sculpture décorative ont pris aussi un grand essor : une brillante phalange de peintres a décoré nos monuments : la Comédie-Française, le Panthéon, la Sorbonne, les Écoles, les musées, les palais de Paris et des grandes villes de France. On peut citer les noms de MM. BAUDRY, CABANEL, DELAUNAY, MAZEROLLE, HENRY LÉVY, DUBUFE, CORMON, BENJAMIN CONSTANT, GALLAND, BESNARD, PUVIS DE CHAVANNÈS, CAZIN, ESCALÈS, HUMBERT, CHARLES TOCHÉ qui semble le Tiepolo de notre siècle [1], etc.

La peinture française, quoi qu'en disent les critiques moroses qui

---

1. Charles Toché a décoré la galerie du château de Chenonceaux de splendides peintures décoratives.

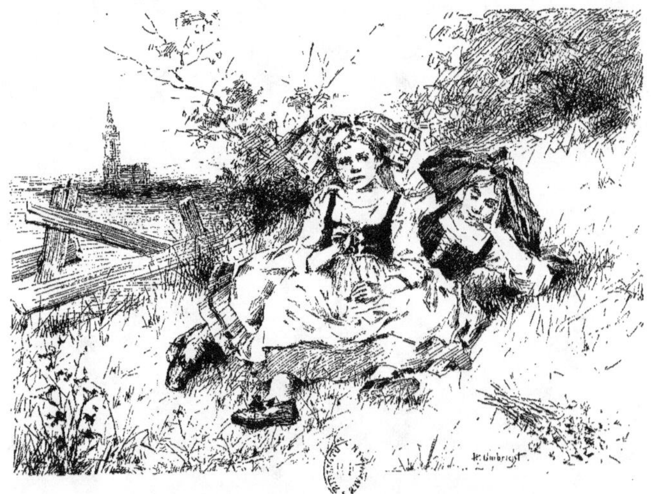

Souvenir à la Patrie. (Dessin d'Honoré Umbricht d'après son tableau.)

souvent visitent le Salon en courant, la peinture française, dis-je, sans crainte d'être accusé d'aveuglement patriotique, occupe toujours la première place en Europe. Et je puis ajouter que depuis quelques années, notre École française de peinture s'est fortifiée.

D'ailleurs, nos artistes ont assez intérêt à travailler, car jamais en France, comme depuis dix ans, le Salon n'a excité à un aussi haut degré la curiosité et la passion du public.

La foule y afflue.

Beaucoup d'artistes de talent se sont fait jour depuis quelques années. Quelques-uns même, quoique fort jeunes, sont arrivés à la gloire.

C'est un bon signe, signe de travail et signe d'amour de l'Art.

Un fait digne de remarque et qui est très significatif, c'est l'éloignement de la tradition, un rapprochement très accentué vers le naturalisme. L'École romantique, l'École de 1830 n'a plus que de rares adeptes. Les scènes de la vie contemporaine prennent chaque jour une grande place dans la peinture.

Devons-nous nous en plaindre ?

Je ne le crois pas.

Les artistes, pour être compris du public, doivent être de leur siècle, doivent suivre le mouvement contemporain.

N'est-ce pas ainsi d'ailleurs que pensaient les maîtres des XVIe et XVIIe siècles ? Avec leurs tableaux, on peut refaire l'histoire de leurs pays, de leurs civilisations, de leurs mœurs.

Il est bien entendu que lorsque je parle de naturalisme, je ne parle pas d'impressionnisme. Ce n'est pas une raison parce qu'on peint des choses contemporaines qu'il faille ne pas dessiner, ne pas mettre d'air dans ses toiles, de lumière dans le clair-obscur, de relief dans les corps.

Le plus grand nombre de nos maîtres contemporains sont des naturalistes, mais non des impressionnistes, ils sont des interprètes sincères émus de la vie moderne.

J'avais craint pendant quelques années de voir tomber l'Art français dans le trivial et le grotesque, heureusement qu'il n'en est rien. C'est le contraire qui arrive et les belles œuvres que nous avons pu voir figurer aux derniers Salons sont venues à point pour le prouver.

LES GRAVEURS

Les graveurs eux aussi tenaient à montrer la supériorité de l'Art français.

La *lithographie* a commencé à devenir à la mode, en France, vers la fin de la Restauration.

Cet art a été pratiqué avec grand talent par Carle VERNET, Horace VERNET, CHARLET (sujets militaires), GÉRICAULT, BELLANGÉ (sujets militaires), DECAMPS, DELACROIX, PIGAL, Achille DEVÉRIA, et les trois caricaturistes et dessinateurs de scènes populaires, Henri MONNIER, GAVARNI et DAUMIER.

De nos jours les procédés matériels de reproduction sont arrivés en France à une grande perfection ; malgré cela, la gravure française n'a pas été atteinte et, au contraire, les graveurs paraissent être devenus plus nombreux et leurs gravures plus artistiques.

La gravure sur bois a, aujourd'hui, pour la représenter : VAN PANNEMEKER, ROUSSEAU, Georges BELLENGER Clément BELLEN-

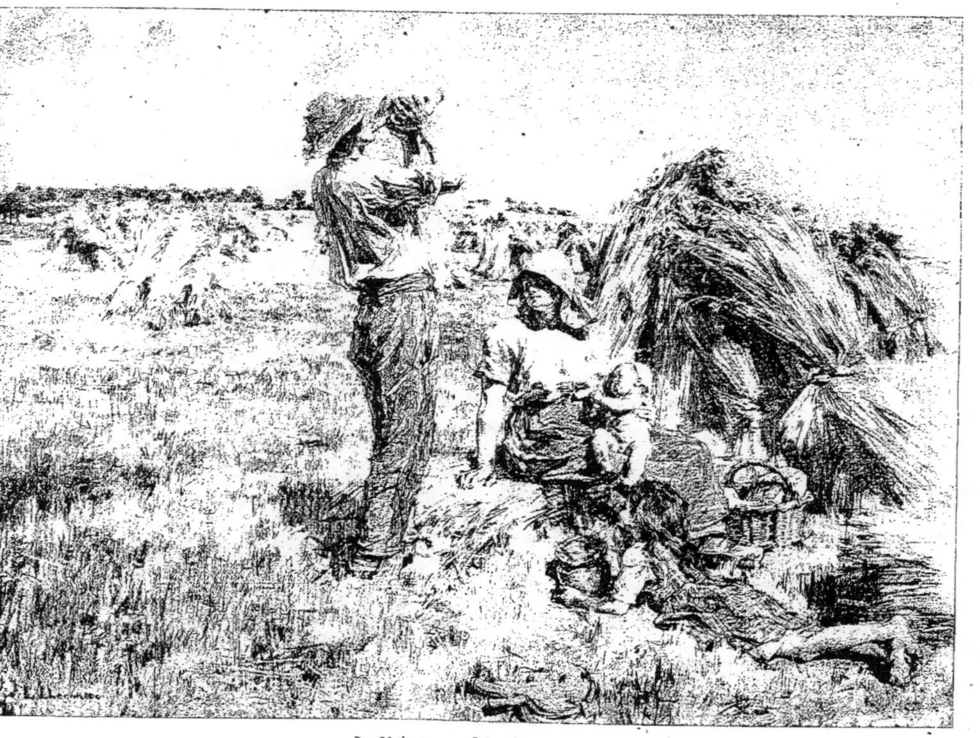

La Moisson, par Léon Lhermitte.

GER, LEVEILLÉ, BAUDE, qui illustre un si grand nombre de publi cations, LEPÈRE, etc.

Les lithographes, eux aussi, forment une brillante phalange ; nous pouvons citer, parmi eux, MM. SIROUY, FANTIN-LATOUR, GILBERT, Jules LAURENS, VERGNES, JACOTT, CHERET, THORNLEY, Charles MAIROU, LUNOIS, Jules SYLVESTRE[1], Alfred BAHUET[2], FAUCHON, etc.

Beaucoup de peintres se servent aujourd'hui de l'eau-forte pour traduire leurs impressions personnelles, leurs propres inventions, tels sont : MM. BESNARD, FALGUIÈRE, RIBOT, James TISSOT, etc.

Ceux qui copient les maîtres anciens et modernes sont aussi fort nombreux, et plusieurs ont signé de véritables chefs-d'œuvre en eau-forte. Signalons : MM. CHAUVEL, Léopold FLAMENG, LAGUILLERMIE, WALTNER (le traducteur des maîtres flamands et hollandais), COURTRY, LEFORT, etc.

Dans la gravure au burin, à laquelle le regretté Ferdinand GAIL- LARD avait donné un si brillant essor, nous pouvons signaler : MM. BLANCHARD, HENRIQUEL-DUPONT, LAMOTTE, MORSE, Tiburc DE MARC, JACQUET, les frères DIDIER, Eugène BURNEY, etc.

De nombreuses associations de graveurs se sont fondées : la *Société des Graveurs au burin*, la *Société des Lithographes français*, la *Société des Aqua-fortistes français*, etc. Elles ne pourront que donner un brillant essor à l'art de la gravure en France.

On peut dire que la *gravure en médailles et pierres fines* traverse, en ce moment, une remarquable et éclatante période sans précédent

---

1. Ce dernier est aussi très connu comme illustrateur (aquarelles et dessins pour livres de prix et d'amateurs).

2. Dont l'œuvre principale est le *Maréchal Prim* d'après Henri Regnault.

en France, digne de l'époque de la Renaissance italienne. Les maîtres aimés en ce genre sont : MM. LEVILLAIN, ROTY, RINGEL, CHAPLAIN, GAULARD, VERNON, PATEY, Michel CAZIN, BOTTÉE, CHARPENTIER, DEGEORGE, etc.

LES ARCHITECTES

Quant aux architectes les plus renommés qui se sont fait connaître, de 1830 à 1870, nous pouvons citer : Achille LECLÈRE, VISCONTI, qui ont achevé le Louvre; BALTARD, l'architecte des Halles centrales; LASSUS et VIOLLET LE DUC, qui ont fait de si admirables travaux à Notre-Dame, à la Sainte-Chapelle et à nos principaux monuments de l'époque ogivale; DUC, l'auteur de la façade du Palais de Justice; ESPÉRANDIEU, qui a construit le Palais des Beaux-Arts et Notre-Dame de la Garde, à Marseille; LENOIR; LEFUEL, qui a reconstruit les Tuileries; DUBAN; Charles GARNIER, auquel on doit le nouvel Opéra, etc.

Tous ces artistes différents ont su maintenir et maintiennent l'Art français au premier rang, parmi toutes les nations.

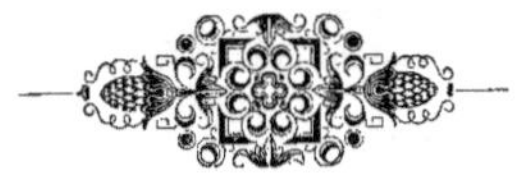

APPENDICE

ARIS s'est développé successivement pendant plusieurs siècles.

L'antique Lutèce était renfermée dans l'île de la Cité qui ne s'étendait que du chevet de Notre-Dame à la rue du Harlay, « faite comme un navire échoué au fil de l'eau et amarré par de nombreux ponts aux deux rives du fleuve[1] ».

« Paris, a dit Victor Hugo, demeura plusieurs siècles à l'état d'île. Puis, dès les rois de la première race, trop à l'étroit dans son île et ne pouvant plus s'y retourner, Paris passa l'eau. »

Sous Philippe-Auguste, Paris comprenait déjà trois villes distinctes : l'île de la Cité, la ville sur la rive droite, et l'Université sur la rive gauche.

Paris continua à s'agrandir. Sous les rois de la troisième race, il s'étendait, sur la rive gauche, du pont de la Tournelle à la tour de

1. Aussi c'est un navire qui sert de blason au vieil écusson de Paris.

Nesles, et sur la rive droite, du pont Marie à Saint-Germain-l'Auxerrois.

Le roi Charles V recula les murailles à l'ouest et au nord.

Sous Henri IV, le quartier du Marais s'agrandit beaucoup, et le
faubourg Saint-Germain forma un nouveau quartier.

Le roi Louis XIV supprima l'enceinte.

Louis XVI engloba les faubourgs.

Depuis, Paris n'a fait que s'agrandir.

Corroyet, imprimeur-libraire et écrivain, mort en 1568, décri-
vait Paris en ces termes :

> « Cette ville est de unze portes,
> Avec gros murs, qui n'est pas peu de chose ;
> Profonds fossés tout à l'action s'estendent,
> Où maintes eaux de toutes parts se rendent ;
> Lequel enclos sept lieues lors contient,
> Comme le bruyt tout commun le maintient.
>   Puis après sont cinq grands ponts,
> Par-dessus l'eau passer et repasser
> Depuis la ville en la noble Cité,
> De la Cité en l'Université. »

Suivons un peu à Paris, à travers les âges, le développement de
l'art architectural.

Parmi les monuments de l'époque gallo-romaine que renferme
Paris, citons le Palais des Thermes, datant du IIIe siècle, et qui renferme un musée gallo-romain des plus intéressants.

Au moyen âge appartient l'église Saint-Germain-des-Prés, qui
date du XIe siècle[1].

---

[1]. Il faut aller y admirer les fresques du grand peintre religieux français, Hippolyte Flandrin.

A l'époque de l'architecture ogivale dite gothique appartiennent
les monuments de Paris suivants :

Notre-Dame de Paris (xiie et xiiie siècles), « vaste symphonie en
pierre », a dit Victor Hugo ; l'église Saint-Julien le Pauvre, l'église
Saint-Pierre, la Sainte-Chapelle, merveilleux bijou, etc.

C'est du xive siècle que date le Palais de Justice.

Au xve siècle, Paris vit s'élever l'église Saint-Gervais, l'église
Saint-Germain-l'Auxerrois, l'église Saint-Séverin, l'hôtel de Cluny,
où se trouve installé le musée de Cluny, un des plus merveilleux
musée, riche en objets précieux du moyen âge : meubles, tapisseries, orfèvrerie, bijouterie, sculptures, fer ciselé, émaux, vitraux,
faïences, porcelaines, etc...

Parmi les monuments de Paris datant du xvie siècle il faut citer
l'ancien Hôtel de Ville, la tour Saint-Jacques et l'hôtel Carnavalet.

Les églises *Saint-Eustache* et *Saint-Étienne-du-Mont* de Paris,
qui sont en style de transition (mélange de gothique et de Renaissance) datent aussi du xvie siècle. Le Louvre continua à être agrandi
et embelli.

Au xviie siècle, les architectes eurent beaucoup à faire.

Les édifices et monuments de Paris appartenant au xviie siècle
sont : la Sorbonne et son église, « moitié collège et moitié monastère », construite en 1629, par ordre de Richelieu ; le palais du
Luxembourg, commencé par Marie de Médicis ; le Pont-Neuf, achevé
sous Henri IV ; l'église Saint-Paul, Saint-Louis, l'église protestante
de l'Oratoire, la chapelle du Val-de-Grâce, la place Vendôme,
l'Observatoire, la porte Saint-Martin, la porte Saint-Denis, l'église
Saint-Sulpice, l'église Saint-Louis-en-l'Ile, le Palais-Royal, le palais
de l'Institut, l'hôtel des Invalides (dont l'imposante façade à quatre

étages mesure 210 mètres et compte 133 fenêtres ornées dans les parties hautes de trophées militaires [1]), la somptueuse résidence de Mazarin devenue aujourd'hui la Bibliothèque nationale, etc...

Du XVIII° siècle datent l'École militaire, l'ancien Garde-Meuble, les bâtiments du ministère de la Marine et des Colonies, le pont et la place de la Concorde, l'École de droit, le Panthéon, la Madeleine [2], l'église Saint-Philippe du Roule, l'hôtel de la Monnaie, les bâtiments anciens de l'École de médecine, le palais de l'Élysée, le premier Théâtre-Français, le théâtre de l'Odéon.

Sous Napoléon Ier, Paris vit s'élever l'arc de triomphe de l'Étoile,

> Monceau de pierre assis sur un monceau de gloire !

L'arc de triomphe du Carrousel, la colonne Vendôme [3] primitivement appelée colonne d'Austerlitz (commencée le 25 août 1806), la Halle aux vins, le palais du Corps législatif, la Bourse, les Abattoirs.

Pendant la Restauration, les architectes élevèrent l'église Saint-Vincent-de-Paul et l'église Notre-Dame-de-Lorette.

Sous le règne de Louis-Philippe on éleva et construisit la fontaine Louvois, la fontaine Molière, la fontaine de la place Saint-Sulpice, l'obélisque de Louqsor, élevé par l'architecte Lebas le 25 octobre 1836 ; la colonne de Juillet, que couronne le génie de la Liberté [4].

---

1. Les réfectoires sont ornés de peintures représentant les campagnes de Louis XIV.

2. Achevée seulement en 1842.

3. Sur la grande place que Louis XIV avait fait construire sous le nom de *Place des Conquêtes*.

4. Sur le faîte de cette colonne élevée en souvenir des trois journées de juillet 1830, sont inscrits les noms des combattants enterrés à sa base.

Sous le règne de Napoléon III, l'architecture prit un grand développement et nombreux furent les édifices élevés. Citons : l'église de la Trinité, l'église Sainte-Clotilde (dans le style gothique), l'église Saint-Augustin (dans le style de la Renaissance italienne), l'église Saint-Jean-Baptiste de Belleville (dans le style du XIIIe siècle), l'église Saint-Ambroise ; le nouvel Opéra [1] ; les théâtres du Vaudeville, de la Gaîté, des Nations, du Châtelet ; les Halles centrales, le Tribunal de Commerce, le Palais de l'Industrie, etc...

Sous la troisième République, depuis 1870, l'architecture a pris un assez grand essor, surtout dans les monuments civils et les édifices consacrés à l'instruction, les écoles, les lycées, etc.

Les architectes ont agrandi les galeries du Jardin des Plantes, élevé l'église du Sacré-Cœur sur la butte Montmartre, construit la nouvelle Sorbonne, plusieurs grandes casernes de pompiers, le nouvel Hôtel-Dieu, le Palais du Trocadéro [2].

Les nouveaux bâtiments de l'École de médecine, l'Ecole de pharmacie [3], l'Ecole centrale des arts et manufactures, le grand Hôtel des Postes, le musée Guimet [4], la Bourse du Commerce [5], anciennement la Halle aux blés, la gare Saint-Lazare, les Palais du Champ-de-Mars.

Parmi les édifices contemporains les plus beaux et les plus complets qui ont été construits en France, il nous faut citer : la Bibliothèque Sainte-Geneviève, par Labrouste ; la colonne de la Bastille et

1. Inauguré en 1875.
2. Où se trouvent réunis les beaux musées de sculpture comparée et d'ethnographie si utiles pour ceux qui s'occupent d'art.
3. Décorée de fresques par le peintre Albert BESNARD.
4. Ce musée contient les monuments graphiques de l'histoire des religions.
5. Décorée de peintures des artistes contemporains : Clairin, Lançon, Luminais, etc.

le Palais de Justice, par Duc; la cour de l'École des Beaux-Arts, par Duban; le délicieux palais de Longchamps d'Espérandieu, à Marseille; les belles salles de la Bibliothèque nationale, par Labrouste; la prison de Mazas et l'asile de Charenton, par Gilbert; le charmant musée-bibliothèque de Grenoble, par Questel, etc.

LE GUIDE DE L'HISTOIRE

DE

L'ART FRANÇAIS

A PARIS

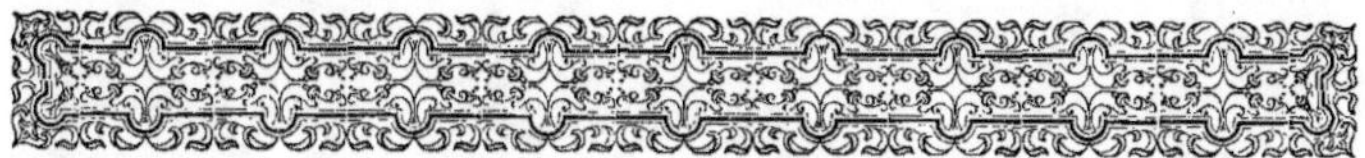

LA PEINTURE ET LA SCULPTURE AU MUSÉE DU LOUVRE

Pour bien étudier l'histoire des arts, de nombreuses visites au *Musée du Louvre* sont réellement nécessaires. Ce musée renferme, en fait de tableaux et de sculptures des richesses immenses.

On rencontrera dans ses belles galeries non seulement un grand nombre de spécimens, mais encore beaucoup de chefs-d'œuvre, des peintures et des sculptures de tous les pays et de toutes les époques où les arts ont brillé.

L'École italienne est dignement représentée avec Léonard de Vinci, Raphaël, Titien, Corrège, Paul Véronèse, etc.

L'École hollandaise, par Memmling, Rubens, Van Dyck, Rembrandt, Van Ryn, Hals, Van Ostade, Téniers, etc.

Holbein, par de superbes portraits, représente dignement l'Allemagne.

Quant à la France, tous ses grands artistes sont présents depuis Jean Cousin jusqu'à Ingres pour la peinture et depuis Jean Goujon jusqu'à Pradier pour la sculpture.

LES DESSINS DU LOUVRE

Les dessins de maîtres que possède le Musée du Louvre sont de toute beauté ; on peut passer dans la galerie des Dessins de longues heures instructives à les admirer : ceux des précurseurs de la Renaissance, si charmants dans leur naïveté; ceux des maîtres de la Renaissance, si beaux, si nobles. On ne peut se lasser de regarder les admirables études de Raphaël, de Michel-Ange, de Léonard de Vinci et des maîtres français des xv, xvi et xvii siècles; les dessins de Claude Lorrain, véritables paysages décoratifs, pleins de noblesse, de majesté.

Les dessins nombreux, les études triviales, mais pleines d'humour, de talent, des Flamands, des Hollandais, les dessins de Van Ostade, de Téniers, nous arrêtent de force par leur contraste frappant avec ceux des écoles d'Italie, où la recherche de la beauté et de l'expression morale semble le principal souci.

Mais c'est surtout en dessins de maîtres français que la collection du Louvre est splendide; il y a des chefs-d'œuvre inestimables, de merveilleuses études de Claude Lorrain, de Nicolas Poussin, des maîtres galants du xviii siècle, les incomparables cartons d'Eustache Lesueur, des décorateurs français; des études de Heim, de Paul Delaroche, etc.

Ne pas passer sans s'arrêter devant les sévères et corrects dessins d'Ingres, les pastels si peu nombreux mais si délicieux, si pleins de délicatesse, de grâce, de la Rosalba, de Latour, souvenirs pimpants du frivole et léger xviii⁰ siècle.

Ne pas oublier non plus les émaux de Bernard Palissy.

LE MUSÉE DU LUXEMBOURG

Le palais du Luxembourg, construit par Jacques de Brosse pour Marie de Médicis, renferme les œuvres d'art modernes, peintures et sculptures, acquis par l'État dans les Salons annuels.

Visiter ce musée, c'est la meilleure manière de se rendre compte de l'État des Beaux-Arts modernes en France, les tableaux et les sculptures qui y sont exposés, étant des œuvres d'artistes français encore vivants. Quand un de ces artistes est mort, ses œuvres sont, au bout de dix années, transférées au Musée du Louvre.

C'est là qu'il est possible d'étudier l'histoire et les progrès de la peinture et de la sculpture françaises contemporaines depuis la guerre franco-allemande. On y trouve aussi quelques beaux pastels et desseins.

LE MUSÉE DE SCULPTURE COMPARÉE AU TROCADÉRO

On peut étudier l'histoire de la sculpture française au *Musée de sculpture comparée du Trocadéro*, qui renferme un grand nombre de moulages des plus beaux spécimens.

Parmi ces principaux moulages, reproduction des chefs-d'œuvre de la sculpture, je citerai les suivants qui sont remarquables et intéressants au point de vue plastique et au point de vue de l'histoire de l'art :

Les *Reliefs intérieurs* de la façade occidentale de la cathédrale de Reims (datant de la première moitié du xiii° siècle);

Le *Bas-relief* (un saint dansune niche) de la décoration intérieure (l'original est en pierre), de la façade occidentale de la cathédrale de Reims ;

Une *Statue de femme*, provenant de l'hôtel de Mlle de Nuremberg (l'original est en bois et date du xvi° siècle) ;

Le *Chapiteau* d'une pile du Triforium (l'original est en granit), de la cathédrale de Limoges qui date du xiv° siècle ;

Le *Rampant* de la porte du transept nord de la cathédrale de Troyes, qui date du xv° siècle ;

Un motif d'escalier (original en pierre) de l'église Saint-Maclou de Rouen ;

La *Gigantesque cheminée* (un chef-d'œuvre de sculpture monumentale et décorative) du château d'Écouen;

Les *Pilastres* (originaux en pierre) d'une clôture de la cathédrale de Chartres (datant du xv° siècle) ;

Un *Candélabre* de la chapelle des Médicis, par Michel-Ange Buonarroti (l'original est en marbre), dans l'église Saint-Laurent à Florence (xvi° siècle, époque de la Renaissance).

Le *Soubassement d'une niche du portail* (original en pierre) de l'église de la Dalbade, à Toulouse (xvi° siècle).

Un *Trumeau* de la porte centrale (original pierre) de l'église Saint-Michel à Dijon (xvi° siècle) ;

Le *Couronnement d'une porte* de l'escalier (en pierre) de François Ier au château de Blois (xvi° siècle);

Le *Chapiteau d'une colonne* du collatéral nord (original en pierre) de l'église de Saint-Aignan (Loir-et-Cher), datant du xvie siècle ;

Le *Tympan* compris entre deux archivoltes de la nef (original en pierre) de la cathédrale de Bayeux (xiie siècle) ;

La *Penture* (original en fer forgé) d'une porte de la façade de Notre-Dame de Paris ;

Une *Frise* du portail nord (superbe motif décoratif) de la cathédrale de Troyes ;

Le *Bas-relief* de l'ancien hôtel d'Effiat, à Paris, superbe spécimen de la sculpture décorative du xviie siècle.

Des *Petits motifs* de décoration (original terre cuite) par Quellin, de l'Hôtel de Ville d'Amsterdam (xviie siècle) ;

Une *Vasque* (original marbre) du bassin du Bosquet des Dames de Versailles, d'après Girardon et Guérin ;

Un *Relief* décorant le tombeau de la princesse Orloff (original marbre) dans la cathédrale de Lausanne (Suisse, xviiie siècle) ;

Une des plus grandes merveilles et des plus grandes pièces du musée, le *Jubé* de la cathédrale de Limoges (l'original est en pierre).

La *Façade occidentale*, porte de gauche, et une *Porte du transept* nord de l'église de Saint-Maclou, à Rouen (datant du xvie siècle) ;

La superbe et grandiose porte du *Palais ducal* de Nancy (xve siècle).

La salle consacrée aux xviie et xviiie siècles renferme les pièces suivantes :

Au centre de cette salle se trouve le moulage de la *fontaine de Beaune-Semblançay*, qui est érigée à Tours, sur la place du Grand-Marché (elle appartient à la fin du xvie siècle). Cette fontaine se trouve entre les copies du *Tombeau des enfants de Charles VII*, de la cathédrale de Tours, et du *Tombeau de François II*, de l'église des Carmes à Nantes.

Au milieu de la salle se trouvent aussi le moulage de plusieurs vases de très grande dimension dont les originaux sont à Versailles, de plusieurs bustes, des groupes d'Amours qui décorent le parterre d'eau de Versailles, de deux Thermes, la Bacchante, l'Hercule de Lecomte, ainsi que les moulages de Coysevox, le *Rhône et la Loire*.

Sur la paroi de droite se trouvent les moulages de la statue de Saint-Bruno, par Houdon, de l'église Sainte-Marie-des-Anges, et d'un bas-relief provenant de la décoration de l'ancien hôtel d'Effiat, rue Vieille-du-Temple. A gauche de la salle se trouvent, toujours exécutés en moulages bien entendu, le fronton de l'ancien hôtel de la Douane de Rouen, par Coustou ; le bas-relief des chevaux d'Apollon qui décore l'entrée des écuries de l'ancien hôtel du cardinal de Rohan [1], œuvre de Le Lorrain ; les quatre bas-reliefs, le *Printemps*, l'*Été*, l'*Automne* et l'*Hiver*, de Bouchardon, qui font partie de la fontaine de la rue de Grenelle ; les bas-reliefs du bassin de Diane, par Girardon.

L'ÉCOLE DES BEAUX-ARTS

Dans la cour de l'École des Beaux-Arts (donnant sur la rue Bonaparte), se voient : les ruines du *Château de Gaillon*, œuvre de Guillaume Senault, de Pierre Delorme et de Pierre Fain, la jolie façade renaissance du *Château d'Anet*, construite pour Diane de Poitiers, ainsi qu'une fresque italienne.

1. Aujourd'hui détruit. On attribue ce bas-relief à Jacques Sarrazin.

Le long des murs de la petite cour intérieure, dite *Cour du Mûrier*, se trouve la reproduction de faïences splendides du temps de la Renaissance exécutées par des artistes de la famille de *Lucca della Robbia*[1]; dans un coin du portique de cette cour est le monument élevé à la mémoire du peintre Henri REGNAULT (mort à Montretout); c'est là que se trouve la *Jeunesse*, de CHAPU, un des plus beaux morceaux de la sculpture moderne.

Dans la salle Melpomène se voient les reproductions des principales fresques et toiles de Raphaël et des principaux artistes de la Renaissance; dans la galerie de la Renaissance on peut admirer une copie du *Jugement dernier* de Michel-Ange et ses principales œuvres de sculpture. Ne pas oublier d'admirer les copies des fresques de la Chapelle Sixtine et les copies remarquables des sculptures des maîtres de la Renaissance.

Le chef-d'œuvre de Paul Delaroche se trouve à l'hémicycle de l'École des Beaux-Arts, où se font les cours d'esthétique et d'histoire de l'art dont M. Taine est le professeur et M. Eugène Müntz le suppléant.

On trouve à l'École des Beaux-Arts un musée renfermant toutes les œuvres des artistes français ayant remporté les prix de Rome.

HOTEL CARNAVALET

L'hôtel Carnavalet se trouve situé à l'angle de la rue Culture-Sainte-Catherine et de la rue des Francs-Bourgeois. En 1544, le pré-

[1]. Voir notre livre *Les Sculpteurs de la Renaissance*.

sident du Parlement de Paris, Jacques des Ligueris, seigneur de Crosnes, avait acheté aux religieux de Sainte-Catherine du Val-des-Ecoles, le terrain sur lequel il voulait faire bâtir cet hôtel, que construisit Jean Bullant d'après les plans de Pierre Lescot. Cet hôtel, à la décoration duquel contribua Jean Goujon, fut achevé en 1556.

L'aspect intérieur de l'hôtel tel qu'il est actuellement, est la reproduction de ce qu'il était au xviiie siècle.

Les Amours qui se trouvent sculptés au-dessus de la porte extérieure sont de Germain Pilon et la Renommée de l'intrados de la porte intérieure, ainsi que celle du claveau, sont de Jean Goujon. Dans la cour intérieure de l'hôtel se trouve un fronton de porte sculpté par Jean Goujon.

La ville de Paris acheta cet hôtel en 1866, pour y installer un musée historique de la ville de Paris.

Parmi les curiosités les plus remarquables qu'on peut admirer dans cet hôtel, nous pouvons citer : en premier lieu, un ravissant *petit salon* au premier étage de l'hôtel, et qui est le plus délicieux spécimen de l'art décoratif de la fin du xviiie siècle ; en second lieu, la reconstitution faite par l'architecte Roguet de plusieurs façades d'anciens hôtels parisiens et de plusieurs monuments détruits, entre autres (dans le jardin) la *maison syndicale des Drapiers* dont la construction remontait à Anne d'Autriche.

C'est dans l'hôtel Carnavalet qu'est établi le musée historique de la ville de Paris, si intéressant au point de vue de l'art gallo-romain, des plans de Paris, des faïences fabriquées pendant la Révolution française, des gravures de l'époque, des sculptures, des ruines provenant des rues de Paris. C'est là qu'il est possible d'étudier la sculpture et l'architecture de Paris [1]

LE MUSÉE DE CLUNY

Le Musée de Cluny est un des plus beaux de Paris au point de vue des curiosités d'arts industriels et décoratifs. C'est surtout le vrai musée du moyen âge.

Les ouvriers français, les fabricants de meubles, pourront y étudier des meubles de toute beauté ; il y a là des chaises superbes, des bahuts splendides, des cheminées magnifiques ; la sculpture sur bois, sur pierre, l'orfèvrerie, la bijouterie antique pourront y être étudiés avec fruit. Les voitures de gala exposées donnent une idée exacte de la splendeur décorative de nos deux derniers siècles.

Les lits, les sièges, les buffets sont copiés aujourd'hui par un grand nombre de fabricants.

Les porcelaines, les faïences, au premier étage, sont de bien beaux échantillons de ces industries.

Ne pas oublier de visiter la délicieuse chapelle du premier étage, remplie de si belles choses ; c'est bien là une véritable représentation de notre architecture française religieuse du moyen âge.

Quelle variété et quel fini d'exécution dans ces sculptures délicates et nombreuses ! quel cachet de tristesse, de poésie des siècles passés ne se dégage-t-il pas de cette chapelle où tout est digne d'admiration

---

1. Tous les ans, grâce à l'habile direction des conservateurs, MM. *Cousin* et *Faucou*, le musée et la bibliothèque s'enrichissent d'œuvres nouvelles.

depuis les vitraux si bien peints, jusqu'aux délicates et naïves sculptures du maître-autel !

On y voit de magnifiques miniatures du moyen âge, des tryptiques peints par des maîtres français et quelques tableaux des peintres français des xvᵉ et xviᵉ siècles.

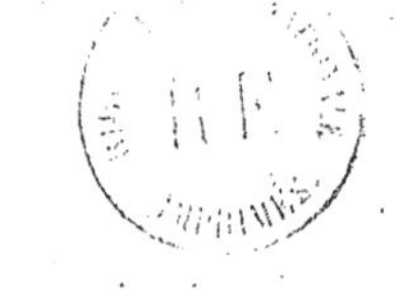

TABLES

DES

MATIÈRES ET DES GRAVURES

TABLE DES MATIÈRES

L'ART CIVIL AU MOYEN AGE

L'ARCHITECTURE MILITAIRE EN FRANCE AU MOYEN AGE

LES ORIGINES DE LA PEINTURE FRANÇAISE

LE LOUVRE AU MOYEN AGE

L'ART FRANÇAIS OGIVAL DIT GOTHIQUE

L'ART FRANÇAIS DU VITRAIL

LES ENLUMINURES ET LES MINIATURES DES MANUSCRITS

LA GRAVURE EN FRANCE AUX XVe ET XVIe SIÈCLES

TROISIÈME PARTIE

L'ART EN FRANCE DANS LES TEMPS MODERNES

LA RENAISSANCE FRANÇAISE

L'ART FRANÇAIS AU XVIIe SIÈCLE

L'ART FRANÇAIS AU XVIIIe SIÈCLE

L'ART FRANÇAIS AU COMMENCEMENT DU XIXᵉ SIÈCLE

LE LOUVRE DANS LES TEMPS MODERNES

L'ART FRANÇAIS CONTEMPORAIN

APPENDICE

LES DÉVELOPPEMENTS DE L'ARCHITECTURE A PARIS

LE GUIDE DE L'HISTOIRE DE L'ART FRANÇAIS A PARIS

FIN DE LA TABLE DES MATIÈRES

TABLE DES GRAVURES

FIN DE LA TABLE DES GRAVURES

Sceaux. — Imp. Charaire et fils.